A WOMAN

CAN TEACH

A Woman Jesus Can Teach

New Testament Women Help You Make Today's Choices

ALICE MATHEWS

DISCOVERY HOUSE
PUBLISHERS®

Feeding the Soul with the Word of God

© 1991, 2012 by Alice Mathews
All rights reserved.

Discovery House Publishers is affiliated with RBC Ministries,
Grand Rapids, Michigan.

Requests for permission to quote from this book should be directed to:
Permissions Department, Discovery House Publishers,
P.O. Box 3566, Grand Rapids, MI 49501,
or contact us by e-mail at permissionsdept@dhp.org

Unless indicated otherwise, Scripture is taken from the Holy Bible, New
International Version®. NIV®. Copyright © 1973, 1978, 1984 by Biblica,
Inc. Used by permission of Zondervan. All rights reserved.

Interior design by Sherri L. Hoffman

ISBN 978-1-57293-548-8

Printed in the United States of America
Seventeenth printing in 2012

To Susan, Karen, Kent, and Cheryl,
four gifts from God
whose integrity challenges me
and whose love sustains me.

CONTENTS

PREFACE

*A*s a small child in a Detroit Sunday school class, I learned the stories of Jesus—how He walked on water and calmed the sea, how He healed the sick and raised the dead to life again, how He fed hungry people and drove crooked merchants from the temple. Before I could read well enough to find my place in a hymnbook, I had learned to sing

> Fairest Lord Jesus, Ruler of all nature,
> O Thou of God and man the Son:
> Thee will I cherish, Thee will I honor,
> Thou my soul's glory, joy and crown.

The first line made sense to me: Jesus was a tireless miracle-worker who had control over all nature. The second line I only dimly understood, but I was learning that the wonderful human being, Jesus, was also God. The last two lines formed a response to Jesus Christ that even I as a child could feel, though I wasn't clear about what "my soul's glory, joy and crown" meant.

Somewhere in the years that followed I lost sight of the Jesus of the Gospels. His place was taken by a more abstract Christ whose perfections removed Him from my daily grind. Most of the books I read and sermons I heard hovered in the Old Testament or the Epistles. If they swooped over the Gospels, it was only for a quick tour of the twin peaks of the incarnation and the substitutionary atonement of Christ. Everything in between dropped from view. The Jesus of the Gospels was theologized into a neat doctrine sandwiched between God the Father and the Holy Spirit. Though I prayed in Jesus' name daily and took non-Christians on evangelistic tours of Jesus' work of redemption in His death on the cross, I didn't find the person of Jesus particularly relevant to my life.

In 1974 I began a three-year weekly journey through The Gospel According to John with a group of collegians in Vienna, Austria. The first part of chapter 1 concerned the Jesus I had studied most: the eternal Word through whom all things were made. Teaching this put me on comfortably familiar ground. This was the stuff of most of my studies. But as we moved into Jesus' earthly life and ministry, I felt less and less at ease with the Jesus I met in John's gospel. I wanted the collegians in my class to worship this Jesus and give their lives to Him. But He said and did strange things. He sounded rude to His mother. It looked as if He couldn't care less whether the religious leaders liked Him or not. The "gentle Jesus, meek and mild" almost seemed to enjoy riling people and needlessly flaunting conventions.

As a Bible teacher I felt caught between my commitment to honor the integrity of the Scriptures and my desire to cover up the puzzling things in Jesus' life that might offend the new Christians and non-Christians in my class. In the process I had to struggle with my unacknowledged feelings about the kind of person I thought Jesus ought to have been. In the pages of John's gospel I met a Man who didn't behave in the way I thought the disembodied, spiritualized Christ of the Epistles would behave.

That began what has become for me a continuing fascination with Immanuel, God in the flesh, the Jesus who walked the dusty roads and mountain paths of Palestine. When I began work on this series of studies, first for a class and later for publication, I found myself deeply moved by the words and actions of the God-Man recorded for us by Matthew, Mark, Luke, and John. At times as I have worked on these chapters, I've been overcome by powerful emotions of sadness, of anger, of love, of joy. I've met again and fallen in love with the Savior of the world, who happens to be the Savior of individual women and men. I found a Man filled with compassion for women caught on the barbed wire of life. I've held my breath as He defied convention and took enormous risks to offer hope, new life, or a second chance to women despised and ground down into dust under the feet of thoughtless religious leaders. In the process, I've experienced in a fresh way Peter's descriptive words:

> Though you have not seen him, you love him; and even though you do not see him now, you believe in him and are filled with an inexpressible and glorious joy, for you are receiving the goal of your faith, the salvation of your souls (1 Peter 1:8–9).

If I could have any wish for those who read this book, it would be that Jesus Christ will step off these pages into your life and grip you with His marvelous, risk-taking love so that you will want nothing more than to follow Him and learn from Him all the days of your life.

Getting Started

How to Be a Disciple of the Master Teacher

*I*n 1980 my husband and I moved back to the United States after nearly two decades of overseas missionary service. One of the first things that struck me as we settled into the American version of the Christian community was the strong emphasis on discipling. It seemed that every Christian we met was either discipling a newer Christian or was being discipled by an older Christian.

Younger women approached me and asked me to disciple them. Their requests had the feel of something programmed, cut-and-dried. I hated to admit it, but I didn't have a clue what I was supposed to do. So I listened, asked questions, and read books. I discovered an explosion of literature on how to disciple or be discipled.

Much that I found, however, was formula-driven: do these five things in this order and you'll automatically be the growing Christian God wants you to be. These looked neat and efficient, and we Americans like things that way. If we can reduce a process to a formula (preferably one that either alliterates or forms an acronym!), we can convince ourselves that we have the process under control.

In many areas of life that works. Formulas do get some processes under control. Every recipe is a formula: take these ingredients in these proportions and combine them in this way and voilà!—cornbread or pot roast or chocolate mousse. Any woman who walks into her kitchen to prepare a meal works with formulas. She either already knows them in her head or knows where to find the ones she will use. If we've been at the business of cooking very long, we don't need to reach for a recipe book every time we make a cream sauce or pie crust.

To learn to cook well, we start out following the formulas (recipes) carefully. As we become more skilled, we may alter the formulas to our own taste. But whether we have five well-used recipe books open on the counter every time we prepare a meal or we work out of cooking experiences accumulated over the years, we are combining certain ingredients in certain proportions in a certain way. We're using formulas. Good cooks and bad cooks alike use formulas. They merely differ in the formulas they use or in the ways they use them.

Is discipleship the same as cooking? Can I be guaranteed that if I combine certain ingredients (joining a Bible study group, spending a specified amount of time each day in prayer, attending three church services a week, witnessing to non-Christians on schedule) in certain proportions and in a certain way, I will become a mature Christian?

To find that answer I decided to follow Jesus Christ through the four Gospels and look at what the master disciple-maker said to those who followed Him as disciples. What I found was that His contacts with men and women didn't seem to fit any particular formula. He is, in C. S. Lewis's words, "not a tame lion." He never seemed to approach people in the same way twice. He suited His method to each person's unique need.

Jesus went out of His way to encounter a preoccupied Samaritan woman and engage her in a conversation that brought her and many in her village to faith. Yet He distanced himself from His own mother to move her to a different relationship to himself. He tested a Syrophoenician woman by refusing her request as a way of leading her on to great faith, but He lavished unsolicited grace on a widow whose son had died. Sometimes He talked in riddles to those who wanted answers; other times He gave answers to questions people had not asked. He refused to endorse Martha's notion of what Mary should be doing, just as He refused to answer Peter's question about the task He would give John.

I thought of the scores of women I had worked with in Europe. Whether singly or in small and large groups, these women were individuals. Each one brought her own unique life experience, her own fears and dreams, her own baggage to the Christian life. I can buy a dozen eggs and assume that all twelve eggs are pretty much alike and will act the same way in an angel food cake. I cannot assume that a dozen women stirred together in a Bible study group will act the same way.

Cookie-cutter discipleship programs reminded me of the near-impossibility of two women—one a size 8 and the other a size 18—sharing the same size 13 dress pattern. Without a great many major adjustments to the pattern, neither woman will end up with a wearable dress.

No two of us are the same. Not only do we vary in height, weight, and hair color, we vary in interests, gifts, and skills. Just as Jesus molded His response to individuals around their specific needs, so we learn to follow Jesus as His disciples out of our own individuality.

When I was growing up, people had to know their sock size. Today we can buy one size that fits all. We don't have to remember sock sizes any more. But following Jesus isn't like buying a pair of socks. One size doesn't fit all.

Instead, it is more like a rug I hooked many years ago. I had seen the picture of that rug in a magazine and could imagine it under our coffee table in the living room. Six feet in diameter, it was a single round flower with scores of oval petals in every shade of blue and green. What struck me was that while the general contours of the petals were similar, no two petals were alike. If they were close in size, they were completely different in color or shade. It was that variety that gave the rug its vibrancy.

As I watched Jesus reach out and touch individual women and men in the Gospels, I discovered that God always works with originals, not with copies. Who could doubt the originality of Mary of Magdala or of Martha and her sister Mary? Like the petals of my hooked rug, there are no two alike.

This is not to say that Jesus does not have specific goals for those who follow Him. He made six statements that help us recognize His disciples when we see them. Luke records *three conditions* Jesus laid down for His followers: "If anyone comes to me and does not hate his father and mother, his wife and children, his brothers and sisters—yes, even his own life—he cannot be my disciple" (14:26); "Anyone who does not carry his cross and follow me cannot be my disciple" (14:27); "Any of you who does not give up everything he has cannot be my disciple" (14:33). John then gives us *three proofs* of a disciple: "If you hold to my teaching, you are really my disciples" (8:31); everyone "will know that you are my disciples if you love one another" (13:35); "bear much fruit, showing yourselves to be my disciples" (15:8).

That's a daunting list of requirements for disciples. It appears that Jesus set the bar higher than any of us can jump on our own. We not only must hold to His teachings, love one another, and bear much fruit; we also must give up everything, carry our cross, and make all human relationships secondary to following Jesus. No wonder "many of his disciples turned back and no longer followed him" (John 6:66).

Meeting the requirements of such a list would be nearly impossible if being a disciple were nothing more than a formula, an abstract concept. It's tough to give up everything for an abstraction. But Jesus doesn't ask us to give up anything for an abstraction. He invites us into a relationship that so changes our priorities that what was once important matters much less to us.

The word *disciple* comes from the Greek word *mathetes*, which means "learner." That's what we are, learners. But we are a special kind of learner. I can study French in school without having a special relationship to the French teacher. But I can't study the Christian life as a disciple without having a special relationship to its founder. This is why discipleship as an abstraction slips and slides out of formulas designed to contain it. Life-changing relationships are dynamic, not static. They are alive.

When Jesus steps out of the pages of Matthew, Mark, Luke, and John and walks into my living room, I have to deal with Him, a person. He's not some misty figure in history. Nor is He just a set of teachings found in the Sermon on the Mount. He's alive, and He's dynamically involved in building a relationship with me. I must know who He is and what He wants from me. More than factual information about Him, I must also get acquainted with Him and get some feel for what to expect from Him. Because He is alive, not dead, and because He is relating to me, I can't put this relationship in a box or expect it to develop according to some formula.

What does a relationship do for us that facts or a formula fail to do? Well, great relationships have several characteristics in common. The first is that we take an interest in what interests our friend. What matters to her suddenly matters very much to us. We discover that we have a curiosity about things our friend likes that we hadn't given any thought to in the past.

Another characteristic of a great relationship is strong affection. We take such delight in our friend that we want to spend as much time as possible with her. Our hearts are knit together in love. That is a bond more powerful than any demands either of us may put on the relationship.

A third characteristic of a great relationship is trust. We go out of our way to be worthy of our friend's trust, and we give trust in return. This is, of all the characteristics of a great relationship, the most fragile. Trust is slow to build and quick to be shattered. But when it is present, it forms a sturdy bridge over which we can haul anything.

When we get to know Jesus and find Him completely trustworthy, we discover that we can hold to His teachings. When we have accepted that we are loved by Him without any strings attached, it is easier to love others. When what matters to Him matters to us, we won't even notice when other relationships and all that we possess take a secondary place in our lives. Then, what looked like a bar set impossibly high turns out to be not a bar at all. It is a gateway to joyful service for our Savior and Lord, Jesus Christ.

There is no such thing as discipleship in the abstract. There are only disciples, individual men and women whom Jesus has found and whose lives He is changing. Jesus works with people, not concepts.

This book is not about six principles of discipleship. It's about women whom Jesus encountered. He found them on a well curb, in a temple court, in the marketplace, outside a city gate. These women met someone who changed their lives by His interest in them, His unconditional love, His trustworthiness. His love enabled a sinful woman to show great love. His interest prompted a woman of Samaria to bear much fruit. His trustworthiness stimulated Mary of Magdala to give up everything and follow her deliverer. These were ordinary women meeting an extraordinary person. They followed Him, and life was never the same for them again.

What looks difficult, even impossible in the abstract becomes spontaneously possible, even easy when we move into a relationship of love and trust with God the Son. This book is for and about women who want to love and serve Jesus Christ, who want to be His disciples.

Questions for Personal Reflection or Group Discussion

1. How do you feel about the characteristics of a disciple as Jesus stated them?

2. Which one do you think would be most difficult for you?

3. In what ways does a relationship change the way you might look at these characteristics?

4. How do you feel about your own originality or uniqueness as a follower of Jesus Christ?

Mary

How to Relate to the Family of Faith

With our children now with families of their own, Randall and I have gone through the tough transitions of learning to relate to our kids as adults. We can no longer be responsible for them. We don't choose their toys, their diets, their clothes, or their friends. Whatever influence we may have over them now, it cannot be coercive. They may choose to listen to us because they honor us or because we have an expertise they want to learn. But listening to us is their choice, not our right. This calls for an interesting shift in the way we talk to each other and in the expectations we have.

These relationship shifts in the family can create tension for all of us. As parents we know in our heads we need to let go and encourage our children's independence. Doing it consistently is another thing. We feel responsible, and our protective instincts get in the way of what we know in our heads we must do.

During such times we may feel as if we're tiptoeing through a minefield. But the transitions we make as our children mature into adulthood are insignificant compared to the transition made by a woman we meet in the Gospels. Her name is Mary, the mother of our Lord Jesus Christ.

We're familiar with the dramatic story of Mary's terrifying encounter with an angel, Gabriel, in which she agreed to become the mother of the Messiah. We know the story of Jesus' inconvenient birth in a Bethlehem stable. We've heard about the adoring shepherds and a sky full of angels announcing Jesus' birth. In light of all this, we somehow assume that a woman bringing such a special baby into the world would be spared some of the anguish we ordinary parents face. Yet Mary faced an even tougher transition than you and I face as our children mature. She had to learn to relate in a new way to her son, Jesus, not just as an adult, but as God. Her role as mother had to give way to a new role as disciple or follower of Jesus Christ.

The things that happened to shift Mary to discipleship were so important that all four gospel writers give us bits and pieces of the story. One particularly painful incident is reported by Matthew, Mark, and Luke. Here is Mark's version:

> Then Jesus entered a house, and again a crowd gathered, so that he and his disciples were not even able to eat. When his family heard about this, they went to take charge of him, for they said, "He is out of his mind" (3:20–21).

It started with the rumors the folks in Nazareth kept hearing about Jesus. Some people were saying He was out of His mind. Others said He did His work through the power of Beelzebub, the prince of demons. Still others simply said He wasn't getting enough rest or even time to eat. Mary and her sons agreed that Jesus would kill himself if someone didn't take charge of Him. They talked it over in the family and decided to bring Him back to Nazareth. They would keep Him out of the public eye for a while and make sure He got enough sleep and ate at the proper times. So they set out for the village where He was teaching.

Their concern for Jesus' health was not misplaced. Needy people seeking His touch on their lives crowded Him wherever He went. Men and women in their desperation and pain pressed Him on every side. He and His disciples tried to retreat from the pushing throngs, but even in a private home they were so mobbed that they were not able to eat. Mark's account resumes in verses 31 through 35:

> Then Jesus' mother and brothers arrived. Standing outside, they sent someone in to call him. A crowd was sitting around him, and they told him, "Your mother and brothers are outside looking for you."
>
> "Who are my mother and my brothers?" he asked. Then he looked at those seated in a circle around him and said, "Here are my mother and my brothers! Whoever does God's will is my brother and sister and mother."

"Who are my mother and brothers?" What a question to ask! What must Mary have felt in that moment—after all those years of loving and caring for her son, through childhood and into young adulthood, to be rejected in this way? She had risked her reputation to bring Him into the world. She had worked tirelessly during His boyhood to train Him responsibly. Now as she heard Him ask, "Who is my mother?" she was forced to recognize that for Him, the physical ties of family were not as strong as she had thought.

Of all human relationships, few reach deeper than the tie of a mother to her child. When we become mothers, we become partners with God in creation, in bringing a new life into the world. Could any other bond be stronger than that?

Mary was fully human. She must have struggled with the humiliation of this rejection. If we had walked back to Nazareth with her after that painful encounter, we might have seen her close her eyes and shake her head as if to blot out this new reality. It couldn't be true. This special son, the one the angel had said would be great and would be called the Son of the Most High, who would occupy the throne of His father David—surely this son wouldn't turn His back on His own mother!

But what had that old man Simeon said to her that day in the Jerusalem temple when she and Joseph had taken the baby Jesus for His dedication? Hadn't he told her that because of this child a sword would pierce her own soul? Was this what he was talking about? Could anything hurt more than being publicly rejected by her oldest son?

As she walked the dusty path to Nazareth, Mary may have turned over in her mind those exciting early months of her pregnancy spent in the Judean hill country with her cousin Elizabeth. During those three months they were two close friends comparing notes about the infants growing inside their wombs. In hushed voices they had combed through their memory of angelic visits. How could it be that God had chosen Mary through whom to keep His promise to Israel?

Then it was time for Mary to return to Nazareth and to deal with the stares and gossip of townsfolk. How difficult it would be to explain to her fiancé, Joseph. What if he refused to believe her story about the angel's visit? But God had convinced Joseph in a dream to risk his own reputation to marry her.

She remembered the heaviness of her pregnancy during that inconvenient trip from Nazareth to Bethlehem. She winced at the memory of the innkeeper's words—"The inn is full. We have no room for anyone else." She felt again the exhaustion of that birth on a pile of straw in a hillside stable. All too soon she and Joseph were bundling up their infant son and making another inconvenient trip, this time southwest to Egypt.

When Joseph had talked of returning to Nazareth after Herod died, Mary knew she would face townspeople who would never believe her tale of an angel and a virgin birth. She would simply have to grit her teeth and ignore the smirks and rude comments. But she could do that. After all, she had heard Simeon praising God when he held her son in his arms: "My eyes have seen your salvation, which you have prepared in the sight of all people, a light for revelation to the Gentiles and for glory to your people Israel" (Luke 2:30–32). Mary knew her son was born for greatness. She knew He was sent for the deliverance of Israel. She could ignore the gossips!

Of course, there had been that troubling scene in the temple when Jesus was twelve (Luke 2:41–52). It had felt like a prick of the sword Simeon had predicted would pierce her soul. They had taken Jesus with them on that seventy-mile hike from Nazareth to Jerusalem for the Feast of the Passover. She had felt the excitement of seeing again the City of David, its walls a golden white in the spring sunshine. She had stood in the Court of the Women, awed that God had chosen her people to be a light to the Gentiles. She had thrilled to the pageantry and symbolism of the Passover Feast. Every time she had passed through the temple gates, she had experienced the thrill of being Jewish and being able to worship the God of Israel.

Too soon it had been time to make the long trip back to Nazareth. She relived the panic she had felt that first evening of the trek home when they could not find Jesus among the children in the caravan. She experienced again the pounding heart she'd felt as she and Joseph had bombarded other pilgrims with their frantic questions. Where could Jesus be? Repeating that steep climb, they had retraced their steps to Jerusalem, where they hunted for three long days for their twelve-year-old boy.

What relief when they found Him in the temple talking with the teachers of the Law! She remembered the first question out of her mouth: "Son, why have you treated us like this? Your father and I have been anxiously searching for you!"

It was His answer that had pricked her. "Why were you searching for me? Didn't you know that I must be about my Father's business?" What could He have meant by that? Didn't He understand that, as His parents, they had a right to be worried? This son who had given them so much love and joy was, at other times, such a puzzle. They had always taken His obedience for granted. Who was this Father He talked about? When the angel had said He would be called the Son of the Most High, was he telling her that Jesus could never be merely their son?

Then, all too soon, the child Jesus was no longer a child. He had left the carpenter's shop in Nazareth and had put on the white robe of a rabbi, a teacher. Now she heard stories trickling back into Nazareth that made the slander she endured during His childhood seem insignificant. People were saying her son was out of His mind! Even her other sons thought it was true.

As Mary trudged down the dusty road to Nazareth from that painful encounter with her firstborn son, she may also have recalled His words to her at that wedding in Cana (John 2:1–11). The wine had run out. When she told Jesus about the bridegroom's embarrassment, He had turned to her, His mother, and had asked, "Woman, what have I to do with you?" That had hurt! She had tried to put it out of her mind at the time. But now came another painful question: "Who is my mother?"

In those moments while she waited outside the house where Jesus was teaching, Mary must have felt the full weight of rejection as Jesus answered His own question: "Who is my mother?"—"Whoever does God's will is my brother and sister and mother."

Nearing Nazareth, her steps grew heavier as she relived the pain of Jesus' words. If anyone had a claim on Him, surely she did! The difficult path of discipleship for Mary meant laying aside her special relationship to Jesus as His mother and relating to Him in the family of faith through obedience to God. Could Mary the mother become Mary the disciple?

Simeon had prophesied that a sword would pierce Mary's soul. She felt that sword turn within her again on a black Friday. As Mary stood at the foot of a Roman cross that day, she remembered the long, exhausting walk from Nazareth to Jerusalem for the Passover Feast. She remembered her first glimpse of her son, teaching in the temple, and how she had thought that He seemed so old, so tired, so discouraged. Wherever He went, people rushed out to see Him, to hear Him, or to watch Him heal the sick. But always the religious leaders of the nation opposed Him.

She thought again of how He seemed to choose a collision course with the religious authorities. The rumors had never stopped. He was always saying something controversial or doing something on a Sabbath that upset the priests and Pharisees. He actually seemed to prefer the Sabbath to heal the sick! Did He have to drive the money changers and swindlers out of the temple courtyard with a whip? Did He have to say such inflammatory things to the Pharisees? If only He had seen the importance of staying on the right side of people in power.

Mary thought again of that day when she and her other sons had gone to take Jesus home. If only He had gone with them then! This terrible moment of crucifixion might have been avoided!

Sometimes crouching against nearby rocks for support, sometimes leaning on the other women from Galilee, she watched helplessly as her firstborn son grew weaker and weaker. What more cruel way to die than this? She forced herself to look at that human body—a body once carried within her own body—

now suspended between heaven and earth by two spikes driven through His hands into a crossbeam. She tried to breathe for Him even as she watched Him slowly suffocate.

What had happened to the promise of the angel Gabriel that her son would be "great and would be called the Son of the Most High"? How could everything end this way when the angel had spoken such exalted words to her so many years before?

As she stood there, lost in her grief, Mary heard Jesus speak to her from the cross. His voice was weak: "Dear woman, here is your son." Then to the disciple John He said, "Here is your mother" (John 19:26–27). Not long after that, He cried out, "It is finished!" and her son was gone. Yet in those last moments before His death, Mary was warmed by her son's love wrapped around her against the cold wind and dark skies. In that moment of losing her son Jesus, Mary gained a new family. John, the beloved disciple, took her to his house to comfort her and care for her.

"Who is my mother? Whoever does God's will is my brother and sister and mother." Mary had lived with a tension throughout Jesus' earthly ministry, a tension between ties to her physical family and ties to the family of faith. Now, at the foot of the cross, the two roles were brought together into one. Jesus' gift to her in those last moments before His death was to restore her role as mother in a new context.

We meet Mary one more time in the Bible, in Acts 1:12–15, just after Jesus had ascended into heaven.

> Then [the disciples] returned to Jerusalem from the hill called the Mount of Olives, a Sabbath day's walk from the city. When they arrived, they went upstairs to the room where they were staying. Those present were Peter, John, James and Andrew; Philip and Thomas, Bartholomew and Matthew; James son of Alphaeus and

Simon the Zealot, and Judas son of James. They all joined together constantly in prayer, along with the women and *Mary the mother of Jesus*, and with his brothers (emphasis added).

Our last glimpse of Mary is in a prayer meeting with the other followers of Christ. She had made the transition to discipleship, and in the process she moved from the fragile ties of a human family to the strong ties of the family of faith.

Unlike Mary, we have no special biological relationship with the Son of God to get in our way. None of us has ever had to travel the rough path Mary had to walk. Even so, we may find ourselves inventing our own ways of relating to Jesus Christ that fall short of God's way.

"Who is my sister? Whoever does God's will is my sister." Nothing less will do. The family of God is a family of faith. Faith means trusting God to do what is best for us as we do what He tells us to do. Our relationship to Jesus Christ begins and moves forward on one basis only: doing God's will. Anything else we substitute for that must be denied.

It is easy for many of us whom God has blessed with families to allow our families to come before our relationship to God. Faced with the anti-family pressures of our culture, we want to turn back the tide of godlessness around us by making a strong family our first priority. Is that wrong? The answer is yes— when our family becomes our first priority. Jesus was clear: "If anyone comes to me and does not hate his father and mother, his wife and children, his brothers and sisters—yes, even his own life—he cannot be my disciple" (Luke 14:26).

A strong family is a good goal. But it cannot be our first goal. Commitment to Jesus Christ must come before all other commitments.

An important part of our discipleship as Christian women is to learn how to fuse being a follower of Jesus Christ with being a neighbor, a teacher, a friend, a wife, a mother. If our focus is on our role as wife and mother instead of on our relationship to God, He may need to upset our ideas about priorities. To help us learn that, God at times turns our lives upside down. When that happens, we may conclude that everything that has given us significance is gone. But when we look again at Mary on that grim day at the foot of a cross, we know that God is at work even in our most devastating moments of loss. Jesus removed from Mary her role as His mother in order to give motherhood back to her in a new context in the family of God.

Roles change. One woman may lose her role as wife through the death of her husband. Another woman loses her role of wife through divorce. Motherhood can be taken through the death of a child. Our own expectation that we will marry and bear children may have to change if we remain single or childless. This kind of tough discipleship pulls us up short. Can we at such times know in a deeper way the God who sees our tears?

The essence of discipleship is to learn to know God, to know Him as completely trustworthy, and on that basis to do His will. As disciples we grow to trust Him to work all things together for our good as we do His will. When we know God in that way, we can trust Him to "establish the work of our hands" (Psalm 90:17).

He may establish us in familiar roles. He may give us fulfilling new roles. But all of our roles are to be played out in the context of God's work and God's family. It is on that foundation that we build everything else.

As disciples, we learn that all of our human relationships take second place to our relationship to our Creator God and Savior, Jesus Christ. The starting point for each of us as followers of Jesus Christ is to let God be God in our lives. We trust Him and obey Him because He is God.

The good word is that when we do that, God moves into our topsy-turvy world and establishes the work of our hands.

He gives us wisdom, a skill for living life wisely. This wisdom may change our values and our priorities, but it also fuses our discipleship to our daily lives in a way that brings contentment and even joy.

Mary survived humiliation. She survived confusion about Jesus and His mission. She survived His death. She lived to see Him raised from death and glorified. She lived to become an integral part of the family of God when she let go of special privilege and took her place as a follower of the Son of God.

"Who is my mother?"

"Whoever does God's will is my brother and sister and mother."

Questions for Personal Reflection
or Group Discussion

1. Throughout Jesus' earthly ministry Mary lived with a tension between her view of physical family ties and ties to the family of faith. How was that tension resolved for her?

2. In what ways do we as twenty-first-century Christian women also live in tension between our physical families and the family of God?

3. What does it mean to "do God's will"?

4. How does doing God's will affect our priorities?

The Woman at the Well

How to Face Yourself "As Is"

Years ago a friend asked me to review for class use a videotape on which I had appeared as a panelist. Without much thought, I popped the cassette into the VCR and pushed the buttons to start the tape. My only thought was to critique the content of the discussion. But suddenly I saw myself on the television screen. I stepped closer. As I stood in the den watching me gesture, hearing me talk, listening to me laugh, I was both curious and apprehensive. I realized, standing there, that I had never seen myself on videotape before. Robert Burns once prayed for the gift "to see ourselves as others see us." For the first time that was happening to me. *Good grief!* I thought. *So that's what other people put up with when I'm around!* It also struck me that when I look in a mirror I receive immediate visual feedback so that I can instantly change my facial expression to something more pleasant. But the camera caught me "as is." Two hours of "as is."

The Bible tells us about a woman who met a man who knew her "as is." It appeared that this man had no reason to know anything about this woman, much less to bother with her. When He encountered her, their meeting seemed like an accident. It wasn't. But that gets ahead of the story, which begins in John 4:1–6:

> The Pharisees heard that Jesus was gaining and baptizing more disciples than John, although in fact it was not Jesus who baptized, but his disciples. When the Lord learned of this, he left Judea and went back once more to Galilee.
>
> Now he had to go through Samaria. So he came to a town in Samaria called Sychar, near the plot of ground Jacob had given to his son Joseph. Jacob's well was there, and Jesus, tired as he was from the journey, sat down by the well. It was about the sixth hour.

The writer John makes a point of geography that is worth exploring. A glance at a map of Israel in New Testament times shows the province of Galilee in the north, the province of Judea in the south, and the area called Samaria in between. It seems logical that anyone going from Judea to Galilee would have to go through Samaria.

Not necessarily. Most Jews were so unwilling to have any contact with Samaritans that they made a round-about trip to avoid having to walk on Samaritan soil. From Jerusalem they walked seventeen extra miles east to Jericho, crossed the Jordan River, then trekked north through the province of Perea until they could recross the Jordan and enter Galilee. The route was almost twice as long as the direct road through Samaria.

Jews and Samaritans were bitter enemies, much like Jews and Arabs today. Back in 722 BC the Assyrian invaders had captured Syria and then the northern ten tribes of the Israelites. Samaria had been the capital of the northern tribes. The Assyrians followed the same pattern on Jewish soil that they had used in all their conquests: they rounded up all the people who could keep a sense of national identity alive—the nobles, the scholars, the soldiers, the wealthy—and transported them to other lands, scattering them out across the empire. Then they brought foreigners into the conquered land to settle it and intermarry with the weaker people left behind.

Several centuries later when exiled Jews were allowed to return to Jerusalem to rebuild their temple, the Samaritans offered to help. But the Jews considered the Samaritans a mixed-breed people, and they refused to let anyone who was not racially pure help with this sacred task. The rebuffed Samaritans set up a rival temple on Mount Gerizim near Sychar.

So strong was Jewish hatred of Samaritans that a well-known rabbinical ordinance stated, "Let no Israelite eat one mouthful of anything that is a Samaritan's, for if he eat but a mouthful, he is as if he ate swine's flesh." Strong words! Luke 9:53 tells of a later time when Jesus and His disciples were on a journey trying to cross Samaria, only to be turned away from one village. Samaritans hated Jews as much as Jews hated Samaritans. Yet the Bible tells us that in this instance Jesus "had to go through Samaria."

It was a tough walk. The path twisted and turned through the mountains of the central ridge. Tired, Jesus sat on the side of Jacob's well to rest while His disciples went into the nearby town of Sychar to buy food. Sitting there under the hot noonday sun, He may have noticed the lone woman coming down the hill with a water jug balanced on her shoulder.

We know very little about this nameless woman except that she had been married five times and was presently living with a man who was not her husband. We don't know what had happened to the five men she had married at one time or another.

Some or all of them may have died. Some or all of them may have divorced her.

One thing is clear: if any of her marriages dissolved in divorce, she did not initiate the proceedings. Unlike today, a woman in the first century did not have that right. Only a man could end a marriage by divorce. It was part of the law of Moses under which both Jews and Samaritans lived. Moses had spelled out the law of divorce in Deuteronomy 24:1–4:

> If a man marries a woman who becomes displeasing to him because he finds something indecent about her, and he writes her a certificate of divorce, gives it to her and sends her from his house, and if after she leaves his house she becomes the wife of another man, and her second husband dislikes her and writes her a certificate of divorce, gives it to her and sends her from his house, or if he dies, then her first husband, who divorced her, is not allowed to marry her again after she has been defiled. That would be detestable in the eyes of the LORD.

This complicated law prohibited a man from remarrying a woman he had previously divorced. The rabbis had, however, shifted the emphasis from remarriage and used the passage to decide the basis on which a man could divorce his wife. They focused on what it would take for a woman "to become displeasing to her husband."

The rabbinic school of Shammah took a strict view and taught that only some action contrary to the rules of virtue—such as adultery—justified divorce. But Shammah's disciple Hillel taught the opposite: "something indecent in her" could mean anything that displeased the husband, like too much salt in the food. So a Jewish man who wanted to divorce his wife could choose to follow the teachings of Rabbi Hillel if that suited him.

Who knows what happened to our nameless woman's five husbands. If she turned out to be a bad cook—or worse, could not bear sons—or anything else that "displeased" her husband, she could be passed from husband to husband like a bad coin. What must that have meant for her to have experienced loss or rejection five times? The pain of loss experienced once is a pain from which many women never recover. What must it be to know that pain not once, not twice, but five times? The sense of failure. The slap at self-esteem. The panic, wondering what would happen to her next. Being put out of her husband's house with nothing more than a scrap of parchment in her hand that would allow her to marry someone else and try again.

Even worse, a woman in the first century could not compel her husband to give her a certificate of divorce so that she could remarry. This lone woman approaching Jacob's well with a water jug on her shoulder may have struggled with that problem. It was almost impossible for a single woman to survive without the support of a man at that time. If her last husband had refused to give her a certificate of divorce, she may have found herself forced to live with a man she was not free to marry.

Whatever had happened to this woman, Jesus watched her approach the well at noon, the sixth hour, the hottest part of the day. Most women came to the well first thing in the morning or in the evening when it was cooler. Did this woman choose to come for water when she thought no one else would be at the well? Was she attempting to escape the cold stares of townspeople who scorned her? Jesus watched her trudge toward the well, weary with the weight of years of loss or rejection.

As she neared the well, the woman saw the man sitting there. Who was he? Only women drew water, except for shepherds who watered their sheep. But there were no sheep. This man was clearly no shepherd. He was dressed in the long white robe of a rabbi or teacher.

Even more surprising, he spoke to her: "Will you give me a drink?"

To us that simple question is not shocking. But Jesus broke two strong Jewish customs in that moment.

First, a Jewish man did not speak to women in public. If the man were a rabbi or religious teacher, he might not even greet his own wife when passing her on the street. It was a precept of the Jewish moralists that "a man should not salute a woman in a public place, not even his own wife."

Some Pharisees were called "the bruised and bleeding Pharisees" because whenever they saw a woman in public, they shut their eyes. Not surprisingly, they sometimes bumped into walls, injuring themselves. A strange evidence of spirituality! Jesus, however, was not limited by the customs of His day in His approach to women.

The second custom Jesus broke was to drink from a contaminated cup held by a despised Samaritan woman. She was a woman. She was a Samaritan. To make matters worse, she lived with a man to whom she was not married, and that made her unclean. Double jeopardy. The cup was "unclean" twice: because a Samaritan held it and because the woman holding it was unclean.

Any other man at Jacob's well that day would have ignored the Samaritan woman. The barriers of race, religion, sex, character, and social position were too great. But Jesus was different. He had chosen to go to Galilee by way of Samaria. He had chosen this place to rest because a lonely woman needed to hear a word of hope.

"Will you give me a drink?" He asked (John 4:7).

This wary, worldly-wise woman countered His question with another question: "You are a Jew and I am a Samaritan woman. How can you ask me for a drink?" (John 4:9)

Her question hung in the air unanswered as Jesus turned His first request inside-out: "If you knew the gift of God and who it is that asks you for a drink, you would have asked him and he would have given you living water" (John 4:10).

What kind of riddle was this? He had asked her for a drink. Then He told her He had "living" water she could ask for. Was this double-talk?

Jesus posed His question to open a conversation. But He also had a different end in view. He wanted to awaken two things in this woman: an awareness of her need and of God's willingness to meet her need. So He told her two things she didn't know. She didn't know "the gift of God," and she didn't know who it was who spoke to her that day.

Standing in the hot sun, bothered by this stranger who broke all the conventions by talking to her, yet intrigued by His offer, she decided to take Him on:

> "Sir," the woman said, "you have nothing to draw with and the well is deep. Where can you get this living water? Are you greater than our father Jacob, who gave us the well and drank from it himself, as did also his sons and his flocks and herds?" (John 4:11–12)

A good series of questions. She could see that Jesus had no way of drawing water from the well. Was He some kind of miracle-worker, greater than the patriarch Jacob, that He could produce living water?

"Living" water was more desirable than other water. It was water from a spring or a fountain. Jacob's well had good water, but it wasn't running or living water. The well was replenished by rain and percolation. It was not fed by an underground spring or stream. It was not "living" water.

Some Bible scholars take this woman to task for interpreting Jesus' words literally. But is this unusual? Nicodemus could not understand the new birth, mistaking it for a physical experience (John 3). The disciples themselves mistook Jesus' statement about having food to eat, interpreting His metaphor as literal food (John 4).

"Are you greater than our father Jacob?" the woman asked Jesus. Again He sidestepped her question for the moment. She would get her answer when she had a different perspective and could understand it. Instead He brought her quick mind back to His promise of living water:

> "Everyone who drinks this water will be thirsty again, but whoever drinks the water I give him will never thirst. Indeed, the water I give him will become in him a spring of water welling up to eternal life" (vv. 13–14).

She looked at Him sharply. Yes, the first part of what He said was certainly true. Day after day, weary year after weary year, she had carried her water jug from Sychar to the well and back. Anyone who drank that water would be thirsty again. That was clear enough. Wouldn't it be wonderful not to have to come to the well every day? Could this Jewish rabbi deliver on such a promise?

At the heart of Jesus' statement is the fundamental truth that our hearts thirst for something only the eternal God can satisfy. In every one of us lives this nameless longing for what is eternal. Augustine said it well: "Our hearts are restless till they find rest in Thee." There is a thirst only Jesus Christ can satisfy.

But our Samaritan woman wasn't there yet. She could think only of a supply of water that would relieve her of this daily trip from the village to the well. How could Jesus stimulate a spiritual desire in her mind? To do that, He had to change the subject. Follow their conversation in John 4:15–19:

> The woman said to him, "Sir, give me this water so that I won't get thirsty and have to keep coming here to draw water."

He told her, "Go, call your husband and come back."

"I have no husband," she replied.

Jesus said to her, "You are right when you say you have no husband. The fact is, you have had five husbands, and the man you now have is not your husband. What you have just said is quite true."

"Sir," the woman said, "I can see that you are a prophet."

"Go, call your husband."

"I have no husband."

"Right! You had five, but now you live with a man who is not your husband."

Oops! Caught "as is."

An interesting conversation. Up to this point Jesus had been talking in a word picture about living water that satisfies so that the one drinking it never thirsts again. But the Samaritan woman couldn't connect with what He was saying. So that they would not talk past each other, Jesus became absolutely personal and plain. The woman didn't recognize it yet, but Jesus had just started giving her living water.

Jesus did not judge her. He didn't insult her. He simply verified that she had told the truth. Yet in that statement He tore away her mask. She stood before Him with her embarrassing secret plainly visible. She faced herself as He saw her, "as is."

We, too, take that first sip of supernatural living water when we take off our masks and acknowledge ourselves as we really are.

Commentators sometimes criticize the Samaritan woman for deliberately changing the subject when Jesus started probing her marital situation. But it's possible she was not being evasive. In her first response to Him, she referred to Jesus as merely "a Jew" (v. 9). By her second response she wondered if He was a Jew greater than her ancestor Jacob (v. 12). Now that He had revealed His knowledge of the truth about her own life, she had begun to suspect that He could be a prophet (vv. 19–20). If so, it was appropriate to bring up a question that may well have troubled her:

> "Our fathers worshiped on this mountain, but you Jews claim that the place where we must worship is in Jerusalem."

These two people—the Jewish rabbi and the Samaritan woman—stood talking together in the shadow of the two great mountains, Ebal and Gerizim, where Samaritans carried on their worship. Acknowledging her past in the presence of a prophet, she may have faced her need to bring a sin offering and wondered where to bring it. Her spiritual anxiety at having her sin exposed may have pushed her to take her religion seriously.

Jesus made no effort to bring the conversation back to her many husbands or her present relationship. Instead, He took her question seriously and answered her carefully (vv. 21–24):

> "Believe me, woman, a time is coming when you will worship the Father neither on this mountain nor in Jerusalem. You Samaritans worship what you do not know; we worship what we do know, for salvation is from the Jews. Yet a time is coming and has now come when the true worshipers will worship the Father in spirit and truth, for they are the kind of worshipers the Father seeks. God is a spirit, and his worshipers must worship in spirit and in truth."

The Samaritan woman's question was about external religious worship. Jesus wanted her to understand a different kind of worship, an internal worship. In the process, He didn't exactly answer her question about where to worship. Instead, He led her to a place where her question became irrelevant. In her preoccupation with the place of worship, she had overlooked the object of worship, God. When Jesus answered her by saying that spiritual worship of the Father is what matters, He moved her away from holy mountains and temples and rituals.

> The woman said, "I know that Messiah" (called Christ) "is coming. When he comes, he will explain everything to us."
> Then Jesus declared, "I who speak to you am he" (John 4:25–26).

Was this possible? Would God's Messiah waste time talking with a broken woman at a well in Samaria? But could she doubt His word? He had told her things about herself that only a prophet of God could know. He had answered her question about worship seriously. She knew she didn't understand everything He had said, but she did know somehow that she could believe Him. In her encounter with Jesus, she made the journey to faith. We know that from her subsequent actions.

> Just then his disciples returned and were surprised to find him talking with a woman. But no one asked, "What do you want?" or "Why are you talking with her?"
> Then, leaving her water jar, the woman went back to the town and said to the people, "Come, see a man who told me everything I ever did. Could this be the Christ?" They came out of the town and made their way toward him (4:27–30).

She didn't have it all straight. But she had gotten enough to motivate her to share the good news with others. In verse 39 we learn that "many of the Samaritans from that town believed in him because of the woman's testimony." They urged Jesus to stay and teach them. He did so for two more days and "because of his words many more became believers" (v. 41).

How did this woman's life turn out? We don't know. We do know that Jesus did not condemn her. He simply let her know that He knew her, really knew her down deep inside. In knowing her, He did not despise or condemn her. Jesus discipled the woman at Jacob's well by leading her to accept the facts of her life as they were without covering them up.

The beginning of having our thirst quenched is knowing that we are known by God and can still be accepted by Him. Following Jesus means taking a clear-eyed look at the facts of our lives. There's nothing quite like facing the reality of ourselves to help us see our need for God.

More than forty years ago two friends—Annabelle Sandifer and Jeannette Evans—and I worked together to reach women in Paris, France, with the good news of eternal life through Jesus Christ. We organized luncheons, outreach coffees, Bible studies, women's retreats—anything we could think of to share Christ with women.

To broaden our outreach one year we decided to send Christmas luncheon invitations to the mothers of all the students at the prestigious American School of Paris. Among other luncheon responses, we received a reservation card from a Mrs. Parker. None of us knew who she was.

Half an hour before the luncheon began, while the dining room was still empty, I noticed a dramatically dressed woman enter the room somewhat cautiously. Garbed in a magnificent suit under a sweeping cape, she had completed the visual drama with an enormous fur hat. A bit daunted by her elegance, I put on my friendliest smile and walked across the room to meet her. Yes, this was Mrs. Parker, but it was clear she had second thoughts about coming to the luncheon. She answered my greeting evasively and left me as soon as she could work her way to a nearby window where she stared at Paris traffic in the street below.

The luncheon seemed to go well. Our speaker that noon was a well-known Christian woman—vivacious, sophisticated, the kind of woman I assumed Mrs. Parker would enjoy. But she looked bored. The speaker ended her talk by saying, "If any of you would like to have me pray for you, give me your name and I'll be glad to do so."

That brought Mrs. Parker to life. "Of all the nerve!" she exploded. "Who does she think she is, offering to pray for me?" With that she gathered up her purse and cape and headed for the door. In the postmortem on that luncheon Annabelle, Jeannette, and I talked about Mrs. Parker and her disruptive departure. We were sure we would never see her again.

We were wrong. A few months later we sponsored a women's retreat south of Paris, with Edith Schaeffer of L'Abri in Switzerland as our speaker. More than two hundred reservations poured in. We were thrilled! Then one day a reservation arrived from Mrs. Parker. When we saw it, we wondered what would happen this time. Would she embarrass us again?

The retreat began well. The weather was perfect. Edith Schaeffer thrilled her audience again and again with stories of God's work in the lives of all kinds of men and women. But the three of us kept watching for Mrs. Parker, who had not yet arrived.

She walked in during the afternoon session and found a place in the back of the packed meeting room. I watched her for some positive reaction to the speaker, but her face was impassive. When the session ended, Mrs. Parker appeared to avoid our friendly overtures, choosing to leaf through books on the literature table.

Then she spoke to the quiet woman selling books: "My daughter just became a Christian." Marjorie, the bookseller, wasn't sure how to respond. "So is my sister in America," Mrs. Parker went on. "She sends me Christian books." Sensing her need to talk about this, Marjorie offered to drive her back to Paris when the retreat ended.

On the trip back to the city, Mrs. Parker talked about religion, Christianity, churches, and some of her bad experiences with Christians when she was young. Marjorie listened, responded, and prayed.

It is hard to imagine two women more different from each other. Marjorie had come to Paris for physical therapy after being crippled by polio in Central Africa where she served as a missionary. Mrs. Parker lived in the glitziest section of Paris. Two women completely different in style, in values, in goals. Yet between them grew a deep friendship as they talked day after day about what it meant to become a Christian. Two weeks later Mrs. Parker reached out for salvation through Jesus Christ. She joined her daughter and her sisters in the family of God.

One evening at dinner with a French editor and his wife, I mentioned a Mrs. Parker who had recently become a Christian after our women's retreat. Paul leaned forward when I said her name. "Did I hear you say 'Dorian Parker'?" he asked.

"Yes, do you know her?"

"Know her? Everyone in Paris knows her!"

"Then tell me, please, who she is!"

"She is DORIAN, often called the most beautiful woman in the world."

Revlon's first Fire and Ice Girl in the early 1950s, she was one of the most photographed women in the world. A premiere model in Paris, she later opened the largest modeling agency in Europe. She married five times and gave birth to five children, but not always children of the men to whom she was married at the time.

Dorian. After enormous success, her life had begun to unravel. Back taxes owed to the French government would soon close down her business. In the cutthroat competition of international modeling, her business partner betrayed her. Her lover, a Spanish count and the father of her younger son, had died in a racing accident. Her son was on drugs and failing in school. Life was not beautiful.

After three decades of living without much thought for the people she had walked over, she faced herself and didn't like what she saw. She needed help. She needed God.

When I first met Dorian, I saw a woman still glamorous in her fifties, a woman who had held the world on her palm and had swung it like a bauble at her wrist. She could be intimidating to other women and still attractive to men. Who could have guessed her inner thirst? Jesus knew, and He met her at the well of her life.

When John wrote his account of Jesus' life and ministry, he observed that Jesus knew what is in each of us (John 2:25). He then recorded two stories, one about a Pharisee named Nicodemus (chapter 3), and one about the Samaritan woman (chapter 4). No two people could have been less alike than they. He was a Pharisee, she a woman living in sin. He was a religious leader, she an outcast. He was a Jew, she a Samaritan. He was at the top of the social ladder, while she was at the bottom. Nicodemus visited Jesus at night; Jesus arranged to encounter the woman at midday. Jesus confronted religious Nicodemus with his spiritual need to be born again. He approached this immoral woman with her thirst—a thirst He could fill. Jesus knew what was in Nicodemus and He knew what was in the woman from Samaria.

As with Nicodemus, the Samaritan woman, or Dorian, Jesus Christ meets us where we are. He seeks us and opens a conversation with us. He is, in Francis Thompson's words, the "Hound of Heaven" who pursues us with relentless love. He does so because He sees our need. He knows that our hearts thirst for something only the eternal God can satisfy. He sees the nameless, unsatisfied longing, the vague discontent, the lack, the frustration even before we admit it's there. We are never far from the longing for the eternal that God has put in our souls. It is a thirst only Jesus Christ can satisfy.

Our deepest thirst can never be satisfied until we know God, who is water to parched ground. We can't know God until we see ourselves and see our sin. Yet we may spend a lifetime covering up what we are. We have forgotten, or perhaps we never knew, that we cannot get anywhere with God until we recognize our sin. When we meet Jesus Christ, we discover that He knows us. We can't hide, grab for a mask, or play "Let's Pretend." He knows us deep down inside where we keep our secret file. He has read everything in that file. He knows us. Even more surprising, in spite of knowing us to our core, He loves us.

When we understand that, Jesus can begin giving us living water. He begins quenching our thirst by letting us know that He knows us but we are still accepted by God. That is life-changing, life-sustaining living water.

A first-century much-married woman. A twentieth-century much-married woman. Both let Jesus show them what they had been and what they could become when they were forgiven and wrapped in the warm love of God. Through their witness others came to the Savior. Dorian and the woman at the well. Both drank deeply of the living water and then started telling others, "Come and see!"

Questions for Personal Reflection or Group Discussion

Augustine wrote, "Our hearts are restless till they find rest in Thee."

1. Have you felt that longing for eternity that God has put in your soul? If so, how have you experienced that longing?

2. What do you have to know in order to have that longing satisfied?

3. Jesus moved the Samaritan woman from a preoccupation with external religion to an inner conviction that He was God's Messiah and the Savior of the world. You, too, must make that journey. What have been some of the signposts along the way as you have traveled that road?

4. What connection do you see between being a member of the family of God and being a messenger to others to bring them into God's family?

Mary and Martha

How to Live Successfully in Two Worlds

When I entered fifth grade, I began studying what was then called "domestic science." By the time I reached high school, the name had changed to "home economics." I understand college course catalogs now label it "human ecology." By any name it was the same: a semester of cooking, a semester of sewing; then repeat the next year: a semester of cooking, a semester of sewing, and so on. You may have found yourself in a similar track.

I'm not sure which I hated most—the cooking or the sewing. At age ten I could not separate eggs neatly or make decent flat-felled seams. I remember mostly that I dreaded the hours spent in the domestic science rooms.

We learned to sew using treadle machines. No electric wizards then. When I stopped recently at a fabric store for a pattern, I glanced at the array of modern sewing machines on display—wonderful electronic computerized miracle workers!

While I stood there admiring technology in the service of seamstresses, I also noticed one thing that has hardly changed since my first introduction to domestic science more than half a century ago. On the front of the sewing machine just above the needle is a dial that adjusts the tension on the thread as the machine sews. For a strong, firm seam a thread from the spool above and another thread from the bobbin below must interlock smoothly and tightly in the fabric. An experienced seamstress checks the thread tension and makes minute adjustments in setting that dial because she understands how important it is that the tension be regulated properly.

At times as I sew, I accidentally bump that dial. I hear the click-click that tells me I've messed up the delicate balance of upper and lower threads. I know that no seams will be strong and usable until I get the tension adjusted again. Everything else has to stop until I'm satisfied that the threads are interlocking properly.

As I read through Luke 10 recently, I thought about the tension dial on my sewing machine. At the end of that chapter Luke writes about a dinner party held in a home in Bethany.

> Now it happened as they went that Jesus entered a certain village; and a certain woman named Martha welcomed him into her house. And she had a sister called Mary, who also sat at Jesus' feet and heard his word. But Martha was distracted with much serving, and she approached him and said, "Lord, do you not care that my sister has left me to serve alone? Therefore, tell her to help me."
>
> And Jesus answered and said to her, "Martha, Martha, you are worried and troubled about many things. But one thing is needed, and Mary has chosen that good part, which will not be taken away from her" (10:38–42 NKJV).

The scene: It was a hot day at the end of the rainy season as summer was beginning. In the village of Bethany on a hillside just two miles east of Jerusalem was the home of Martha, who was possibly a well-to-do widow who had taken in her younger sister Mary and younger brother Lazarus. It was there that Martha welcomed Jesus and His followers into her home that day.

Martha hurried to arrange a comfortable seat for Jesus and then to bring a cool drink to each of her guests. She nodded to Mary, who filled the basin near the door with water, then took a towel and began to wash each guest's feet. Jesus' followers seated themselves around the large room, chatting quietly about events of recent days.

Villagers began to crowd the doorway, anxious to come in and listen to the great rabbi, Jesus. This was not His first visit to Bethany. The townsfolk had heard some of His surprising stories before. Perhaps today He would tell them more. A few edged in and sat down outside the ring of disciples. Martha and Mary also took the posture of learners or disciples, sitting at Jesus' feet.

I don't know how long Martha sat there listening to the Lord Jesus, but I have a feeling that, if she was anything like me, she sat there with a divided mind. After all, here were thirteen men who would be hungry and would need to be fed. What was on hand to feed them? What would it take to get everything ready? Would she need to slip out and run to a few shops for grain or fruit?

I identify with Martha. I know exactly what she was doing as she sat there. First, she made a mental inventory of everything in the pantry. After that, she planned the menu, making sure she didn't overlook anything. Then she made a list in her head of all the tasks that would have to be done. When she had thought everything through, she glanced around the room surreptitiously to determine the best route through the crowd to get from where she was sitting into the kitchen. After she had plotted her exit, she could sit there no longer. She had to get busy! After all, she was the hostess. It was her responsibility to meet the needs of her guests. No one would think less of Lazarus or Mary if the meal were not adequate. The blame would land squarely on her. No time to sit and listen to Jesus now. Perhaps after all the work was done.

Once in the kitchen she felt that flush of excitement that comes to many of us when we are about to do something special for someone we really care about. We want everything to be perfect—well, at least as nearly perfect as possible. Our love energizes us. We are exhilarated by the opportunity to show our love for someone special.

Can you see Martha, now in the familiar territory of her kitchen, turning into a whirlwind of activity? First, start the beans and lentils cooking with onions and garlic. Then dress the lamb for roasting. Grind the grain and mix the bread for baking. Then prepare the figs and pomegranates. Get water to mix with the wine. Set the table. Stir the beans and lentils. Turn the lamb on the spit. Start baking the bread.

Glancing out the window at the position of the sun in the sky, Martha suddenly realized it would soon be mealtime and she was far from finished. She may have felt what I feel when I've been carried along on the crest of my enthusiasm, only to realize I'm running out of time and I can't finish everything I planned to do. When that happens, I get angry—angry with myself and angry with anyone else who might have made a difference in accomplishing my plans.

I suspect that is what happened to Martha. Suddenly the plans and the work that had started out as pure joy turned sour. Luke tells us that she "was distracted by all the preparations that had to be made" (v. 40). The harder she worked, the more worked up she became. It was Mary's fault, she thought. If Mary had been there to help her, it would have been different.

We all know that feeling, don't we? It's bad enough having everything to do. It's even worse when someone we think should be helping us pull the load lets us down. Our irritation about the unfairness of it all builds to the bursting point.

That's what happened to Martha. Finally, she exploded: "Lord, do you not care that my sister has left me to serve alone? Therefore tell her to help me" (v. 40).

Interesting, isn't it, that Martha spoke sharply to Jesus, not to Mary. Perhaps she had already tried unsuccessfully to catch Mary's eye and signal her to get up and help. Or she may have nudged Mary who shook off her nudge and went on listening to Jesus. We all have ways we use to get a message across. We clear our throat. We drum our fingers on the table top. We make attention-getting motions. It irritates us even more when the other person ignores us!

Whatever had already happened, Martha spoke directly to Jesus, accusing Him of not caring about her. She was sure that if He really cared, He would tell Mary to get up and help her.

I'm intrigued by the way Martha linked Jesus' care for her to His willingness to tell Mary to get busy. Martha thought she knew just how Jesus should demonstrate His care—by lightening her load. And that is exactly what we see Him doing, though not in the way she expected. In His response we learn much about our discipleship as Christian women:

> "Martha, Martha . . . you are worried and troubled about many things. But one thing is needed, and Mary has chosen that good part, which will not be taken away from her" (Luke 10:41 NKJV).

The problem did not lie in the work Martha was doing. It was her attitude of fretting and worry that created the bad situation. Jesus knew that Martha put too much stress on things that didn't matter. Martha's problem was one of balance, of holding life in the proper tension.

Take a closer look at what Jesus said and did not say to this overburdened woman.

First, Jesus did not rebuke her for making preparations for Him and His disciples. If she as the hostess in the home had decided to skip any food preparation, her guests would have gone hungry. What was going on in that Bethany kitchen was important.

Do you recall what Jesus said to Satan when tempted in the wilderness at the outset of His public ministry? In Matthew 4:4 we read, "Man does not live by bread alone." Jesus did not say, "People don't live by bread." We do live by bread. We have bodies that must be fed. Jesus knew that and fed people—as many as five thousand at one time.

But Jesus also knew that people are more than bodies. We do not live by bread alone. To feed our spirits is at least as important as feeding our bodies. Martha's problem was not that she was preparing food for her guests to eat. That was necessary, and in her role as hostess, it was her place to see that it was done. But she gave it too much importance. Instead of settling for a simple supper, she tried to impress with an elaborate meal. Jesus in essence told her that one dish would have been enough.

We all have responsibilities we carry out every day of our lives. We go to the office. We cook. We grade papers. We clean the house. We do the laundry. We do these things, and we want to do them well. Dorothy Sayers reminds us that no crooked table legs came out of the carpenter shop in Nazareth. God is not honored by shoddy work or the neglect of our necessary duties in life. But we must be sure that the necessary doesn't get out of proportion and distort our lives. We can easily confuse means and ends. Without thinking, we can turn what is a means to living for God into an end in itself. When we take something of lesser importance and make it primary in our lives, what is otherwise harmless can become a stumbling block for us.

One of the things Jesus saw that afternoon two thousand years ago was that Martha was looking down on what Mary had chosen to do. Martha imposed her value system—possibly a sparkling house and certainly a sumptuous meal—on Mary.

If bustling around was "necessary" for Martha, it must also be necessary for Mary.

Note that Jesus did not tell Martha to do what Mary was doing. At the same time, He pointed out that Mary had chosen "what is good." In saying this, Jesus made a little verbal play that does not come through in English translations. In essence He said, "Martha, you are preparing many dishes for us to eat, but Mary has prepared the one dish you can't fix in your kitchen." While food was necessary, preparing something much simpler would have been better, allowing Martha to continue sitting with Mary and learning from Christ.

Do you think Jesus was being a bit hard on Martha? After all, she was doing all this work to please Him! Yet do you think He was pleased with her request that He tell Mary to get up and help her? Do you think Mary was pleased to be humiliated in that way? Do you think the disciples and neighbors were pleased to have the Teacher interrupted in that way? And what about Martha herself? Do you think she was pleased with herself? We know when we have spoiled things for ourselves and others around us. And spoil things Martha did!

As you picture this scene in your mind, what image of Martha comes into your head? Elisabeth Moltmann-Wendel remarked that whenever she thinks of Martha, she remembers a picture from a children's Bible. In it Mary is sitting at Jesus' feet listening and Martha is in the background, leaning against the kitchen door with an evil, mistrustful look on her face.

When we think about these two sisters, we tend to imagine Mary with an aura of holiness around her, and we associate Martha with olive oil and fish.

When someone says, "She's a Martha-type," we know just what that means. Someone who is practical, competent, down-to-earth. Marthas are certainly useful and necessary. The church would be in a tough spot if we were only Marys. But when it comes to painting a model or an ideal, it's Mary all the way. That puts us in a bind of sorts, if we think about it. Martha's work is necessary—in the church and in the home. But Mary gets the halo.

Martha, called the patron saint of housewives and cooks, comes in for quite a bit of bashing. Martin Luther wrote, "Martha, your work must be punished and counted as naught . . . I will have no work but the work of Mary."

Stiff words! So I feel a bit sheepish about being a Martha. But Martin Luther was wrong. Martha's work must not be punished and counted as naught. Martha's attitude needed correcting. Martha's perspective needed changing. But Martha's work was good and necessary. The reality is that as followers of Jesus Christ, we need to cultivate both the Martha and the Mary in each of us.

Earlier in Luke 10 we find the story of a lawyer who tried to trap Jesus by asking Him what he had to do to inherit eternal life. Jesus turned the question back on the lawyer by asking him simply, "What is written in the law? What is your reading of it?" The lawyer responded with that great statement taken from Deuteronomy 6:5 and Leviticus 19:18: we are to love the Lord our God with all our heart, with all our soul, with all our strength, and with all our mind, and our neighbor as ourselves.

The lawyer got the answer absolutely right. Jesus agreed, saying, "You have answered correctly. Do this and you will live."

The lawyer could have left it at that, but he didn't. He pressed Jesus with another question: "And just who is my neighbor?" To answer that, Jesus told one of those wonderful stories that take us by surprise.

The story was about a man traveling from Jerusalem down to Jericho on a dusty mountain road. Some thieves attacked him, stripped him naked, beat him up, and left him half dead.

First, a priest came by. He might have just finished his week of service rotation in Jerusalem and was on his way home for another year. He saw this poor man, but went out of his way to avoid any contact with him. Then a Levite came along. Levites in Jesus' day were a kind of lower-order priest who sang at the time of the sacrifice and who served as doorkeepers and servants to the higher-order priests. The Levite, like the priest, glanced at the injured man and passed by on the other side of the road.

The third person who came along was a Samaritan. You have to understand how much Jews detested Samaritans to have any idea how shocking it was when Jesus said that a Samaritan came along. This despised foreigner saw the man, and, instead of doing what the religious Jews had done, he stopped and dressed and bandaged the poor man's wounds, put the man on his donkey, and took him to an inn where he cared for him. He even paid the innkeeper to continue caring for the man while he went on his way.

What was the punch line? When Jesus finished the story, He asked the lawyer, "Who do you think was a neighbor to the injured man?" Of course the lawyer had to say, "The one who showed mercy to him." And Jesus answered, "Go and do likewise."

Wasn't that just what Martha had done? Hadn't she inconvenienced herself to treat Jesus and His disciples kindly? Wasn't she meeting someone else's need? Absolutely! Wasn't she being a good Samaritan while Mary ignored the physical needs of their guests, as the two religious Jews had ignored the man who was beaten and robbed?

Take a second look at the answer for which Jesus commended that first-century lawyer: we are to love the Lord our God with [from] all our heart, with all our soul, with all our strength, and with all our mind, and our neighbor as ourselves.

Note the order of the two loves: God first, then neighbor. Not the other way around. It is not a question of contrasting the activist life to the contemplative life. It's a matter of priorities. We put listening to and learning the Word of God before service. That equips and inspires us for our service for God to others.

What Jesus wanted that day was not Martha's lentils and lamb, but Martha herself. The one dish she could not prepare in her kitchen was her relationship to God. She could prepare that dish only by remaining at Jesus' feet and letting Him provide the food for her soul.

Martha wanted Jesus to lighten her load that day. He did exactly that, but not the way she thought it should be done. He knew that our relationship with God does not develop in the midst of fretting busyness. The one thing needful is to hear God speak to us. Mary chose to put time into that primary relationship and not to be distracted by trivia.

"Martha must be a Mary," wrote one commentator, "and the true Mary must also be a Martha; both are sisters." That brings me back to my sewing machine tension dial. If the tension on the top thread is too loose, the underside of the fabric will be snarled with excess thread. The seam has no strength. It pulls apart hopelessly the moment pressure is applied to it. The only thing a seamstress can do is to pull out all the threads, adjust the tension, and start over.

We also have no usable seam if the threads are not feeding from both the top spool and the bobbin underneath. We could try to sew all day with only the top spool on the machine and nothing in the bobbin holder and we would not have a single seam. The Martha thread and the Mary thread must both be properly feeding and interlocking if we are to have any seam at all. The balance between the two has to be finely adjusted if the resulting seam is to be strong and usable.

We live in this world. This means we concern ourselves with food and clothing, homes and family, jobs and studies. But we also live in the world of the spirit, where we concern ourselves with our relationship to God. That was Martha's real problem. She was sewing with no thread in the bobbin.

To get our service right, we get our priorities right. We let Jesus minister to us before we go out to minister for Him. That is God's order: we first love the Lord our God with all our heart, soul, strength, and mind, and then we are prepared to go out and love our neighbor as ourselves. When we turn that upside down, we may end up feeling overworked and unappreciated. But when we keep our priorities in line with God's priorities, we will find that God enables us to do what needs to be done with joy and satisfaction.

Questions for Personal Reflection or Group Discussion

1. When you think of Mary and Martha, with whom do you naturally identify?

2. What steps could you take to gain a better balance between the priorities of Mary and the priorities of Martha in your life?

3. How does worry affect a woman's relationship to God?

4. What have you learned from Mary and Martha that will affect your discipleship in the future?

Martha and Mary

How to Nourish Hope in Times of Loss

When my husband finished his studies at Denver Seminary in 1956, we moved to his first pastorate in a small town in central Wyoming. As we got acquainted with the leaders of the church, we came to appreciate one older couple in particular. Gene, a retired carpenter, arrived at the church every morning to help build an addition to the church education wing. His wife, Mae, stopped by almost as often. We admired the tireless commitment to Jesus Christ and to His church they both lived in front of us daily.

About six months after we arrived, a phone call brought the news that Don, Gene's and Mae's only son, had just been crushed to death in a local open-pit mine accident. We hurried across town to be with our friends as they groped through their shock and disbelief. It would be an excruciating time for them as they moved through their grief. But we were sure they would make it. They had all the Christian resources to support them during this crisis. Other friends came in, and we were confident that an entire community would surround them, their daughter-in-law, and two grandsons with love and concern.

A few days after the funeral Gene returned to his volunteer work on the church building. But on Sundays he came to church alone. When we dropped by their house, we sensed that Gene was finding strength to cope with his grief, but it was different for Mae.

When we asked about this, we learned that from the time word of the accident came, Mae turned her back on God. How could she believe in a God who would deny them their only child and deny their grandsons a father? God could not possibly be loving and kind and, at the same time, deal them such a blow. Whenever we visited her, we listened to her case against God. It was clear that the facts of her faith and the facts of her life didn't mesh. The faith that we thought would sustain her seemed to get in her way.

Mae reminded me of two other women—women who sent for Jesus when their brother was seriously ill, but Jesus didn't arrive in time to help them. When He finally showed up, both women said to Him, "Lord, if you had been here, our brother wouldn't have died!" These sisters had enough faith to believe that if Jesus had come, He could have healed their brother. But it looked as if Jesus had let them down. The story is found in John 11, and it begins like this:

> Now a man named Lazarus was sick. He was from Bethany, the village of Mary and her sister Martha. This Mary, whose brother Lazarus now lay sick, was the same one who poured perfume on the Lord and wiped his feet with her hair. So the sisters sent word to Jesus, "Lord, the one you love is sick." When he heard this, Jesus said, "This sickness will not end in death. No, it is for God's glory so that God's Son may be glorified through it." Jesus loved Martha and her sister

and Lazarus. Yet when he heard that Lazarus was sick,
he stayed where he was two more days (11:1-6).

That's the setting. Lazarus was sick. His two sisters, Mary
and Martha, turned at once to their friend Jesus, hoping He
would come quickly and heal their brother before it was too late.

Knowing that Jesus loved these three, we would expect Him
to set out immediately for Bethany to do what He could to spare
them anxiety and grief. Yet we do not see Jesus responding in
the way the two sisters hoped. Instead of leaving at once for
Bethany, He stayed where He was for two more days.

An important principle in life is that love permits pain. We
don't want it that way. We want to believe that if God truly loves
us, He will not allow anything painful to invade our lives. But
this is not so. God's love does not guarantee us a shelter from
difficult experiences that are necessary for our spiritual growth.
Love and delay are compatible.

If Jesus had rushed off to Bethany as soon as He received
word of Lazarus's illness, Mary and Martha would not have
been suspended between hope and despair—hope that the one
who could help their brother would arrive in time, despair that
He would come too late. They would have been spared the
anguish of watching Lazarus sink into death. They would have
avoided the agony of those last moments before they closed their
brother's eyes and prepared his body for burial. They would
have forestalled the desolation of bereavement.

But Jesus didn't come. He knew that it was time for Mary,
Martha, and His disciples to learn what they could not learn
if He intervened too quickly. John tells us how completely in
control of the situation Jesus was. He knew just what He was
doing. He knew that the spiritual growth of Martha and Mary
and His band of disciples traveling with Him depended on the
right timing. How do we know that? Read John 11:7–16:

Then Jesus said to his disciples, "Let us go back to Judea."

"But Rabbi," they said, "a short while ago the Jews tried to stone you, and yet you are going back there?"

Jesus answered, "Are there not twelve hours of daylight? A man who walks by day will not stumble, for he sees by this world's light. It is when he walks by night that he stumbles, for he has no light." After he had said this, he went on to tell them, "Our friend Lazarus has fallen asleep; but I am going there to wake him up."

His disciples replied, "Lord, if he sleeps, he will get better." Jesus had been speaking of his death, but his disciples thought he meant natural sleep.

So then he told them plainly, "Lazarus is dead, and for your sake I am glad I was not there, so that you may believe. But let us go to him."

Then Thomas (called Didymus) said to the rest of the disciples, "Let us also go, that we may die with him."

Divine timing. The Israelites would not have known God as their Deliverer had they not been slaves in Egypt. David would not have known God as his Rock and his Fortress had he not been hunted by Saul in the mountains of Engedi. And Jesus knew that Mary and Martha would never know Him as the Resurrection and the Life had Lazarus not died. Our painful experiences can reveal God to us in new ways. Jesus knew precisely what He was doing.

On His arrival, Jesus found that Lazarus had been in the tomb for four days. Many Jews had come from Jerusalem to Bethany to comfort Martha and Mary in the loss of their brother. Sympathy for them was the first of all duties. Nothing else was more important than expressing sorrow with the bereaved.

In the hot climate of Israel the deceased had to be buried immediately after death. Women anointed the body with the finest spices and ointments, then wrapped it in a linen garment with the hands and feet swathed in bandage-like wrappings and the head enclosed in a towel. Everyone who could possibly come would join the procession from the house to the tomb. Curiously, women walked first because, according to the teachers of the day, it was a woman by her sin in the garden of Eden who was responsible for death coming into the world.

At the tomb, friends made memorial speeches. Then the mourners formed two long lines between which the family members walked.

As long as the dead body remained in the house, the family was forbidden to prepare food there, to eat meat or drink wine, or to study. When the body was carried out, all the furniture was turned upside-down and the mourners sat on the ground or on low stools. On returning from the tomb, they ate a meal of bread, hard-boiled eggs, and lentils, symbolizing life, which was always rolling toward death.

Deep mourning lasted seven days, during which no one could anoint himself, put on shoes, engage in study or business, or even wash. Thirty days of lighter mourning followed the week of heavy mourning.

In the middle of this period of deep mourning, Martha heard that Jesus was entering the village. Violating the conventions of the culture, she went out to meet Him while Mary stayed in the house. The gospel writer records the remarkable conversation Martha and Jesus had:

> "Lord," Martha said to Jesus, "if you had been here, my brother would not have died. But I know that even now God will give you whatever you ask."

> Jesus said to her, "Your brother will rise again."
>
> Martha answered, "I know he will rise again in the resurrection at the last day."
>
> Jesus said to her, "I am the resurrection and the life. He who believes in me will live, even though he dies; and whoever lives and believes in me will never die. Do you believe this?"
>
> "Yes, Lord," she told him, "I believe that you are the Christ, the Son of God, who was to come into the world" (11:21–27).

"Lord, if you had been here, my brother would not have died." In that statement Martha gave voice to her doubt that Jesus had unlimited power. Had He been there, this would not have happened. He had to be present to heal her brother. Yet her general confidence in Jesus shines through: "But I know that even now God will give you whatever you ask."

Jesus answered her by turning her mind to the promise of the resurrection: "Your brother will rise again."

Martha seemed impatient as she shot back, "Yes, Lord, I know he will rise again in the resurrection at the last day."

Martha knew the truth. She had the doctrine right. In fact, she had a stronger spiritual base than the Sadducees who denied the resurrection. In her statement she bore witness to the strong teaching of her nation's faith. But she didn't find much comfort in the future tense. In that moment she needed something more immediate than an event as far off as the resurrection at the last day. In her time of sorrow, the correct doctrine was not particularly consoling.

Jesus saw that and turned her idea of resurrection as a future event into a present reality: "I am the resurrection and the life."

What must Martha have felt in that dramatic moment! "I am the resurrection and the life!" With those startling words Jesus moved her thoughts from a dim future hope to a present fact.

He gave her faith its true object, himself. Confidence in Jesus Christ, the God-man who is the resurrection and the life, could replace her vague hope in a future event.

How do we get that confidence? Jesus told us how when He said: "He who believes in me will live, even though he dies; and whoever lives and believes in me will never die" (v. 25).

When we believe in Jesus Christ, we gain a quality of life that is larger than death. Death becomes not the end of life, but the door into a larger life. People call our world "the land of the living." We might better call it "the land of the dying." We begin to die the moment we are born, and our lives are an inexorable move toward death. But those who have believed in Jesus Christ know that when death comes, we do not pass out of the land of the living but into the land of the living. We are not on our way to death. We are on our way to life. That's what it means to be born again. That's what it means to have eternal life. That's what it means to believe in Jesus Christ.

How did Jesus end His statement to Martha? He asked, "Do you believe this?" (v. 26). With that question He brought her to the question of personal faith. The faith that leads to eternal life can never be a faith we have inherited from our grandparents or that we acquire from being around the pastor. It is a personal commitment each one of us must make.

And Martha gave a remarkable answer to Jesus' question: "Yes, Lord, I believe that you are the Christ, the Son of God, who was to come into the world" (v. 27). Compare that to Peter's great confession (Matthew 16:16). When Jesus asked him, "Who do you say I am?" Peter responded, "You are the Christ, the Son of the living God." Whereupon Jesus said that upon that confession, that truth, the church would be built.

Martha understood the same truth. Where had she learned it? Had she sat at Jesus' feet? Had she listened to Him teach the crowds? Clearly this woman, though her faith was imperfect, grasped the central truth on which it could grow: Jesus is the one sent by God.

It is the same for us today. It is on the truth Martha spoke that day in Bethany two thousand years ago that you and I come to the one who is the resurrection and the life. We cannot begin to grow until we see Jesus for who He is and come to Him as we are.

After this exchange Martha returned to the house and, taking Mary aside, told her that the Teacher had arrived and asked for her. Mary got up quickly and went to meet Jesus. She, in turn, spoke the same words Martha had used: "Lord, if you had been here, my brother would not have died." The same words Martha had used, but with one omission. Martha had gone on to say, "But I know that even now God will give you whatever you ask." Martha, for all her shortcomings, spoke of her faith. Mary, in contrast, was overwhelmed by her grief. She had sat at Jesus' feet and learned from Him. But now in His presence she was wrung out with her all-consuming sorrow.

When we read the other Mary-Martha story in Luke 10, it appeared that Mary was the "spiritual" one and Martha was the "unspiritual" one. Now as we look at these same two women in this context, we discover that practical Martha had understood enough to give a magnificent confession of faith in Jesus Christ. Mary, on the other hand, was too engulfed in her loss to do more than say, "Jesus, if you had been here, my brother would not have died."

Note how Jesus adjusted to each one's need. With Martha, even in a time of deep mourning, He spoke deep theological truth. With Mary, He sympathized. He met her where she was so that He could take her to a different level of faith. Thus it is with each of us. God starts with us where we are. But He doesn't leave us there. He moves us to a deeper level of faith.

Four days had passed since Lazarus died. At that time and place, the usual tomb was a cave with shelves cut in the rock on three sides. At the opening of the tomb a groove was made in the ground and a great wheel-shaped stone was set in the groove so it could be rolled across the entrance to the cave. For the Jews it was important that the entrance be well sealed. They believed that the spirits of the departed hovered around the tombs for four days, seeking entrance again into the body of the departed one. But after four days they left because by then the body would be so decayed they could no longer recognize it.

The mourners had followed Mary and now gathered in front of the cave. From their point of view, the more unrestrained the mourning, the more honor they paid to the dead. These who had come to comfort Mary and Martha were not quietly weeping with heads averted. Instead, they honored Lazarus with unrestrained wailing, with hysterical shrieking.

Jesus stood in the midst of the crowd of mourners. John described His demeanor by using a Greek word that is not accurately translated in many Bibles (vv. 33, 38). Jesus was more than "deeply moved." He shuddered with indignation.

Indignation at what? Jesus stood there that day as the Lord of Life, the one who had just told Martha that He was the resurrection and the life. There He was, face to face with all the effects of the fall: death, human misery, broken hearts. He had come into the world to deliver us from death and condemnation. He knew that even as He confronted and conquered death that day, the final conquest could come in only one way. He, too, would have to pass through death. He would have to taste its bitterness. He would have to die.

He shuddered—shuddered at the awfulness of death. He shuddered at the consequences of sin. He shuddered at the pain of alienation. He shuddered with indignation that any of this had to happen. And then He acted. He spoke four times.

Speaking to the mourners, He simply said, "Take away the stone" (v. 39). Jesus could have told the stone to roll away without human help, but He didn't. Those who stood there that day were given that task. God works with an economy of divine power. He requires us to do what we can do. He tests us by involving us in His miracles.

"Take away the stone." Had the Jews standing there heard correctly? Take away the stone? Surely Jesus couldn't be serious! Martha echoed their thoughts when she protested, "But, Lord! By this time there is a bad odor, for he has been there four days!" Jesus had to remind her of the point of that conversation they had just had out on the roadside: "Did I not tell you that if you believed, you would see the glory of God?" (v. 40). Jesus worked to raise Martha's faith to a higher level so that she could look beyond the earthly, the practical, and the mundane to see spiritual reality. "Take away the stone."

The second time Jesus spoke, it was to God: "Father, I thank you that you have heard me. I knew that you always hear me, but I said this for the benefit of the people standing here that they may believe that you sent me" (vv. 41–42). Martha had said she believed that. But did the others? Did Mary? Did the disciples? Jesus laid His divine claim on the line. He did it to lead people to faith.

The third time Jesus spoke, He addressed Lazarus: "Lazarus, come out!" (v. 43). The dead man stumbled out, his hands and feet wrapped with strips of linen and a towel around his face. The crowd fell back, awestruck. Were their senses playing tricks on their minds? They had seen a dead corpse carried into that tomb four days earlier. It could not be true that Lazarus was alive again!

Jesus had not prayed, "Father, raise him from death!" Nor had He said, "In the name of the Father, come out." He had told Martha that He was the resurrection and the life. He acted on His own authority. He was the Lord of life. And Lazarus came out.

The fourth time Jesus spoke, it was again to the astonished audience: "Take off the grave clothes and let him go" (v. 44). The gasping bystanders needed to touch Lazarus and see for themselves that He was not a ghost.

Two things happened. First, many of the Jews who had come to visit Mary put their faith in Jesus (v. 45). That was the immediate result. Second, word of this incredible miracle soon reached the religious leaders in Jerusalem, who now, more than ever, saw Jesus as a threat to their power. They met to seal His fate with a sentence of death.

A sentence of death? Yes, for Him. But a sentence of life for all of us who believe. He is the resurrection and the life. The one who believes in Him will live, even though that person dies. Whoever lives and believes in Him will never die. Do you believe this?

The old storytellers in many lands told of a fabulous bird, sacred to the sun, called the phoenix. This huge bird, covered with an iridescent rainbow of gorgeous feathers, had no equal on earth. Not only was no other bird so beautiful, but none other sang so sweetly nor lived so long. The storytellers could not agree on the age of the phoenix. Some said the bird lived for five hundred years; others said it lived more than twelve thousand years.

Whatever the length of its life, when those years ended the phoenix made itself a nest of twigs from spice trees, set its nest on fire, and, with the nest, was consumed. Nothing remained except a scattering of ashes on the earth. But then, the storytellers said, a breeze caught those ashes and somehow from them there arose another phoenix, a new firebird even more splendid than the one that had died. He would spread his wings, they said, and he would fly up to the sun.

The storytellers spun this myth in the fond hope that somehow it could be true. They spoke to something deep within each human being—the longing that out of the destructive tragedies of life, something better, more magnificent might come. Yet what the storytellers could only imagine contains a truth of which Jesus Christ is the reality. Just as the more glorious phoenix can rise only from the ashes of its dead self and ruined nest, so great faith rises only from our dashed hopes and ruined dreams.

"If God wants you to trust Him," wrote Donald Grey Barnhouse, "He puts you in a place of difficulty. If He wants you to trust Him greatly, He puts you in a place of impossibility. For when a thing is impossible, then we who are so prone to move things by the force of our own being can say, 'Lord, it has to be you. I am utterly, absolutely nothing.'"

Lazarus lived only to die again. There would come a second time when his corpse would be carried to the tomb. But Jesus had taken Martha's theology and had given it vitality: "He who believes in me will live, even though he dies; and whoever lives and believes in me will never die." If you believe in a God of resurrection, you can face the cemetery and know that even out of death can come life. It is, in the words attributed to St. Francis of Assisi, in dying that we live.

But not all funerals lead to life. When Mae lost her only son, she lost sight of God and His power and love. She could not see that the phoenix rises from the ashes of its own death. She missed the reality that life invades death. She forgot—or never knew—that Jesus Christ passed through death to conquer it for all time and eternity.

As we experience the pain of loss, we can miss the phoenix. Yet Jesus speaks the same words to us that He spoke to Martha two thousand years ago on the road into Bethany: "I am the resurrection and the life." After death comes resurrection. We can trust God's perfect timing. We can trust His love. We can come through our difficult experiences stronger in faith and hope as we learn that God is there for us in our loss, in our sorrow. What we let Christ do in our situation makes the difference.

Questions for Personal Reflection or Group Discussion

1. What do you think were stumbling blocks to faith for Martha and Mary?

2. Can you identify some stumbling blocks to faith in your life? If so, what are they?

3. How can knowing who Jesus is make a difference in your faith?

4. How can you experience immediate benefits (that is, power or strength) from your faith?

The Canaanite Woman

How to Pursue Faith in Life's Crises

Most of us who are parents have experienced those moments of inner panic that come when one of our children must be rushed unconscious to a hospital after an accident or when their temperature shoots to 105 degrees in the middle of the night. Though my children are now adults, I can still get a knot in my stomach when I remember how helpless and desperate I felt each time that happened. In those moments we pray, not just in our heads but from somewhere in our guts, knowing that all the resources for saving our child lie outside ourselves.

If we get to a doctor in time, we may learn that an antibiotic or a hospital stay will be enough to return our child to health. Or the specialists may tell us that this priceless little child will live out her life with a disability. That can be a sentence of death-in-life that may send us on an endless search for a different diagnosis or a miracle cure.

The gospel writer Mark tells us of just such a desperate mother:

> As soon as she heard about [Jesus], a woman whose little daughter was possessed by an evil spirit came and fell at his feet. The woman was a Greek, born in Syrian Phoenicia (7:25).

A demon-possessed daughter. What must that have meant for this frantic mother? Clinicians examining demon possession from New Testament times to our present day have found three characteristics almost always present in a demon-possessed person.

First, the facial features are distorted, sometimes so much that the person is no longer recognizable. Along with this, a demon-possessed person will in some cases contort his body or become physically agitated. Second, the voice changes, often deepening to the point that a woman's voice sounds like a man's. Third, the person displays a different personality. A religious person may become coarse and filthy. A gentle person may become aggressive and harsh. A refined person may use only gutter language.

Case histories underline the extraordinary strength of such people. In documented cases it has taken three or four adults to hold down a demon-possessed child.

What terror this mother must have felt as she watched her little girl become someone unrecognizable to her. To see the sparkle in her eyes displaced by a glittering hardness. To see her smile twist into a sinister grimace. To hear a voice that was not her little girl's voice. To expect the familiar voice and hear deep bass tones and strange pronunciations. To watch a personality emerge that was alien and repulsive. Where had her little girl gone? What had happened to her daughter who could no longer be held and loved? What could be done to bring back the gentle child who had disappeared inside the body of this monster?

What had gone wrong? What could she have done to keep this from happening to her little girl? How had she failed as a mother? How could she appease the gods for her failure and thus free her daughter from this cursed demon?

What must it have been to live each day in fear, not knowing what it would bring? Would her child embarrass her? Attack her? Turn viciously on children in the neighborhood? Tormenting herself day and night, this desperate mother must have reached out for any possible remedy that could release her daughter from this bondage.

We don't know how this woman heard about Jesus. Nor do we know what she heard. What had someone told her that made her so sure He could help her? We know only that she had heard something that drove her to come to Him for help.

As our story opens, Jesus had been ministering in Galilee, the Jewish province in northern Palestine, beyond Samaria. For reasons not explained to us in the text, Jesus chose to withdraw from Jewish territory to a neighboring country on the Mediterranean coast:

> Jesus left that place [near the Sea of Galilee] and went to the vicinity of Tyre. He entered a house and did not want anyone to know it; yet he could not keep his presence secret (Mark 7:24).

Even up in Galilee, several days' journey by foot from Jerusalem, Jesus could not get away from the religious leaders who hounded Him wherever He went. Mark 7 opens with some Pharisees and teachers of the Law coming up from Jerusalem and attempting to trap Jesus into speaking against the law of Moses. After a debate about what was ritually clean or unclean, Jesus turned away from the religious leaders and addressed the large crowd that followed Him wherever He went: "Listen to me, everyone, and understand this. Nothing outside a man can make him 'unclean' by going into him. Rather it is what comes out of a man that makes him unclean" (v. 14).

This was a sore point with the religious leaders of Judaism. They had spent their lives keeping all the minutiae of the Law. They lived in dread of any contamination from the outside that would make them ritually unclean. When this young rabbi let His followers eat without obeying all the rituals of washing, it threatened all they believed. It challenged the profession they had given their lives to following. It could destroy their supporters' confidence in this legalistic way of life. In short, if Jesus continued to say these things, He could put them out of business.

It's not clear whether Jesus left the region around the Sea of Galilee to avoid confrontation with the religious leaders, or whether He may simply have needed a break from the crowds that dogged Him night and day. Whatever the reason, we find Him taking refuge near the city of Tyre, hoping that no one would know He was there. But as Mark tells us, in no time word got out about His presence there. And a Greek woman, born in Syrian Phoenicia, came to Him for help.

Matthew begins the story this way:

> Leaving that place, Jesus withdrew to the region of Tyre and Sidon. A Canaanite woman from that vicinity came to him, crying out, "Lord, Son of David, have mercy on me! My daughter is suffering terribly from demon-possession."
>
> Jesus did not answer a word. So his disciples came to him and urged him, "Send her away, for she keeps crying out after us."
>
> He answered, "I was sent only to the lost sheep of Israel." The woman came and knelt before him. "Lord, help me!" she said (Matthew 15:21–25).

All Mark tells us is that the woman begged Jesus to drive the demon out of her daughter. But Matthew paints a picture of our Lord Jesus Christ that shocks us. The first time the woman approached Him, He ignored her. The text says, "Jesus did not answer a word."

We don't like to think of Jesus being unresponsive to someone in need. We prefer a Savior who is always there for us, ready to hear our prayer. Yet it is clear in the text that Jesus ignored this distraught woman.

But she didn't give up. We know that because the disciples were annoyed with her. She must have been so persistent, so unwilling to leave that they could stand her no longer. They appealed to Jesus to send her away because she kept pestering them.

It wasn't that the disciples were unaccustomed to crowds. They had just come from Galilee where mobs of people thronged them wherever they turned. They had been running interference for Jesus for months now. They were used to doing it. But something about this woman got to them. They begged Jesus to send her away because she was driving them crazy.

Jesus answered the disciples in a way that seemed to have nothing to do with their request. He said simply, "I was sent only to the lost sheep of Israel" (v. 24). The woman, still standing there, must have heard His remark. She would have found cold comfort in it. Did He mean that only Israelites could expect any help from Him?

She had already acknowledged that He was a Jew when she addressed Him as "Lord, Son of David" (v. 22). We don't know from this how much she knew about the religion of the Jews, but she knew about the great King David and she understood that Jesus was in David's line. Did she know—had she heard—that here was the Messiah of the Jews? We don't know. But her way of addressing Jesus tells us that she knew something about who He was that made her persist in the face of silence and then exclusion.

Nothing deterred her. In verse 25 we read, "The woman came and knelt before him. 'Lord, help me!' she said."

Then came a third kind of refusal. We find it in Mark 7:27: " 'First let the children eat all they want,' he told her, 'for it is not right to take the children's bread and toss it to their dogs.' "

Do Jesus' words here seem even harsher? No matter how we interpret this, He appears to insult this woman. In essence, He was telling her that the Jews needed to be fed first. What rightfully belonged to them should not be given away to others until their needs were met. But this bright, witty woman was not put off by Jesus' statement: "Yes, Lord," she replied, "but even the dogs under the table eat the children's crumbs" (Mark 7:28). She heard Him use a word for "dogs" that really meant "puppies." That was all she needed to hear.

While Middle Eastern adults despised dogs as filthy creatures, in families with children, little dogs—puppies—were allowed in the house as playthings for the children. Their place during mealtime was under the table. They caught the crumbs. And probably they also caught bits of food slipped under the table by sympathetic children.

She responded, "Yes, Lord, what you say is true. But even the puppies under the table eat the children's crumbs."

Had Jesus said what He did in a harsh voice, the woman may have answered Him with bitterness. But His voice must have belied His words. Imagine Jesus with a twinkle in His eye and a playful tone in His voice. Something He did or said gave this woman hope and the courage to respond as she did.

She entered into the spirit of the test and responded to His words brilliantly: "Yes, the children must be fed. No one questions that. But puppies are still able to get the crumbs. The Jews have a full portion in you. They have your presence. They have your word. They sit at your feet. Surely they won't grudge me what I ask. Casting the demon out of my daughter is no more for you than dropping a crumb to a puppy. No one will be deprived if you do this for me. Lord, you have so much that even while the children are fed, the dogs may get the crumbs without depriving the children. There is enough for your children and still something for me."

How did Jesus answer her? Matthew tells us:

> Then Jesus answered, "Woman, you have great faith! Your request is granted." And her daughter was healed from that very hour (15:28).

The faith of this woman is stunning! There she stood, a Canaanite woman with a religious heritage very different from the Jews. The Canaanite religion was polytheistic. That is, the people worshiped many gods. In earlier times, followers of that religion offered human sacrifices. In Old Testament times, Jezebel, wife of King Ahab, came from the same region of Tyre as this woman. Jezebel forced the worship of the pagan god Baal on the Israelites.

Because the Canaanite religion was radically different from the Jewish worship of the one true God, Jehovah or Yahweh, this Canaanite woman probably knew very little about the Jewish religion. Yet in spite of this, in spite of the fact that she probably had not heard a great deal about Jesus, in spite of the fact that she may never have seen Jesus before this encounter, she believed that He could help her.

Within Judaism, Jesus had met with resistance and unbelief on every side. But outside Israel, He met a pagan woman whose faith staggered Him. Her faith was greater than His closest followers had shown.

"Woman, you have great faith!" As He said that, did Jesus remember having just rebuked Peter with the words, "You of little faith—why did you doubt"?

In the chapter immediately preceding the encounter with this Canaanite woman, Matthew recorded the incident of Jesus walking on the sea (Matthew 14:22–34). There we learn that the Savior had sent the disciples ahead to cross the lake while He dismissed the crowds and went up into the hills to pray. A strong wind had come up, and the disciples were not able to make much headway rowing their fishing boat across the Sea of Galilee. Then, in the middle of the night as they fought against the storm, they saw Jesus walking on the water. They were terrified. Jesus tried to dispel their fear by identifying himself and by telling them to take courage and not be afraid.

Then Peter—bold, brave, brash Peter—shouted out across the waves, "Lord, if it's you, tell me to come to you on the water." Jesus invited him to come, and Peter got out of the boat and started across the water to Jesus. Then he saw the wind, lost confidence, and started to sink into the water. He yelled out, "Lord, save me!" Jesus immediately reached out His hand and caught him. Verse 31 records Jesus' remark to Peter: "You of little faith—why did you doubt?"

Peter, a man brought up in the Jewish faith, who had already traveled all over Galilee and down to Judea with Jesus. Peter, who had heard Jesus teach and preach, had seen Him heal the sick, cast out demons, and raise the dead back to life. Peter, who had every reason to have strong faith, to him Jesus said, "Peter, you of little faith—why did you doubt?"

To the Canaanite woman—a pagan woman without the right religious teaching, who had never seen Jesus before, who knew next to nothing about God's promises to the Jews through the prophets—to this Canaanite woman Jesus said, "Woman, you have great faith!" Jesus found faith where He did not expect it.

This contrast turns things upside down. We assume that the person with the greatest knowledge of the Bible will be the strongest Christian, full of faith in times of trouble. We don't expect much at all from someone who hasn't been to church or

Sunday school. But here we see faith strong and persistent in a woman with next to no spiritual training or background. In contrast, we see the great apostle, the one who served as a leader of the twelve disciples, the great preacher at Pentecost, the one to whom Jesus delivered the commission, "Feed my sheep"—to Peter came the rebuke, "Why did you doubt?" God will overlook ignorance, but He will not overlook unbelief.

Peter was influenced by His surroundings. He did well as long as he ignored the wind and the waves and just kept moving toward Jesus. But his circumstances distracted him.

The Canaanite woman, on the other hand, would not let anything turn her from her goal. She brushed off the disciples; she ignored Jesus' silence and His remark about being sent only to the people of Israel. She simply refused to let her circumstances sidetrack her from her goal.

Peter was in precisely the same amount of danger of drowning from the moment he got out of the boat until he crawled back in with Jesus' help. While Peter thought he was in a lot of danger out there on the lake, he was actually in no danger at all. Jesus was there. Weak faith, little faith, swings like a pendulum between great confidence and great fear. One moment Peter was walking on the water. The next moment he was going to drown. When Peter threw himself into the sea and started walking toward the Savior, he proved that Jesus was worth trusting. But his trust evaporated when he focused on his circumstances.

Little faith. Great faith. We may think, "Yes, I'm more like Peter than I am like the Canaanite woman. My faith isn't much. It swings like a pendulum. One moment I'm walking on water. The next moment I'm neck-deep in water and headed down."

Take heart. A little bit of faith is still faith. A drop of water is water every bit as much as a reservoir of water. A spark is as much fire as a blaze. Little faith is still faith.

Even better, little faith can become great faith. The Peter we meet in his later letters could write:

In this you greatly rejoice, though now for a little while you may have had to suffer grief in all kinds of trials. These have come so that your faith—of greater worth than gold, which perishes even though refined by fire—may be proved genuine and may result in praise, glory and honor when Jesus Christ is revealed (1 Peter 1:6–7).

Jesus found this genuine faith in a woman who pleaded for her child. She wouldn't let go. She wouldn't give up. She hung on even when Jesus ignored her and spoke coolly to her. She simply wouldn't take no for an answer. Jesus was her only hope for her child. She saw light in the darkness. She hung on as if Jesus had given her a promise instead of a rebuff.

Spurgeon observed that great faith can see the sun at midnight. Great faith can reap harvests in mid-winter. Great faith can find rivers in high places. Great faith is not dependent on sunlight. It sees what is invisible by any other light. Great faith hangs on to God.

Jesus delighted in this woman's vibrant faith. He looked at her faith the way a jeweler looks at a rare but unpolished stone. He tested her as a master jeweler buffets and grinds the impurities away from the face of the gem. By His silence and His rebuff He polished her until her faith sparkled. Jesus used her affliction to make her faith shine like a rare jewel.

This woman's crisis—a demon-possessed little daughter—brought her to Jesus Christ. Without that crisis, she might have lived and died and never have seen the Savior at all.

Crises can be God's device to move us to new ways of thinking about Him and to new levels of confidence in Him. Although we prefer good health, sickness can be good if it leads us to God. We prefer security, but difficulties serve us well when they bring us to Christ.

A nameless Canaanite woman, a foreigner, reminds us that in our crisis experiences, we can hang on and trust God because He is the only one who is trustworthy.

Questions for Personal Reflection or Group Discussion

1. Why do you think the Canaanite woman had "great faith"? Where did it come from?

2. What was Peter's problem that Jesus rebuked him for having "little faith"?

3. How can you show that you are a woman of faith?

4. What will be some of the results in your life if you, too, have "great faith"?

The Hemorrhaging Woman

How to Find Jesus in Your Pain

When my friend Joann met her future husband and they lived out a storybook courtship, she anticipated that their Christian marriage would be "happily ever after." A decade later, the marriage exploded in her face. Her husband left her for another woman, and she began the long, painful task of bringing up two young boys alone. The frustrations of being both mother and father, homemaker and wage-earner drove her into depression and sapped all of her energy. Loneliness became her constant companion. The years were marked by a seemingly unending struggle to pay the bills, rear her two sons to Christian manhood, and rebuild the self-esteem that had been pulverized by the divorce. One of her greatest disappointments was the lack of support she felt from the family of God.

Most of us have friends, like my friend Joann, who stagger under seemingly unbearable burdens, but who still hang onto the hope that somehow Jesus Christ can make a difference in their lives. If we walk with Jesus through the Gospels, we see Him surrounded by such people.

Matthew 9 opens by telling about a group of men who were deeply concerned about a paralyzed friend. They had heard rumors about the young rabbi called Jesus. Could He do something for their friend? They hoisted the man up on his mat and brought him to Jesus.

Later in Matthew 9 a ruler of the synagogue pleaded with Jesus to do something about his little daughter who had just died. As Jesus left the ruler's house, two blind men followed Him, calling out, "Have mercy on us, Son of David!" As they left Jesus' presence, a demon-possessed man, unable to talk, was brought to Jesus.

In a single chapter, Matthew shows us the desperate needs of very different people who had one thing in common: they hoped that, in the midst of crushing despair, Jesus could make a difference in their lives.

The gospel according to Matthew spills over with the compassion of Jesus for suffering people. It ends with these words:

> Jesus went through all the towns and villages, teaching in their synagogues, preaching the good news of the kingdom and healing every disease and sickness. When he saw the crowds, he had compassion on them, because they were harassed and helpless, like sheep without a shepherd. Then he said to His disciples, "The harvest is plentiful, but the workers are few. Ask the Lord of the harvest, therefore, to send out workers into his harvest field" (9:35–38).

In the middle of chapter 9 we encounter another desperate person, a woman who had hemorrhaged for twelve long years. Her story reaches us not only through Matthew's gospel, but through Mark's and Luke's as well. We begin exploring this woman's suffering in Mark 5:24-26:

> A large crowd followed and pressed around [Jesus]. And a woman was there who had been subject to bleeding for twelve years. She had suffered a great deal under the care of many doctors and had spent all she had, yet instead of getting better she grew worse.

Twelve years! While we aren't positive what this bleeding was, it is usually assumed that it was a continuous menstrual flow—for twelve long years. For this woman it would have meant constant suffering and weakness, and possibly depression.

Even in today's world with modern medicine to help us, such a condition would be exhausting and debilitating. But in the time of Jesus, it was much, much worse. From a Jewish perspective a woman could not suffer from any more terrible and humiliating disease than constant hemorrhaging. Women with flows of blood were ritually unclean, literally untouchable. The Law made this clear in Leviticus 15:25–27:

> When a woman has a discharge of blood for many days at a time other than her monthly period or has a discharge that continues beyond her period, she will be unclean as long as she has the discharge, just as in the days of her period. Any bed she lies on while her discharge continues will be unclean, as is her bed during her monthly period, and anything she sits on will be unclean, as during her period. Whoever touches them will be unclean; he must wash his clothes and bathe with water, and he will be unclean till evening.

Leviticus 15 concludes with these words spoken by God to Moses and Aaron: "You must keep the Israelites separate from things that make them unclean."

Can you imagine the implications of being "unclean" for twelve years? Most commentators believe that her husband would have divorced her. Others suggest that she would have been obliged to leave him. In any event, she could not maintain a normal relationship. She would be cut off from all good Jews, both male and female. Even to come in contact with a chair she had sat on or a bed she had lain on was to contaminate oneself. Such a person would have to wash his clothes and bathe with water—and still be considered unclean until evening.

She would have been isolated from all community life, avoided, excluded. She could not go to the temple or to the synagogue. She was shut off from the corporate worship of God. And no one could touch her, brush against her in a crowd, or come in contact with anything she had touched. She infected everything.

How could she shop in the street stalls for fruits or vegetables? She could touch nothing. If she brushed up against the shopkeeper, he was defiled. How could she walk about town without contacting anyone? Imagine the terrible exclusion and isolation she lived with for twelve long years! Unclean. Unclean.

Furthermore, in her day a woman with continuous bleeding was suspect. People assumed she was being punished by God for some secret sin. This tradition went well beyond the law of Moses. She was probably excommunicated, divorced, ostracized, all on the basis of a false notion of her illness.

Imagine being cut off from everything and everyone important to you—your family, your home, your church, your friends. Would you torment yourself, asking why this had happened to you? For what unknown sin was God punishing you? Can you picture yourself spending twelve years like that? What weary desolation this woman must have felt!

Along with all of this we learn about the medical consequences of her condition. We read in Mark 5:26:

> She had suffered a great deal under the care of many
> doctors and had spent all she had, yet instead of getting
> better she grew worse.

The Talmud sets out no fewer than eleven different cures for bleeding. Some were tonics and astringents. Others were superstitious notions. For example, one remedy was to carry the ashes of an ostrich egg in a linen bag in the summer and in a cotton bag in the winter. I don't know how available ostrich eggs were in that land at that time, but I am sure that, if possible, this woman found one, cremated it, and carried the ashes as the Talmud prescribed.

Another "cure" was to carry around a barleycorn that had been found in the dung or feces of a white she-ass. Can you imagine trying to find such a thing? It would be one thing to find a white female donkey. It would be something else to locate a barleycorn in the excrement of that beast.

It is probable that this poor woman had tried all eleven cures set forth in the Talmud and had seen other doctors who prescribed equally bizarre, often painful, possibly dangerous remedies. She tried everything and had gone to every available doctor, Mark tells us, but she grew worse instead of better.

When we meet this woman, she is in that huge crowd of people pressing around Jesus. Probably she should not have been there. What if someone bumped into her and became infected with her uncleanness? She must have been desperate for a cure—anything to leave behind her life of isolation and humiliation. Mark continues the story in chapter 5:27:

> When she heard about Jesus, she came up behind him in the crowd and touched his cloak, because she thought, "If I just touch his clothes, I will be healed." Immediately her bleeding stopped and she felt in her body that she was freed from her suffering.

A miracle! Twelve long years of continuous bleeding, and in that moment when she touched Jesus' cloak she knew she was healed.

Some commentators quibble about the fact that this woman's faith was tainted with superstition. She thought that just touching Jesus' clothes would effect the healing. Whether there was an element of magic in her faith is not especially important. What matters is that she had enough faith to believe that Jesus could help her. Somehow she had confidence that the slightest contact with Him would heal her.

She had heard that Jesus was in town. A flicker of hope stirred in her mind. Perhaps He could help her. No one else had. Could she find Him? She crouched against a wall, trying to make herself as inconspicuous as possible so no one would recognize her and order her away. Would Jesus pass this way? Was there a chance?

The sound of an approaching crowd reached her. Anxiously she pressed against a doorway, hoping against all her fears that Jesus would come her way. Perhaps she talked to herself: "If I can only touch His clothes. Do I dare? I'll contaminate the Teacher if I do. It will make Him unclean. But I've heard that He touched lepers. They were unclean, like me, and He touched them and healed them. But maybe because I'm a woman, He wouldn't want to heal me. If He's a good Jew, He prays every morning, thanking God that He wasn't made a woman. Then, too, I've spent all I have on doctors and I don't have anything left to pay Him with. On the other hand, I've heard that He takes pity on the poor." She may have struggled to hang on to hope as waves of despair rolled over her.

In the midst of her turmoil, the crowd pushed and shoved around the corner. There in the midst of the pressing mob was the Teacher, Jesus, the one who might help her. Desperation and hope propelled her forward, away from the shelter of the wall and doorway. So many people! How could she possibly get through such a thick mass of people? So weak. So tired. So frail. Carefully, as unobtrusively as possible, she worked her way through the throng, afraid every moment someone who knew her would order her back. Fear pulled her back. Determination pushed her on.

Finally, coming up behind Jesus, she reached out and touched the blue and white tassel on the hem of His robe. Every good Jewish man wore four white tassels bound in blue thread on the four corners of His robe—one in front, one on each side and one in back. This was called the hem of the garment. She reached out tentatively, then, with desperate determination, grasped that tassel. The word Mark uses in the Greek means "clutch." She didn't just brush her hand against the tassel. She clutched it. The Law said she should not touch, but in her desperation, she not only touched, she clutched the tassel. And in that moment all the weakness and sickness that had plagued her every day for twelve long years was gone. Into her body flowed an indescribable surge of health.

In that moment Jesus ignored her superstition and focused on her faith. Follow the story in Mark 5, beginning with verse 30:

> At once Jesus realized that power had gone out from him. He turned around in the crowd and asked, "Who touched my clothes?"
>
> "You see the people crowding against you," his disciples answered, "and yet you ask, 'Who touched me?'"
>
> But Jesus kept looking around to see who had done it. Then the woman, knowing what had happened to her, came and fell at his feet and, trembling with fear, told him the whole truth. He said to her, "Daughter, your faith has healed you. Go in peace and be freed from your suffering."

Luke 8:45–48 tells essentially the same story but adds a few more details:

"Who touched me?" Jesus asked.

When they all denied it, Peter said, "Master, the people are crowding and pressing against you."

But Jesus said, "Someone touched me; I know that power has gone out from me."

Then the woman, seeing that she could not go unnoticed, came trembling and fell at his feet. In the presence of all the people, she told why she had touched him and how she had been instantly healed. Then he said to her, "Daughter, your faith has healed you. Go in peace."

"Who touched me?" Jesus asked. You can understand why Peter and the other disciples were puzzled. No doubt a lot of people were touching the Master. But this was different. Jesus knew He had been touched in faith.

Do you think He really didn't know who had touched Him? It seems clear that He wanted to lift this woman's faith to a higher level. She had believed in the magical power of His clothes. He wanted her to know that she had exercised faith in Him and that her faith, not the hem of His robe, had healed her. And He wanted to do that in front of the crowd. Up to that moment she had been an outcast. Now she was set in front of that mob as an example of faith.

What would you have felt had you been in her place that day? In an instant she was healed. She could tell. She knew it had happened. But now as she crept away in the crowd, she heard the Teacher ask, "Who touched me?" Would He find out that she had done it? Would He punish her for making Him unclean?

Finally, sure that she would be discovered, she came trembling with fear. After she told her story of twelve years of illness and isolation, then of her touch and healing, Jesus called her "Daughter." This is the only place in the New Testament where Jesus called a woman "daughter."

Relationship! After twelve years of being cut off from all relationships, here was one who put himself in relationship to her. Whatever cringing unworthiness or inferiority she felt after twelve years of isolation from everyone else, in that moment Jesus affirmed her as a person and called her into relationship with himself.

For twelve years this woman had been all but invisible, except when others feared she would contaminate them. But when Jesus reached out to her, she could not remain lost in the crowd.

Do you ever feel lost in the crowd? Do you sometimes feel invisible, unwanted? When we reach out to Jesus in faith—perhaps with only a little bit of faith—it is enough. He will find us, lift us up, and call us "Daughter" as He puts us into relationship with himself. Even more, once He puts us into that relationship to himself, we have all of God's love and all of God's power at work on our behalf. It's not that one person uses up more of God's love and power and leaves less for other people. Not at all. God's love and power are infinite. There is enough for all of us.

Augustine said, in reading this story, "Flesh presses, but faith touches." Jesus can always tell the difference. He knew which was simply the jostling of the crowd and which was the touch of faith. He knows the touch of need and responds to us.

Did you notice what did not happen in this story? We do not see the woman begging and pleading to be healed. She simply reached out in faith and touched the tassel of His robe—and she was healed. Jesus did not make her go through any kind of ritual. It was enough that she believed. The moment she took hold, healing came.

Jesus' public ministry lasted only three years. During that short time, He had much to do and teach, but He always had time for individuals who needed Him. He saw Zacchaeus in the sycamore tree. He saw blind Bartimaeus at the gate to Jericho. He even saw the thief on an adjacent cross. He took time for a woman who had been bleeding for twelve long years. He asked nothing more of her than that she should believe He had the power to do for her what she could not do for herself.

It is the same for us today. Jesus asks only that we believe that He has the power to do for us what we cannot do for ourselves. It's the only way we can be in relationship to Him. Our faith may be imperfect. It may be weak. But when we come with whatever faith we have, He reaches out to us with healing. And we, too, will hear His word, "Go in peace."

The Greek text actually says, "Go into peace." Isn't that splendid? Move out of restlessness and into peace. Leave turmoil behind and move into peace. What a magnificent place to live—in peace. That was Jesus' legacy to His disciples just before His crucifixion: "Peace I leave with you; my peace I give you. I do not give to you as the world gives. Do not let your hearts be troubled and do not be afraid" (John 14:27).

That promise given two thousand years ago to a band of followers in an upper room at that last supper before Jesus died is a promise that comes down the centuries to you and me. Go into peace. It is Jesus' gift to each of us. It comes to us as we reach out in faith and touch Him. He knows the touch of faith. He always responds.

Questions for Personal Reflection or Group Discussion

1. What do you think it takes to come to Jesus in your time of need?

2. Jesus ignored the woman's superstition and responded to her faith. Can you count on Jesus to do the same for you? Explain.

3. The woman thought she was lost in the crowd, but Jesus singled her out. What does that mean for you today?

4. Jesus did not merely heal the woman of her hemorrhage. What else did He do for her? How does that apply to you today?

Two Widows

How to Give and Receive Graciously

A number of years ago a friend changed jobs and moved into a new office. He invited me to stop in the next time I was in the neighborhood. When I walked into his office, I was impressed. On the wall behind his desk were several framed photographs—one of my friend with Billy Graham, another signed to my friend by Garrison Keillor, a third autographed to him by a United States senator. I had no idea my friend had acquaintances in high places!

Suppose we were invited into the office of Jesus Christ. Whose pictures would we find on the wall behind His desk? Would we find a picture of Zacchaeus, the rich but despised tax collector? Or of a nameless sinful woman who lavished her love and thanks on Jesus by washing His feet with her tears and anointing them with perfumed oil? Perhaps. But we might also find the picture of two widows—one to whom Jesus showed grace, and the other who showed Him thanks.

In Jesus' day, women, as a rule, were totally dependent on a man—a father, a husband, a son, a brother, or a brother–in–law.

When a woman's husband died, she had only a few options. If she had a son, he took over the management of his father's estate and she could stay on in the household. If she was childless, she usually returned to her father's house—if he was still alive. Perhaps things could be arranged so that she would have the opportunity to marry again.

Another option was to ask that the Hebrew law of levirate marriage be applied. The conversation Jesus had with some Sadducees in Mark 12:18–23 makes clear what levirate marriage was about:

> Then the Sadducees, who say there is no resurrection, came to him with a question. "Teacher," they said, "Moses wrote for us that if a man's brother dies and leaves a wife but no children, the man must marry the widow and have children for his brother. Now there were seven brothers. The first one married and died without leaving any children. The second one married the widow, but he also died, leaving no child. It was the same with the third. In fact, none of the seven left any children. Last of all, the woman died too. At the resurrection whose wife will she be, since the seven were married to her?"

Interesting question! It gives us a good idea how levirate marriage worked in Jesus' time. A widow was at the mercy of the brothers of her dead husband. If there were no brothers, or if the brothers decided not to perform their duty to her, she could be completely without economic security, not to mention emotional support or social acceptance.

What was the purpose of levirate marriage? Breeding. The whole idea was to ensure that she bore a son in the name of her dead husband. If she were beyond child-bearing age, it was unlikely that anyone would bother with her. A widow without a son to care for her in her old age was completely without resources.

Jesus met such a woman at a city gate when He intercepted a funeral procession. Her story begins in Luke 7:11–12:

> Soon afterward, Jesus went to a town called Nain, and his disciples and a large crowd went along with him. As he approached the town gate, a dead person was being carried out—the only son of his mother, and she was a widow. And a large crowd from the town was with her.

Jesus, surrounded by His disciples and a large crowd of people, approached the town of Nain at the moment a funeral procession came out of the gate. They could hear the mourners before the procession came into view. Some of the townsfolk sang a lamentation. Others cried out, "Alas! Alas!" Still others moaned and beat their breasts. The noisy procession pushed through the town gate and moved toward the burial site.

Then Jesus spotted the four men carrying the corpse on a stretcher. It wasn't hard to tell, despite the cacophony of wailers, who was the bereaved. A lone woman, weeping, stumbled along, overcome by her grief.

Can you imagine a sadder funeral—that of the only son of a widow? Here was a mother left alone, with her family line cut off. Her husband had died some time earlier. Now her only son was also gone. She had lost the two most significant people in her life. Even more, she may have lost her means for survival as well.

The text tells us that Jesus felt compassion for her. His heart went out to her. Then He added action to His compassion. Luke tells us:

> When the Lord saw her, his heart went out to her and he said, "Don't cry."

Then he went up and touched the coffin, and those carrying it stood still. He said, "Young man, I say to you, get up." The dead man sat up and began to talk, and Jesus gave him back to his mother.

They were all filled with awe and praised God. "A great prophet has appeared among us," they said. "God has come to help his people." This news about Jesus spread throughout Judea and the surrounding country (7:13–17).

Jesus' first action touches us with His compassion, but it seemed like a futile thing to do. How could He tell this woman, "Don't cry"? She had just lost her only son! Was He insensitive to her loss? Or was He able to turn her grief into joy?

Only His second action could make sense of His first action. Once again Jesus violated rabbinic practices by voluntarily touching what was ritually unclean. He reached out and laid His hand on the stretcher. The mourners stopped their wailing in mid-sentence. The crowd fell back. Who was this rabbi who dared to touch the bier of the dead?

Did the Lord need to do that in order to work a miracle? Not necessarily. When Jesus stood in front of Lazarus's tomb, He merely commanded the dead man to come out, so we know He could bring people back to life with only a word. But here, in front of a huge crowd, Jesus did the unthinkable. He made himself ritually unclean by reaching out and touching the contaminating bier. In that action He underlined once again that it is not what happens on the outside that sullies us, but what goes on in our hearts.

Then Jesus spoke: "Young man, I say to you, get up!" Townspeople and mourners looked at each other. The man must be mad! Couldn't He see that the person was dead? Every eye was riveted on the stretcher. Then they gasped as the young man sat up. They were even more astonished when he began to talk. Was this possible? Who ever heard of the dead coming back to life? Yet they had seen it with their own eyes.

Had you been standing by that town gate that day, what would you have felt? Amazed? Scared? Speechless? Possibly all of these?

The Bible tells us that Jesus gave the young man back to his mother. The stunned pallbearers lowered the stretcher. Jesus may have reached out His hand to the youth and helped him step out onto the road. Her face still streaked with tears, the widow rushed to embrace her now-living son.

Jesus did this amazing miracle for one reason: His heart went out to this poor bereaved widow who had just lost her future, her only son.

Faith wasn't part of the package. Jesus had no conversation with the woman about believing in Him, about having to have faith in order to see God's miracle. Jesus knew that when a person is struggling under a heavy burden of grief, it is not the time for a theology lesson. It is a time for compassion. Jesus did what He could because His heart was touched with the woman's misery.

It is a great thing to know that Jesus is touched by our sadness and reaches out to comfort us, without our having to merit or earn anything. We may easily get the impression that the Christian life is some kind of trade-off: if we have a certain amount of faith, we can expect a certain amount of return from God. More faith—more things from God. A kind of pious bargaining. But that's where we get it all wrong.

What Jesus did for that widow at Nain's gate two thousand years ago was to give her His gift of sheer grace. She had done absolutely nothing to deserve that miracle. Yet Jesus reached out to her in her sorrow and gave her son back to her. He gave her back her future. He does the same for us today. By grace, and nothing else, He gives us a future and a hope.

How do we respond to God's grace when we have received it? Jesus made a point of showing His disciples one important way of responding to God. Let's set the scene.

The time was many months after His encounter with the widow of Nain. The place was the temple courtyard in Jerusalem.

Worshipers at the temple first entered the outer court, called the Court of the Gentiles. Jews then passed through the Gate Beautiful into the Court of the Women. Only Jewish men could enter the innermost court, the Court of Israel.

In the Court of the Women—accessible to all Jews—stood thirteen collection boxes. They were called the "trumpets" because they were shaped like the bell of that instrument. Each of these thirteen collection containers had a different purpose. One was for gifts to buy oil, another for corn, another for wine, and so forth—items needed for the daily sacrifices and for the general maintenance of the temple.

We don't know much about how Jesus worshiped or what He did when He went to church, but one thing is certain: He was interested in the offering. Mark tells us how Jesus spent some of His time in the temple:

> Jesus sat down opposite the place where the offerings were put and watched the crowd putting their money into the temple treasury. Many rich people threw in large amounts (Mark 12:41).

We may think that God's interest in what we do stops with how often we pray or read the Bible. Not so. Jesus is keenly interested in what we give to God's work as well. When we go to church, He is as aware of what we put in the offering plate as He is of the songs we sing and the prayers we pray.

When He preached the Sermon on the Mount, Jesus made clear that where we put our treasure tells people where our hearts are (Matthew 6:21). The attitude we have about money tests the reality of what we profess. What we give or hold back demonstrates what our priorities are. No wonder Jesus was interested in the offering that day in the temple courtyard.

As He sat there, what did He see? Mark informs us that many rich people threw in large amounts of money (12:41). From what Jesus said at one point in the Sermon on the Mount, we can even imagine donors approaching the collection boxes preceded by hired musicians playing trumpets to call attention to their gift (Matthew 6:2). In the midst of these wealthy donors, Mark tells us, "A poor widow came and put in two very small copper coins, worth only a fraction of a penny" (Mark 12:42).

Seeing this, Jesus did and said something strange. He called His disciples over, pointed to the widow, and said,

> I tell you the truth, this poor widow has put more into the treasury than all the others. They all gave out of their wealth; but she, out of her poverty, put in everything—all she had to live on (Mark 12:43–44).

Jesus was not talking about actual amounts of money. He was talking about proportions. What matters to God is what we give in proportion to what we have and what we keep. It is easy to think that because I can't give as much as I'd like, I shouldn't bother giving my little bit to God. That is exactly the kind of thinking Jesus wanted to counteract.

Whatever we are able to give to God—whether it is money, time, or energy—is measured not by how much, but by how much in proportion to what we are able to give. As Jesus explained to His disciples, "She, out of her poverty, put in everything—all she had to live on." The poor widow that day had to choose between having something to eat or giving to God. She couldn't give half to God and keep half for a bit of bread. It was a question of giving all to God or keeping it for herself. She chose to give all to God. It was her wholehearted devotion that grabbed Jesus' attention that day.

According to the temple system at that time, one could not give less than "two mites"—two small copper coins. To give that would have taken all that the widow had to live on. She might have come to the temple courtyard that day wondering if she should make such a personal sacrifice. After all, what little she had to give would hardly buy a bit of lamp oil for the temple sacrifice. Intimidated by the magnitude of others' gifts, she might have hung back, watching as wealthy Jews, with trumpets blaring, poured their money into the collection boxes. Did it really matter to God whether or not she contributed two tiny copper coins?

Even worse, everyone knew that the teachers of the Law, the people who maintained the temple system, were corrupt. Then, as now, widows were vulnerable targets of unscrupulous religious leaders who sometimes took advantage of them. While sitting in the temple courtyard that day, Jesus had just warned His listeners:

> Watch out for the teachers of the law. They like to walk around in flowing robes and be greeted in the marketplaces, and have the most important seats in the synagogues and the places of honor at banquets. They devour widows' houses and for a show make lengthy prayers. Such men will be punished most severely. (Mark 12:38)

What does it mean that religious leaders "devour widows' houses"? The Pharisees, we learn from the historian Josephus, prided themselves on being exact teachers of the Law. In Judaism a teacher of the Law could not take any pay for teaching others. He was supposed to have a trade or a profession by which to support himself, and he was required to teach without pay. Many Pharisees, however, managed to persuade ordinary people—often widows—that the most significant thing they could do was to support a Pharisee in the manner to which he would like to become accustomed. It appears that women were particularly susceptible to this proposition. Many widows were known to have spent all they had to support a teacher of the Law. Pharisees took advantage of these women. They often extorted great sums of money for advising them, or they diverted entire estates away from the owners for their own use. Jesus had seen this and recognized what could easily happen to such women. So when His attention was arrested by a poor widow approaching the offering boxes, He was prompted to warn His listeners about teachers of the Law who devoured widows' houses.

As the widow paused in the temple courtyard that day, clutching the two tiny copper coins—all she had—did she think about the corrupt leaders who would spend these coins carelessly? Did she wonder whether she should deny herself necessary food when she could do so little and when her gift might be diverted to crooked people? We don't know that. What we do know is that as she extended her hand and dropped the two coins into one of the collection boxes, she knew that she was giving to God. It was more important to her to show gratitude to God than to have food. She came to worship God with what she had, with what she could give. Her devotion to God was from her heart. She gave all she had.

In pointing out this poor widow in the temple courtyard, Jesus teaches us that God judges what we give by the quality of our giving, not by its quantity. The person He held up as a model of generosity was someone who gave less than a cent. What made it worth more than the vast wealth of others was that it was all that she had.

During our years in a central Wyoming pastorate, we frequently hired a short, stout grandmother to babysit our four children. To do this for us, Mrs. Knapp had to drive an unpredictable old car into town some distance from the mesa where she and her husband lived in a tiny house. At one point they were able to have running water installed in the house, but they could never afford to put in a bathroom. Had I been Mrs. Knapp, I'm sure I would have saved all the babysitting money and butter-and-egg money for a real, inside bathroom.

What was a life lesson for me was the fact that Mrs. Knapp babysat not for a bathroom, but to have something to give to God each Sunday. Often weary, never sure her car would run, burdened for her husband, Mrs. Knapp always showed up at our house with a smile. She was earning something to give to God. And she was enriched by that.

As I dropped a tithe check into the offering plate each Sunday, I knew Mrs. Knapp was dropping in much, much more. Most of us gave out of our abundance. She, out of her poverty, put in all that she had.

When you and I give, we are doing something God-like. And when we give, we put meaning and purpose into all our getting. It is, as Jesus said, "more blessed to give than to receive" (Acts 20:35).

As I stood in my friend's new office admiring the pictures on his wall, I thought of the pictures Jesus might have on His wall. Surely Mrs. Knapp's picture will be there, next to that of the widow in the temple courtyard.

By grace Jesus gave one widow her future. By grace Jesus Christ gives each of us a future and a hope. As we come to understand that, we begin to see why, like the widow in the temple courtyard, we can give to Jesus all that we have. Two tiny coins? We can part with them. Whatever we have, we can give to God freely and fully, not because we bargain with Him, but because we have received freely of His grace.

> We give Thee but Thine own,
> Whate'er that gift may be,
> All that we have is Thine alone,
> A trust, O Lord, from Thee.

Grace and giving. God's grace goes out to the helpless, and it is often from the helpless that the greatest praise comes to God. The more we understand God's grace, the more freely we give to God.

Questions for Personal Reflection or Group Discussion

1. As you think about Jesus' compassion for the widow of Nain, what promise does that incident hold out to you as a follower of Jesus today?

2. How do you feel about receiving grace from the hand of God without being able to pay Him back?

3. What do you think Jesus meant when He said that the widow had put more into the temple treasury than all the rich people who had tossed in large amounts? How does that apply to what we can give God today?

4. Have you had experiences that show that God cares for helpless women today just as He cared for them two thousand years ago? If so, describe your experiences.

A Sinful Woman

How to Cultivate an Attitude of Gratitude

*G*ratitude can be a slippery thing to express. Some people have a way with words and sound wonderfully grateful even when they're not. The words, tone of voice, and gestures are all exactly right, but something puts us off. We detect the insincerity, and we doubt that we are hearing genuine appreciation. Other people want desperately to express their gratitude but never seem to find the right words to communicate what they feel. They stumble over their tongue and then fall silent, afraid that if they say anything, it will come out wrong. Then there are the folks who never understand their indebtedness to a family member or a friend and make no effort to say thanks. Most of us have a hard time dealing with someone who takes another's kindnesses for granted.

The gospel writers recorded Jesus' encounters with pairs of people who could not have been more different in their attitude toward gratitude. We find one such pair in Luke 7. Simon was a punctilious Pharisee; the nameless woman "had lived a sinful life." Simon was outwardly civil but had no warmth. The woman broke conventions to express her love. Simon responded to the gift of forgiveness with a cool "Oh." The woman lavished her Lord with her gratitude.

Luke starts the story this way:

> One of the Pharisees invited Jesus to have dinner with him, so he went to the Pharisee's house and reclined at the table. When a woman who had lived a sinful life in that town learned that Jesus was eating at the Pharisee's house, she brought an alabaster jar of perfume, and as she stood behind him weeping, she began to wet his feet with her tears. Then she wiped them with her hair, kissed them and poured perfume on them (7:36–38).

Jesus had just healed a centurion's servant who had been close to death. A day later He intercepted a funeral procession at the city gate of Nain and restored a dead son to his widowed mother. The rumors flying around the countryside about this astonishing young rabbi from Nazareth seemed to become more unbelievable every day.

A Pharisee named Simon knew it was time to arrange a meeting with this rabbi. Perhaps he thought that if he gave a dinner party and included Jesus in the guest list, he could avoid having to mingle with townsfolk in the marketplace. It would also give him an up-close opportunity to study this potentially dangerous new teacher. The last time Jesus had preached in their synagogue and marketplace, some of the worst people in town had shown up. The gossip was that some of those people got "converted." In fact, the word was that a town prostitute had gotten the idea from the rabbi's preaching that even she could be forgiven by God and could be given a new beginning.

Simon was sure that righteousness could not be bought with a mere prayer.

Jesus and His disciples arrived and the meal started. Then, unexpected and uninvited, a woman came in and stood behind Jesus; she began weeping, wetting His feet with her tears, wiping His feet with her hair, then pouring perfume on them.

Such a scene sounds strange to us from our modern perspective. Did folks just wander into houses uninvited while people ate? Well, the truth is that in that day and culture, meals were often almost public. Spectators could crowd around as the guests dined. It was not unusual that an uninvited person should show up during the dinner party.

From Leonardo da Vinci's famous painting of the Last Supper we may have the impression that Jesus and His disciples sat on stools with their legs under the table, as we do today. That was not the case. Guests reclined on couches set like wheel spokes around the table. They leaned on their left side and reached for food with their right hand, the top part of their bodies toward the table and their feet stretched out behind them. Their sandals had been removed at the door. So it would have been easy enough for this woman to enter the house, stand behind Jesus and weep, only to have her tears fall on His extended feet.

Luke tells us that she was a woman who had led a sinful life. The words used to describe her are sometimes translated "prostitute" elsewhere in the New Testament. If not truly a prostitute, she may have been an abandoned woman. One commentator suggests that she may have passed her life in crime. Whatever she had done to merit her peculiar label, she was known in the community as a sinful woman. The startling thing was that such a woman would make her way to the house of Simon, a Pharisee, of all people.

Pharisees had a reputation for avoiding anything or anyone who might contaminate them. The word Pharisee itself means "separation." During the four-hundred-year period between the end of the Old Testament and the beginning of the New Testament a group of men formed an order, called the Pharisees, committed to keeping the Jewish people from mixing with the idolatrous people around them. In the process they became satisfied with a religion that focused on externals like ritual washings and precise offerings. It was unheard-of that a sinner should venture into the house of a Pharisee. Certainly a sinful woman would not have been welcome in their presence. So what gave this woman the courage to enter Simon's house that day?

This woman dared come to Simon's house for only one reason: she had heard that Jesus was there. From the story Jesus later told Simon, it is certain that the woman had already received forgiveness for her many sins. She had possibly heard Jesus teach or preach and had become conscience-stricken because of her sinful life. Now that she knew where to find Him again, she had come.

She may have entered the door with some hesitation, but once she spotted where Jesus was reclining at the table, she passed quickly behind the other guests to His place. Tears blinded her as she bent over the feet of the Teacher. This was the one who had told her about God's forgiveness, who had given her all she needed to start life again. Overcome by her gratitude, she could not hold back her tears. They spilled over the Teacher's feet. Reaching up and loosening her hair, she used it to begin wiping the Teacher's feet.

That act of unbinding her hair seems inconsequential to us today, but first-century Jewish women would never allow anyone outside their families to see them with loosened hair. Yet, oblivious to public opinion, this woman did the unthinkable: she let down her hair and used it to towel Jesus' feet dry.

Suspended around her neck on a cord was a perfume flask made of alabaster. These flasks were considered so much a part of a Jewish woman's dress that wearing them even on the Sabbath was not forbidden. To use the perfumed oil, the wearer broke off the long thin neck of the flask and poured out the contents. As this woman dried her tears from Jesus' feet, she reached for the flask, snapped off the neck, and slowly anointed those feet with the perfumed oil. Suddenly the room was filled with the exquisite fragrance. If others had paid no attention to the woman to that point, they could ignore her actions no longer.

Love. Grateful love. Unconscious of the stares, the hisses, the rude comments, this woman poured out her love with that perfumed oil. She lavished that love on the one who had freed her to begin life anew.

> When the Pharisee who had invited [Jesus] saw this, he said to himself, "If this man were a prophet, he would know who is touching him and what kind of woman she is—that she is a sinner."
>
> Jesus answered him, "Simon, I have something to tell you."
>
> "Tell me, teacher," he said (Luke 7:39–40).

Because Jesus had not drawn back from this woman and ordered her away, Simon inferred that the Teacher could not know her character. The Jews believed that being able to discern spirits was an important mark of the Messiah, the great prophet. When Simon saw Jesus let the woman touch Him, this was evidence to him that Jesus could not possibly be the Messiah. On the one hand, if Jesus didn't know what kind of woman she was, it proved that He was no prophet. On the other hand, if He did know what kind of woman she was and still let her touch Him, it would prove that He was not holy. Simon was sure that the Messiah would never deliberately choose to let a sinful woman make Him ritually unclean. Either way, it was clear that Jesus could not be the Christ of God.

Did Simon catch the irony of that moment? *If this man were a prophet*, he thought, *he would know*. Immediately Jesus picked up on Simon's unspoken thought and responded to it: "Simon, I have something to tell you." Simon's answer was polite but cool: "Teacher, say it."

What followed was one of Jesus' marvelous little stories that we call parables:

> "Two men owed money to a certain moneylender. One owed him five hundred denarii, and the other fifty. Neither of them had the money to pay him back, so he canceled the debts of both" (Luke 7:41–42).

It was as if Jesus said to Simon, "It's true that one debtor owed ten times as much as the other, but both were debtors. Don't forget that, Simon. You may look down your nose at this woman because she has a reputation as a sinner. You surely don't think that you are not a sinner!" Of course, Simon would have answered that he was also a sinner, but not like that woman.

Some time later in His ministry, Jesus told another story about a Pharisee and a tax collector who both went up to the temple to pray. The Pharisee stood up and said, "God, I thank you that I am not like other men—robbers, evildoers, adulterers—or even like this tax collector. I fast twice a week and give a tenth of all I get" (Luke 18:11–12). This Pharisee had no sense that he owed God anything. He may, if challenged, have acknowledged a small "five-denarii debt" to God. But to be placed in the same category of debtor as the tax collector or a sinful woman? Never.

Drawing Simon into the story, Jesus then asked, "Now which of [these two debtors] will love the creditor more?"

With grudging indifference Simon answered, "I suppose the one who had the bigger debt canceled."

"You have judged correctly," Jesus affirmed.

Both debtors had nothing with which to pay their debt. Yet both were forgiven freely. Simon needed to see that although this woman had been a notorious sinner, she was forgiven. Her tribute of love proved her gratitude for God's forgiveness.

Turning toward the woman but still talking to Simon, Jesus asked:

> "Do you see this woman? I came into your house. You did not give me any water for my feet, but she wet my feet with her tears and wiped them with her hair. You did not give me a kiss, but this woman, from the time I entered, has not stopped kissing my feet. You did not put oil on my head, but she has poured perfume on my feet" (Luke 7:44–46).

"Do you see this woman, Simon?" Jesus asked. Simon thought Jesus didn't see what sort of woman she was, but Jesus knew that it was Simon who was blind. He could not see her as a forgiven woman. He could see her only as the sinful woman she had been. So Jesus set her in contrast to His host: "Simon, let me help you see her."

Jesus began by saying, "You didn't give me any water for my feet, but she wet my feet with her tears and wiped them with her hair." Simon had deliberately ignored all the usual rites of hospitality toward his guest. Jesus hadn't complained about Simon's cold welcome, but He had noticed it. Now He linked it to Simon's lack of gratitude for God's forgiveness. "Simon, didn't you just tell me that the person who has been forgiven a huge debt will feel great love for the one who forgave? This woman had a great debt. But it was forgiven. Now look at her gratitude! Look at her love! What does your treatment of me say about your gratitude?"

Next He remarked, "Simon, you did not give me a kiss, but this woman, from the time I entered, has not stopped kissing my feet." The host normally greeted each guest with a kiss on the cheek. This woman, making up for Simon's deliberate coldness to his guest, gave the unusual sign of deep reverence for an honored teacher: she kissed his feet.

"Simon, you did not put oil on my head, but she has poured perfume on my feet." Once again Simon had ignored his duty as host by not anointing his guest with oil. But a grateful, forgiven woman did what the calculating Pharisee chose not to do. This forgiven woman anointed Jesus, not on His head as Simon should have done, but on His feet—the body part assigned to slaves. In pouring perfumed oil on Jesus' feet, this woman also performed a rite most often performed by men. Prophets anointed kings. Hosts anointed guests to refresh them. The disciples anointed the sick with oil as a cure. Women anointed only dead bodies for burial.

Jesus' last word to Simon before addressing the woman was, "He who has been forgiven little loves little." The implication was, "Simon, do you get the point? You think you see so well, yet you see nothing clearly. You are religious—a Pharisee—and you draw back from this sinful woman. You thank God that you are not as this woman. You can hardly imagine entering heaven side by side with someone like her. But it is she who has experienced forgiveness. You haven't begun to understand forgiveness because you haven't begun to understand your need. I know you have been forgiven little because you show so little love."

Then, turning to the woman, Jesus said, "Your sins are forgiven." The perfect tense of the verb in Greek makes it clear that her forgiveness was not the result of her love. It was the other way around. She had already been forgiven, and her love was a result of that. In front of Simon and the others crowding that dining room, Jesus publicly declared her to be a forgiven woman. Whatever she had been was past.

Forgiveness became the springboard for the woman's lavish love. It is the same for us today. "We love [God] because he first loved us" (1 John 4:19). God starts the process by loving us unconditionally and forgiving us because of Jesus' sacrifice for our sins. The more we come to understand that forgiveness, the more we will love. Forgiveness is the cause. Love is the effect. Forgiveness is the reason and love is the result. Forgiveness is the root and love is the fruit. We love in proportion to our consciousness of having been forgiven. If we have no sense of debt to Christ, we will love little.

Jesus' last word to the woman was, "Your faith has saved you; go in peace." It was not her love that saved her. It was her faith. Because she was accepted by God, she could go in peace. She would probably never be accepted socially by Simon and his crowd. Others in the town might continue to look down on her. But they knew nothing of the grace of God. She could go in peace because her future was secure. She belonged to God.

In Luke's account, the nameless woman was also wordless. In fact, what he shows us is a conversation almost exclusively between Simon and Jesus *about* this woman. Only at the end does Jesus speak directly to her. If she did respond verbally, Luke did not record it. Yet her deed spoke more eloquently than a thousand words.

At issue is not whether we can find beautiful words to frame our appreciation, but whether we feel the gratitude that impels us to find a way to express it. Do we understand, to borrow David's words, that God has brought us up out of a horrible pit, out of the miry clay, and has set our feet upon a rock and established our steps (Psalm 40:2)? Or do we feel, like Simon, quite sure that God must be happy that people as nice as we are have enlisted in His cause? As Jesus put it to Simon, "The one who has been forgiven little loves little."

When we see our sin and see God's grace at work in our lives, we will find a way to say thank you to God. It may be eloquently expressed in words. Or it may be even more eloquently framed without words as we give the best we have to the one who has saved us.

Questions for Personal Reflection or Group Discussion

1. What was wrong with Simon's attitude toward the sinful woman?

2. What was wrong with Simon's understanding of righteousness?

3. What do you think Jesus wanted Simon to learn from the parable about two debtors?

4. What do you believe it takes to be forgiven by God?

The Woman Taken in Adultery

How to Respond to the God of the Second Chance

When my office phone rang one day, I was surprised to hear the voice of a dear friend several thousand miles away: "Alice, I'm so embarrassed and humiliated, I don't know what to do. I've made a fool of myself over a man in our church. Here I am, a married woman, and I fell in love with this guy I've been working with in evangelism. It seems as if everyone in town knows how idiotic I've been. It has ruined my testimony at the church and it has mortified my husband. What should I do? Is there any way I can ever hold my head up again? Can God forgive me and give me another chance?"

In that long moment between the time she spoke and the time I responded, I wondered how I should answer her. This was no academic question about forgiveness. It was the stuff of real life. When we've made a mess of things or have wasted our opportunities, can we start over again?

As I held the phone, I thought of another woman who had made a mess of her life. It nearly caused her death. Then Jesus came along.

The path of Jesus' life was leading inexorably toward crucifixion on a Roman cross. No matter what He did, the Jewish religious leaders determined to get Him at any cost. The "Get Jesus" committee was out in full force. If we glance back at John 7:1, we see that "Jesus went around in Galilee, purposely staying away from Judea because the Jews there were waiting to take his life."

It was autumn, the time of the annual Feast of Tabernacles, one of the three principal Jewish festivals. Urged by His brothers to go with them down to Jerusalem for the feast, Jesus declined. But after they had left for Judea, He secretly made the trip to Jerusalem for the feast.

In the midst of the festive revelry, it seemed that everyone was gossiping about the same subject: Jesus. Who was He? Some said He was a good man. Others thought He was a deceiver. Pilgrims, townsfolk, and priests alike asked the question, "Who is this man?" The seventh chapter of John rustles with mutterings, accusations, and conjectures about Him.

Again and again Jesus slipped through the fingers of the angry religious leaders. And as the curtain goes up on the eighth chapter, Jesus was once more teaching in the temple courtyard. Those who hated Him most were making another attempt to trap Him. They had failed again and again, but this time it appeared that they had Jesus right where they wanted Him—caught on the horns of a dilemma. Follow the story in John 8, beginning with verse 2:

> At dawn [Jesus] appeared again in the temple
> courts, where all the people gathered around him, and
> he sat down to teach them. The teachers of the law

and the Pharisees brought in a woman caught in adultery. They made her stand before the group and said to Jesus, "Teacher, this woman was caught in the act of adultery. In the Law, Moses commanded us to stone such women. Now what do you say?" They were using this question as a trap, in order to have a basis for accusing him.

This "Get Jesus" committee had remembered the ancient law of Moses in which anyone caught in the act of adultery should be put to death. That law had apparently not been enforced for generations. But the teachers of the Law and the Pharisees saw in that law the possibility of trapping the irritating rabbi from Nazareth.

To spring the trap they would need to catch someone in the midst of an adulterous act. In the Mardi Gras atmosphere of the festival that would not be difficult. The city streets were cluttered with hundreds of tiny booths, flimsy shelters of branches and leaves constructed to last no longer than the eight feast days. The religious leaders had only to loiter on one of these streets and listen for the telltale sounds of lovemaking. Finding a culprit should be simple.

They quickly rounded up a woman caught in the act. You may ask why they brought only the woman. Where was her male partner? The law stipulated that both should be stoned to death. But the context makes it clear that these religious leaders did not do this because they hated adultery. Nor did they do it because they loved godliness and wanted to uphold the Law. They simply hated Jesus. One guilty person would do quite nicely. They didn't need the man as well.

What was the snare that these leaders set for Jesus (8:6)? If Jesus said that the woman should be stoned, two things would happen. First, they could denounce Him to the Romans as one who usurped the prerogatives of the Roman government, the right to put criminals to death. Second, He would lose the love and devotion of the great mass of ordinary people who knew that His teachings included the need to show mercy.

On the other hand, if Jesus answered that she should not be stoned, they could say that He taught people to break the law of Moses. Then He could be accused before the Sanhedrin as a false Messiah. Everyone knew that the Messiah must maintain or restore the sovereignty of the Law.

That was the dilemma: infringe on the rights of the Roman government or deny the authority of the Mosaic law. In their cunning minds, the "Get Jesus" committee thought that any way He moved, they had Him in checkmate.

There in the shadow of Herod's magnificent temple the drama began to unfold. Seated, perhaps in the Court of the Women, Jesus taught the crowds. Suddenly the sound of His voice was drowned out by scuffling feet and angry voices coming through the massive brass doors from the Court of the Gentiles. Approaching men jostled into the courtyard, dragging someone along. The crowd parted enough so that the scowling men could thrust a woman forward. People who had been listening intently to the Teacher now shifted restlessly, wondering what would happen next. They knew by the robes and headpieces that the intruders were Pharisees and teachers of the Law. And while some stared at the woman curiously, others looked away to avoid her shame as she stood there, disheveled, humiliated.

Then the religious leaders spoke: "Teacher, this woman was caught in the act of adultery. In the law, Moses commanded us to stone such women. Now what do you say?"

No one moved. The terror-stricken woman trembled. What would the Teacher say? Would He condemn her to death? The tension grew as He said nothing. A few Pharisees glanced at one another with a glint of victory in their eyes. They had Him this time!

Instead of taking them on in a debate, Jesus bent down and started to write on the ground with His finger. What did that mean? They kept on questioning Him. "What do you have to say about this woman?"

Jesus stood up and made one comment: "If any of you is without sin, let him be the first to throw a stone at her." And again His finger traced letters in the dust.

The woman, still trembling, turned slightly to stare at the moving finger as the teachers of the Law pressed Him for an answer. They crowded closer to read what He wrote in the sand on the pavement of the temple courtyard.

What Jesus wrote is not recorded. Yet the word John used gives us a clue. The normal word in Greek meaning "to write" is *graphein*, but the word used here is *katagraphein*. That word can mean "to write down a record against someone." So it may be that Jesus was confronting the teachers of the Law and the Pharisees with a record of their own sins.

"All right! Stone her! But let the man who is without sin be the first to cast a stone! You want your pound of flesh. You insist on keeping the Law scrupulously. Do what you think you must do. But only if you are blameless."

The word translated "without sin" can also mean "without a sinful desire." Jesus was raising the bar. These legalistic religious leaders thought they had to jump only so high. Jesus said, "No, you have to jump this high. Not only your deeds count. Your thoughts and your desires count as well. Yes, you may stone her, but only if you never wanted to do the same thing yourselves." If they were going to be legalistic, they had to apply the same law to their own hearts.

Jesus moved the question from the legal domain—the law of Moses—where the Pharisees had put it, to the moral ground of their own sinful desires. They operated on the basis of justice. Jesus operated on the basis of grace.

In Deuteronomy 17:6–7 Moses spelled out the procedure for stoning someone to death. There we read:

> On the testimony of two or three witnesses a man shall be put to death, but no one shall be put to death on the testimony of only one witness. The hands of the witnesses must be the first in putting him to death, and then the hands of all the people.

The death penalty was carried out by having one of the witnesses throw the accused from a scaffold, after which the other witness would throw the first stone or roll down a large boulder that would crush the accused to death. In doing this, the witnesses would feel the responsibility they bore in giving evidence. Any accuser in a capital offense had to serve as executioner.

Jesus in essence said, "You profess to honor the law of Moses. I remind you that this same law requires the witnesses to be the executioners. Do you have clear consciences concerning the seventh commandment?"

Jesus did not say that the woman had not sinned. Nor did He say that her sin should be shrugged off. She had sinned—against her husband and against God's law. But in the presence of her accusers, He did not mention her sin. Jesus knew the hearts of her accusers, and He referred only to their sin. He reminded them that their own motives and lives were far from pure.

With that, "those who heard began to go away one at a time" (8:9). By slinking away, the scribes and Pharisees revealed what they were really after. It was not to vindicate the purity of God's law. They simply wanted to get Jesus. If these religious leaders had been sincere in their indignation about this woman and her sin, they would have taken her to the officially constituted judge. But it was not her adultery they were against. It was Jesus. Seeing that their plan had failed, they took the only course remaining to them. They withdrew. In doing that, they silently admitted what had really brought them to the temple court that day.

What decided the matter was not that the woman hadn't sinned. She had. Jesus' point was that the motives of the witnesses were corrupt. Those who were to throw the first stone were technically qualified to do so, but they were not morally qualified. As Jesus sprang the trap on them that they had set for Him, conscience was at work. These men were wicked and hardened. Yet they felt something inside themselves they could not ignore. Supposed to be moral examples to the people, they knew their own hearts. Sheepishly, one by one, they slunk away.

Astonishment must have spread across the woman's face as Jesus straightened up and asked her,

> "Woman, where are they? Has no one condemned you?"
> "No one, sir," she said.
> "Then neither do I condemn you," Jesus declared.
> "Go now and leave your life of sin" (John 8:10–11).

Was it possible that her accusers had left? Could it be that her ordeal was over? Had she heard this Teacher correctly? Was He really saying that He did not condemn her? Was she free, really free, to return home and start life over?

Some people, reading this account, have concluded that Jesus was soft on adultery. This is not true. What He had done was lay down a single standard for faithfulness in marriage that applied to both men and women.

Others have accused Him of making a detour around the Law. That is not true either. We know from Deuteronomy 17 that no one could be accused or condemned except by the testimony of two witnesses. No one stayed to accuse her. With no accusers, the Law could say nothing.

Jesus neither condoned her adultery nor condemned her. He gave her another chance.

He did not treat this woman as if her sin didn't matter. Far from it. He did not say to her, "Your sins are forgiven." She had not repented nor had she asked for forgiveness. In saying, "I am not going to condemn you now—go and sin no more," He gave her a chance to repent and believe.

What she had done did matter. Broken laws and broken hearts always matter. But Jesus knew that every one of us has a future as well as a past. He offered this woman a second chance.

Jesus did not say to her, "It's okay. Go on doing what you've been doing." No. He said, "Stop what you've been doing. Go and sin no more!" He pointed her in a direction she might not have realized was possible. He gave her a choice. She could go back to her old life or she could reach out for a new life of purity under God's law.

Many times we continue to do things we don't feel good about because we don't know we have any alternatives. God says to us, "You have alternatives."

The meaning of repentance is "to forsake sin." It means to change our mind in order to change our life. Repentance isn't just feeling sorry or saying we're sorry or wishing or hoping that we won't do something bad again. The life of repentance is action. Until we turn from what is wrong, we haven't repented.

In the biblical record, this woman's story is unfinished. We know that Jesus gave her a second chance. But the Bible doesn't tell us what she did with that opportunity.

A more important question for us is what we do with the second chance, the third chance, the tenth chance, the hundredth chance that God gives us to trust Him, to follow Him, to serve Him. The story of our lives isn't over.

We may look back on a secret sorrow or on a blatant sin and think there is no second chance. That's not so. God reaches out to us with another chance. Yet if we have spent more time listening to modern-day "teachers of the Law and Pharisees" than we have to Jesus Christ, we may find that hard to believe. We all know religious people who live by the law, who criticize and condemn us. They stand over us, watching for every mistake. They may descend on every misstep we take with savage punishment. Such people use authority to destroy others, not to redeem them, heal them, or cure them. They may be blind to the fact that "there, but for the grace of God, go I."

If you grew up with people like that, you may think that God doesn't give second chances or third chances to people who sin. Jesus has a different word for you: "I do not condemn you. Go now and leave your life of sin."

That is what matters. Not what is past but what lies ahead. Every day God gives us another chance, a new opportunity to follow Him, to serve Him, to love Him, to carry out His will for our lives.

That day when my dear friend called me, I held the phone in my hand and thought of this woman who had mishandled life as my friend had mishandled hers. What did I know from Jesus' actions that would answer my friend's question: "When you've made a mess of things, can you start over again?"

After a long moment, I spoke. "I can promise you this," I told her. "There is forgiveness, full and complete, from the Christ of the second chance. Can you start over again? God's answer is YES, YES, a thousand times YES."

Questions for Personal Reflection
or Group Discussion

1. What do you imagine God thinks and feels about you if you have made a mess of your life?

2. Do you think some sins are harder than others for God to forgive? If so, what are examples of "big ones"?

3. How do you feel about God giving people a second chance when they've committed a grievous sin?

4. What do you think "grace" means?

Mary of Bethany

How to Make Jesus Your Priority

*I*n *Beloved*, Toni Morrison's Pulitzer Prize-winning novel about Civil War-era slave women, Grandmother Baby Suggs decided to celebrate her daughter-in-law's escape from slavery. She invited friends and neighbors for dinner. In the end, ninety people came and feasted on turkey, catfish, and fresh berry pies far into the night. As the house rocked with laughter, someone raised the question, "Where does she get it all, Baby Suggs? Why is she and hers always the center of things? How come she always knows exactly what to do and when?"

As guests passed the question from one to another, "it made them furious. They swallowed baking soda the morning after to calm the stomach violence caused by the bounty, the reckless generosity on display at house #124. Whispered to each other in the yards about fat rats, doom and uncalled-for pride. The scent of this disapproval lay heavy in the air."

Baby Suggs, hoeing her garden the next day, tried to understand what was happening. "Then she knew. Her friends and neighbors were angry at her because she had overstepped, given too much, offended them by excess."

In the years that followed, she, her daughter-in-law, and her grandchildren faced one tragedy after another without the support of their friends and neighbors.

Baby Suggs's experience of rejection for her bounty reminds me of another woman who gave her best in one lavish gesture. She, too, was misunderstood and condemned. The woman is Mary, the younger sister of Martha and Lazarus. John tells her story this way:

> Six days before the Passover, Jesus arrived at Bethany, where Lazarus lived, whom Jesus had raised from the dead. Here a dinner was given in Jesus' honor. Martha served, while Lazarus was among those reclining at the table with him. Then Mary took about a pint of pure nard, an expensive perfume; she poured it on Jesus' feet and wiped his feet with her hair. And the house was filled with the fragrance of the perfume (12:1–3).

Of no other person in the Gospels is it written that "wherever the gospel is preached throughout the world, what she has done will also be told, in memory of her" (Mark 14:9). What was so remarkable about Mary's act that Jesus would make such a statement? Her story merits a closer look.

Word had reached friends of Jesus in Bethany that He was returning to Jerusalem to celebrate the Passover. Simon, a leper whom Jesus had most likely healed, hosted a dinner party for the Lord. Martha—another good friend—served, and Lazarus, her brother, reclined at the table with Jesus and the other guests.

When Simon decided to organize a feast to honor Jesus, he took a great risk. In the verses immediately preceding Mary's story, John tells us that from the moment Jesus had brought Lazarus back to life, the chief priests and the Pharisees "plotted to take [Jesus'] life." The threat to His life was so real that

> Jesus no longer moved about publicly among the
> Jews. Instead he withdrew to a region near the desert,
> to a village called Ephraim, where he stayed with his
> disciples. . . . But the chief priests and Pharisees had
> given orders that if anyone found out where Jesus was,
> he should report it so that they might arrest him (John
> 11:54, 57).

Not only did Simon take a risk inviting Jesus; he added to the danger by including Lazarus in the guest list. John reports that "the chief priests made plans to kill Lazarus as well, for on account of him many of the Jews were going over to Jesus and putting their faith in him" (John 12:10–11). But Simon's gratitude to Jesus gave him courage to do what could get him into serious trouble with the religious leaders.

The dinner party was underway. In the midst of the festivities, Mary took an alabaster flask of expensive oil of spikenard, broke the flask, and poured out the contents, first on Jesus' head, then on His feet.

One day as I stood in line at the checkout counter of a secondhand thrift store, I noticed a full two-ounce bottle of cologne on a nearby shelf. With nothing better to do while waiting my turn, I pulled off the cap and sniffed the fragrance. It was enchanting! I had never heard of the Swiss perfumery, but the price was right ($1.41!), so I added it to my other purchases. During the next year I used the cologne freely. Then the bottle was empty.

About that time, some close friends of ours in France, who were planning a trip to America the next year, wrote and asked what they could bring over for us. I dashed off a letter asking for another bottle of this exquisite but unknown perfume. To my delight, they brought me a bottle as a gift. To my astonishment, I learned that the two ounces of cologne I had used carelessly cost $75. Had I known its true value, I would have used it more cautiously.

Mary did not pick up her alabaster flask of oil of spikenard at a secondhand thrift shop for $1.41. She knew the value of her gift as she twisted off the top of the flask and began anointing Jesus. "About a pint of pure nard." Nard, squeezed from a plant grown in India, was the most expensive perfume in the world. Mark makes a point of telling us that Mary's nard was "pure"— not nard plus something else, and not an imitation. This was not cologne or eau de toilette. It wasn't a cheap copycat version of nard. It was the real thing, exquisite and extraordinarily expensive.

Twisting the neck on the alabaster jar, Mary felt the thin pastel stone give way. As the delicious fragrance of the nard rushed up to her, she lifted the vase above Jesus and tilted it slightly so that the perfume drizzled onto His head. It was a Jewish custom to anoint the head for feast days, and Jesus had come for the Passover Feast.

What Mary did was generous, and she could have stopped there. But she didn't. Next, John tells us, she poured the fragrant oil on Jesus' feet. She poured out so much nard that as it ran down His ankles and between His toes, she was obliged to loosen her hair and use it to towel off the excess.

Mary had sat at Jesus' feet (Luke 10:38–42) and had known His comfort and then His miracle when Lazarus, her brother, had died (John 11:28–44). Now, out of her gratitude and love, she responded to Jesus with the best she could give. She had already given Him her heart. Now she poured out the most costly gift she could offer to the one who had done so much for her.

The fragrance filled the room. No one present could ignore what she had done. She may not have heard the guests' gasps of surprise, but she could not miss the voice of Judas Iscariot as he posed his cutting question. "Why this waste of perfume? It could have been sold for more than a year's wages and the money given to the poor."

The sting of criticism. It's a lash we've all felt. What seems like such a good idea to us looks stupid or thoughtless or selfish to someone else. The reaction takes us by surprise when that happens. We draw back from the cutting words. We expect people inhaling the fragrance to be pleased by it. Instead we are attacked. We ask questions we can't easily answer: Why are they frowning instead of smiling? Why is there more criticism than praise? What prompted this indignation in the place of approval?

Judas, with narrowed eyes, spat out his scornful criticism of this woman. He saw nothing good in Mary's act. At best it was extravagant. At worst it was evil. Think of the hungry who could have been fed. Think of the naked who could have been clothed.

What Judas said was accurate. The perfume could have been sold and the money given to the poor. The alabaster flask had contained pure nard, worth more than a year's wages. (Calculating Judas knew the exact worth of her gift.) A year's wages would meet the needs of a destitute family for twelve months or more. A year's wages could finance a soup kitchen and feed many people. A year's wages could provide shelter for street children. Had Mary made a grievous mistake in her one lavish gesture of love for Jesus Christ? She must have wondered if she would have been wiser to do as Judas suggested. Had she missed the point of Jesus' life and ministry to such a degree that she had wasted an opportunity to help the poor? She burned with embarrassment as she thought of Judas's condemnation.

As Mary stood there that day, empty flask in hand, staring in an agony of self-doubt at her accuser, she heard another voice respond to Judas.

"Leave her alone," said Jesus. "Why are you bothering her? She has done a beautiful thing to me. The poor you will always have with you, and you can help them any time you want. But you will not always have me. She did what she could. She poured perfume on my body beforehand to prepare for my burial. I tell you

the truth, wherever the gospel is preached throughout the world, what she has done will also be told, in
memory of her" (Mark 14:6–9).

What is the purpose of perfume if not to be used to bring
fragrance into someone's life? Is it merely a commodity to be
sold to one buyer and then another, always changing hands in
exchange for money, never being used? What gives it its value?

Judas sounded so sensible, and by his criticism he seemed to
place himself on the side of the hurting and oppressed. But Jesus
wasn't taken in by Judas's "concern for the poor."

"If you really are concerned about the poor," He replied,
"you'll always find opportunities to be liberal toward them. But
Mary is doing something practical, too. In a few days when I
am put to death, she won't have an opportunity to anoint my
dead body. She's doing that now." Jesus told Judas that Mary had
used the perfume in the right way: she had anointed His body
beforehand for His burial. Simon's dinner party was the scene
of Jesus' funeral anointing.

When Jesus called Mary's deed "a beautiful thing," was He
merely being chivalrous? Did she deserve such high praise? In
Bethlehem a thousand years earlier as Samuel inspected each of
Jesse's sons to see which one he should anoint as the next king
of Israel, he was sure Eliab would be God's choice. But the Lord
said to Samuel,

> "Do not consider his appearance or his height, for
> I have rejected him. The LORD does not look at the
> things man looks at. Man look at the outward appear-
> ance, but the LORD looks at the heart" (1 Samuel 16:7).

As Jesus reclined at Simon's table that day, He looked beyond
Mary's deed to Mary's heart. He also looked beyond Judas's
words to his heart. Judas's criticism was ugly because it came

from an ugly motive. Judas had heard Jesus' predictions of His impending arrest and crucifixion. He may have already concluded that Jesus was a loser. Only a few days later he would go to the chief priests and betray his Master for thirty pieces of silver. Judas placed Jesus' value at a handful of silver coins and complained that Mary set His value above a year's wages.

Mary's deed was beautiful because it came out of her love for Jesus Christ. The worth or worthlessness of any gift depends on our motive. What we give to Jesus Christ for self-serving reasons will come to nothing. But what we give to Him out of love will never be forgotten.

Nothing, absolutely nothing that we do out of love and loyalty to Jesus Christ fails to be beautiful, no matter how silly or wasteful it may seem to others. God judges our deeds by the motives that prompt them. The smallest work done by the weakest woman will not be overlooked by God. In God's book of everlasting remembrance not a single kind word or deed, not a cup of cold water given in His name will be omitted.

Far from being wasteful and wicked, Mary had done a beautiful thing. She had given her very best. Jesus, in essence, said to her, "Mary, your deed is so beautiful, I will never forget it or allow the world to forget it. Hand in hand you will walk across the centuries with me. Wherever My story is told, yours will be told also."

Jesus gave great praise to women who were great givers. When the poverty-stricken widow approached the offering boxes in the temple with only two tiny mites between her and starvation, with reckless abandon she gave all that she had to God. He remarked to His disciples sitting nearby, "This poor widow has put more into the treasury than all the others. They all gave out of their wealth; but she, out of her poverty, put in everything—all she had to live on" (Mark 12:43–44). It was not a question of how much she gave but of how fully she gave.

When Mary poured more than a year's wages on Jesus' head and feet in one great gesture of love, Jesus approved of her gift. It is interesting that Jesus never had a word of praise for prudent, conservative giving, but He showed great enthusiasm for those who gave with abandon.

The honor roll of women who gave with abandon has continued down the centuries. Amy Carmichael turned her back on a secure and happy life in England to rescue young girls from temple prostitution in India. Mary Slessor left Scotland to plant churches and start schools in Nigerian jungles where no other European dared go. Three medical doctors—Maybel Bruce, Mary Wilder, and Ann Irish—gave up comfort and security in America to start a medical center for Muslim women in the hottest, driest, most draining part of Pakistan. Each of these women poured out the perfume of their lives in abandoned giving to Jesus Christ.

Mary's gift looked extravagant and wasteful. Judas said it did no good. But Judas had no scales for weighing what God values. To him the most priceless things seemed worthless. But Jesus put a different value on Mary's gift. As she poured out her perfume with abandon on Him, He would soon pour out His life with abandon for her.

Bob Jones, Jr. captured this truth when he wrote,

> A broken vase of priceless worth rich fragrance shed
> In ointment poured in worship on Thy head.
> A lovely thing all shattered thus—"What waste," they
> thought,
> But Mary's deed of love Thy blessing brought.
> A broken form upon the cross and souls set free.
> Thy anguish there has paid the penalty
> Sin's awful price in riven flesh and pain and blood—
> Redemption's cost, the broken Lamb of God.

We who serve the lavish God of heaven ask, "How can I repay the Lord for all his goodness to me?" (Psalm 116:12).

One of His blessings is to allow us in worship to pour out the best we have for Him.

Questions for Personal Reflection or Group Discussion

1. Think of one experience in your life in which you gave Jesus Christ a sacrificial gift of your time, your energy, or your money. Describe that experience.

2. As you think about that experience, what did you get out of it? Misunderstanding? Appreciation? Criticism? Praise?

3. If you had it to do over, would you do it again? Explain.

4. Why do you think our motives are so important to God? Why shouldn't the deed be enough regardless of our motives?

Mary Magdalene

How to Walk by Faith and Not by Sight

*I*n *Women's Ways of Knowing*, an important study of the way women think about themselves and about life, Mary Belenky and her fellow researchers identified five ways women know things. One of them is called "received knowledge." This refers to the things that we know because someone told them to us. Most of us have a large fund of received knowledge, a stash of facts and opinions we didn't think up on our own but that we accept. We "know" how to use a washing machine and grow houseplants, and where to buy the freshest vegetables or find the best book bargains. We may also have learned to name some of the constellations and all the books of the Bible. We've spent our lives acquiring this kind of knowledge.

Surprisingly, many women limit what they "know" to what they have received from someone else. They look to an authority outside themselves for instruction in every area of life. An interior decorator tells them which home furnishings to buy. A hair stylist decides how they should wear their hair. A personal shopper chooses their clothes after a color analyst has given them a swatch chart of colors to wear. These women know a great deal and know that they know a lot. But they trust only what comes from outside them as "real" knowledge.

Sometimes such a woman faces a crisis. Perhaps an authority falls from grace or disappoints her. Or two equal authorities disagree. Whom can she believe? At that point a woman may move to a different way of thinking about herself and about her world.

This study about the way women think intrigues me. In most cases, it takes some kind of crisis, a confrontation, a disappointment, or a disaster to move a woman from unquestioning reliance on outside human authorities to a different way of thinking and knowing. We seldom move from one comfortable level of learning and knowing to another unless we are forced in some way to move. Then we make room for new learning.

We don't do ourselves a favor if we insist on staying at one learning level when we need to move to another one. We may not like the circumstances that push us to change. We'd prefer to be left alone in our comfortable tranquility. But that is not the path to growth. Nor is it the path to true discipleship. If we are to grow as Christian women in our understanding of God, we have to expect the tough circumstances that confront and disappoint us. It takes grim life experiences to build muscle into our souls.

The process of following Jesus as His disciples is the process of making room for new ways of looking at life and at ourselves. In this book we have watched Jesus move His mother, Mary, to a different way of seeing her relationship to her son. We have seen Him move Martha to a different way of viewing her service to God. We have listened in as Jesus gave a Samaritan woman her first drink of living water and as she saw herself with masks stripped away. We have observed Him guiding two sisters to a different way of thinking about death.

Jesus was a master teacher. He did not use only one method for getting His message across; He taught different people in different ways. He did not choose only the most promising pupils for His class. Instead, He included men and women other teachers would have ignored. One choice pupil of the master teacher was Mary Magdalene. She possibly spent more time with Jesus than any other woman in the Gospels.

Mary of Magdala found that her discipleship as a follower of Jesus Christ was a constant learning process. She had already learned much as one who traveled with Jesus. But in one of the final scenes in the Gospels she was once again back in school, learning something new about being a disciple.

Though she is mentioned by name fourteen times in the Gospels, we actually know only four things about Mary Magdalene. The first two we see in Luke 8:1–3:

> Jesus traveled about from one town and village to another, proclaiming the good news of the kingdom of God. The Twelve were with him, and also some women who had been cured of evil spirits and diseases: Mary (called Magdalene) from whom seven demons had come out; Joanna the wife of Cuza, the manager of Herod's household; Susanna; and many others. These women were helping to support them out of their own means.

The first fact we know about Mary of Magdala is that Jesus cast seven devils out of her. Both Mark and Luke give us this fact, but neither gives any more details, such as when or where this occurred. We do know from her name that Mary came from Magdala, a town about three miles from Capernaum on the northwest shore of the Sea of Galilee. It was the territory that Jesus continually crisscrossed in His itinerant ministry in Galilee. At some point they met and the miracle of her deliverance took place.

Delivered from being possessed by seven devils. What must that have meant for this woman? We do not know how long or in what way she was tormented by demon-possession. But we do know that any possessed person was an outcast from normal society. Some afflicted people were more animal than human, living in caves, roving around the countryside terrifying people with their distorted faces and wild eyes. Created by God, they were being destroyed by Satan. What it meant for Mary to be possessed by seven demons we cannot guess. But for her, deliverance must have been a life-changing liberation. Her bound spirit was set free. Her cramped limbs relaxed. Her contorted face became serene.

The second thing we know about Mary is that she traveled all over Galilee and down into Judea with Jesus and the Twelve. If you suffered from a terrible affliction for years and then found a doctor who could release you from your suffering, you would probably want to stay as close to that doctor as possible. From that perspective, it is not surprising that Mary Magdalene became a part of Jesus' band of followers. From another perspective it is, because Mary was just the first named among several women who were in that band of followers.

At that time some rabbis taught that good religious men did not speak to women in public. A Pharisee would not speak to his own mother if he met her on the street. The careful segregation of men and women in that culture would seem to make anyone traveling with both male and female followers too counter-cultural to be listened to. Furthermore, the Law declared that a woman during her menstrual period was ritually unclean. Everything she touched was defiled. At such a time she needed to be tucked away where she could not contaminate anyone else. How could Jesus and the Twelve risk contamination, then, by allowing women to travel with them? How could Mary Magdalene and other women travel as members of Jesus' band without raising eyebrows?

The gospel writers don't answer that question for us. What we do know is that while Jesus' enemies accused Him of Sabbath-breaking, of drinking too much wine, and of associating too closely with tax collectors and other disreputable types, at no time did they raise a question about sexual immorality. We must assume, then, that these men and women traveled together in a way that avoided scandal.

We know nothing more about Mary Magdalene's personal life or background. Some commentators believe she came from a wealthy family and was thus able to help support Jesus and His other followers. That may or may not have been the case.

You may have heard of the musical stage play *Jesus Christ Superstar.* In it Mary Magdalene is portrayed as a woman who practiced the "oldest profession on earth," prostitution. Yet in the Scripture we find no basis for that idea. This myth about Mary Magdalene actually started in the sixth century when a pope named Gregory linked her with the sinful woman who anointed Jesus' feet with expensive perfumed oil. Ever since, throughout the past centuries artists have portrayed Mary Magdalene as a voluptuous hooker. Churches have named homes for rescued prostitutes as Magdalene houses. Despite the myth, nothing in Scripture says or even implies that Mary Magdalene was a prostitute.

The first two facts we know about Mary are that Jesus cast seven demons out of her and that she was a permanent part of the group that traveled with Him. The third thing the Bible tells us about Mary is that on a bad Friday called Good Friday she stayed at the cross long after the disciples had fled.

> Some women were watching from a distance.
> Among them were Mary Magdalene, Mary the mother
> of James the younger and of Joses, and Salome. In

Galilee these women had followed Him and cared for his needs. Many other women who had come up with him to Jerusalem were also there (Mark 15:40–41).

After three agonizing hours, Jesus died. Joseph of Arimathea, along with Nicodemus, came to take the body of Jesus off the cross and place it in a tomb.

> Joseph took the body, wrapped it in a clean linen cloth, and placed it in his own new tomb that he had cut out of the rock. He rolled a big stone in front of the entrance to the tomb and went away. Mary Magdalene and the other Mary were sitting across from the tomb (Matthew 27:59–61).

All four gospel writers tell us that Mary and the other women not only stayed through the awful hours of crucifixion but made sure they knew where Jesus had been buried so they could come after the Sabbath and finish anointing the body. When we look at Mary Magdalene and the others, we see women who were completely committed to Jesus Christ even in the midst of their bitter grief.

It should come as no surprise, then, that we find these same women, with Mary Magdalene apparently leading them, up before dawn on Sunday morning, hurrying to the garden tomb. Here were women carrying out their normal role in Jewish society, preparing a dead body for proper burial. As they went, they fretted about a very real problem they faced: who would roll away the large stone at the entrance to the tomb? They had watched as Joseph and Nicodemus hastily laid Jesus' body in the tomb and rolled the heavy stone across the opening. They also knew that the stone was sealed by the Roman government. That seal could not be broken. Yet they were determined to do the right thing for their beloved Teacher. They had cared for His needs for three years as He traveled around Galilee and back and forth to Judea. They had taken His physical well-being as their responsibility. So in His death they could not shrink from giving Him a correct burial. Despite the obstacles—a huge stone and a Roman seal—they seized the first opportunity to come to the tomb.

When they arrived, what did they find? Mark tells us that "they saw that the stone, which was very large, had been rolled away" (Mark 16:4). In that moment began Mary's next lesson in discipleship. She had set out that morning with one set of expectations and quickly found them turned upside down. John reports the incident this way:

> Early on the first day of the week, while it was still dark, Mary Magdalene went to the tomb and saw that the stone had been removed from the entrance. So she came running to Simon Peter and the other disciple, the one Jesus loved, and said, "They have taken the Lord out of the tomb, and we don't know where they have put him!"
>
> So Peter and the other disciple started for the tomb. Both were running, but the other disciple outran Peter and reached the tomb first. He bent over and looked in at the strips of linen lying there but did not go in. Then Simon Peter, who was behind him, arrived and went into the tomb. He saw the strips of linen lying there, as well as the burial cloth that had been around Jesus' head. The cloth was folded up by itself, separate from the linen. Finally the other disciple, who had reached the tomb first, also went inside. He saw and believed. (They still did not understand from Scripture that Jesus had to rise from the dead.)
>
> Then the disciples went back to their homes, but Mary stood outside the tomb crying. As she wept, she

bent over to look into the tomb and saw two angels in white, seated where Jesus' body had been, one at the head and the other at the foot (20:1–11).

Mary, seeing the stone rolled away, made an assumption. She concluded that Jesus' body had been taken away and laid elsewhere. In that moment she could not think of Jesus as anything but dead. She had watched Him die. She had seen Him placed in this tomb.

After running to Peter and John with the news, she followed them back to the tomb but stood outside weeping. This was the final blow.

Enormous emotional tension had built up over the preceding weeks. Standing there she may have remembered that last trip from Galilee to Judea, that seventy-mile hike to Jerusalem. She remembered Jesus' ominous prediction of His coming death. But overshadowing that had been the thrill of Jesus' triumphal entry into Jerusalem. She had heard the adulation of the crowds crying out, "Hosanna to the Son of David! Blessed is He who comes in the name of the Lord! Hosanna in the highest!"

She had stood in the Court of the Women and watched as Jesus entered the temple and overturned the tables of the money-changers. She swelled with pride as He drove out evil men who were fleecing the poor pilgrims coming to the Holy City to celebrate the Passover. She held her breath, seeing the fury of the chief priests and Pharisees as Jesus taught for the last time in the temple courtyard.

She may have watched at the house of Simon the Leper as Mary of Bethany anointed Jesus. If so, she heard Him again predict His own death. She may have been present at Jesus' trial. We know she was there as He was led away to execution. She was there as the nails were driven into His hands and feet. She was there when the spear split open His side. She was there as the sky darkened at midday and a strong earthquake broke open rocks and graves. She had stood with the other women at the foot of the cross watching the one who had delivered her from seven demons now seemingly unable to deliver himself. She watched Him die.

The highs and lows of that week all flowed together as Mary stood at the tomb. She felt again the sting of contradiction as she remembered hearing crowds chant "Hosanna" one day and "Away with him! Crucify him!" only a few days later. Now she was devastated by the thought that, even in death, Jesus was violated. His body had been taken. Her wrenching sobs expressed all the dashed hopes and desperation she felt.

> Mary stood outside the tomb crying. As she wept, she bent over to look into the tomb and saw two angels in white, seated where Jesus' body had been, one at the head and the other at the foot.
>
> They asked her, "Woman, why are you crying?"
>
> "They have taken my Lord away," she said, "and I don't know where they have put him." At this, she turned around and saw Jesus standing there, but she did not realize that it was Jesus (John 20:10–14).

After Mary and the other women had arrived at the tomb earlier that morning and seen that it was empty, she had sped off to find Peter and John. Meanwhile the others had entered the tomb and met the angels who said:

> "Why do you look for the living among the dead? He is not here; he has risen! Remember how he told to you, while he was still with you in Galilee: 'The Son of Man must be delivered into the hands of sinful men, be crucified and on the third day be raised again?'" (Luke 24:5–8)

But now the weeping Mary, who had not heard those words of hope given earlier by the angels, turned away, blinded by her grief. As she turned, she saw a man standing nearby. He spoke exactly the same words she had just heard from the angels in John 20:15–18:

> "Woman . . . why are you crying? Who is it you are looking for?"
>
> Thinking he was the gardener, she said, "Sir, if you have carried him away, tell me where you have put him, and I will get him."
>
> Jesus said to her, "Mary."
>
> She turned toward him and cried out in Aramaic, "Rabboni!" (which means Teacher).
>
> Jesus said, "Do not hold on to me, for I have not yet returned to the Father. Go instead to my brothers and tell them, 'I am returning to my Father and your Father, to my God and your God.'"
>
> Mary Magdalene went to the disciples with the news: "I have seen the Lord!" And she told them that he had said these things to her.

What did it take to move Mary from desolation to exultation and to galvanize her for witness? Only one thing. Jesus spoke her name and she knew His voice, and it was enough. Suddenly everything that had been all wrong was now all right. The one who had been dead was now alive. The one who had delivered her from seven demons was once again with her.

In her ecstatic joy Mary flung her arms around Him. Jesus gently disengaged her clinging hold on His body and gave her a task: "Go and tell my brothers." In a split second this disciple had moved from abject sorrow to euphoria: the Teacher is alive! Now she had work to do.

Thus, the fourth thing we know about Mary Magdalene is that she was sent by Jesus as the first witness to the resurrection. He commissioned her to tell His disciples the good news. She became, as Augustine called her, "an apostle to the apostles."

Mary's mental horizon had been fixed in the past. Her thoughts had been riveted on a dead body. Only the living Christ himself could move her out of her focus on the past into the future. In the future she was to go and tell.

Mary Magdalene was not the only follower of Jesus who needed a changed focus. In the same chapter John recounts Jesus' encounter with another of His followers:

> Now Thomas (called Didymus), one of the Twelve, was not with the disciples when Jesus came [on Easter evening]. So the other disciples told him, "We have seen the Lord!"
>
> But he said to them, "Unless I see the nail marks in his hands and put my finger where the nails were, and put my hand into his side, I will not believe it."
>
> A week later his disciples were in the house again, and Thomas was with them. Though the doors were locked, Jesus came and stood among them and said, "Peace be with you!"
>
> Then he said to Thomas, "Put your finger here; see my hands. Reach out your hand and put it into my side. Stop doubting and believe."
>
> Thomas said to him, "My Lord and my God!"
>
> Then Jesus told him, "Because you have seen me, you have believed; blessed are those who have not seen and yet have believed" (John 20:24–29).

In both cases Jesus made a special appearance to one of His followers—to Mary in the garden and to Thomas in the upper room with the locked door. And both Mary and Thomas had thought Jesus was dead. They were preoccupied with the Jesus of the past. Only the physical presence of Jesus would convince them otherwise.

These who had set their minds on what they could see or touch had to learn to worship and love by faith. They could not cling to Jesus' physical presence. They had to learn to relate to the Savior in a different way.

Mary knew Jesus' voice when He spoke her name. To her Jesus gave a commission: go and tell. To Thomas, who had refused to believe the testimony of the other disciples, He gave a gentle rebuke: you have believed because you have seen me; blessed are those who have not seen and yet have believed.

When I was a child, my parents took me to church almost every time the doors were open. Our church had a strong evangelistic outreach. Every service closed with a public invitation to non-Christians to come to Christ. Each summer the church sponsored six weeks of tent meetings at which various evangelists preached every night. Over the years our family never missed a service. So it was not surprising that at the age of eight I went forward in a tent meeting to ask Jesus to come into my life.

What was supposed to be a source of great peace, however, was for me a source of great torment. During the next ten years I was wretched. I was sure God had not heard my prayers and made me a part of His family. In listening to all the visiting preachers at our church, I had gotten the idea that I'd feel cleansed from sin if God had truly forgiven me. I didn't have any earthshaking, shivery experiences like the ones the evangelists described as part of other people's conversions. For me that meant I was not yet a Christian.

As a child and then as a teenager, I agonized and prayed. I wanted the experience that would confirm for me that God had, indeed, forgiven me and made me His child. I didn't understand that there are "different strokes for different folks." To some people come experiences like Mary's in the garden or like

Thomas's in the upper room. To others of us comes the word Jesus spoke to Thomas: Blessed are they who have not seen anything spectacular and yet have believed. I began to understand this only dimly after my first year in college. Later experiences as a pastor's wife and as a missionary helped me see more clearly that God deals with each of us as individuals. He calls each of His sheep by name. He knows exactly what we need as we walk with Him.

That is what our discipleship is about. It means learning to believe, with or without tangible evidence to go on. It means learning to trust our sovereign, loving God to do what is best for us, whether He does it with some dramatic experience or with silence.

How has God worked in your life? What have you learned about Him that makes a difference in your life? Where have you moved in your understanding of who God is and what He is doing in and through you? Your answers to such questions will tell you the shape of your discipleship.

Women as well as men were disciples of the Savior when He walked the earth two thousand years ago. They followed Him, listened to Him, learned from Him, ministered to Him. We don't have Jesus' physical presence among us to see and touch and help as they did. We have been asked to "walk by faith and not by sight." But our discipleship can be just as real as theirs. We have the Bible to guide us and the fellowship of other Christians to sustain us and correct us.

Jesus, the Master Teacher, guides each of us in different ways to learn what we need to know. No two of us have the same life experience. He takes us where we are and works with us there, but always to the same purpose. He wants to move us from ignorance of God to acquaintance to a deep relationship as His daughters. He moves us from no faith to faith to an unshakable confidence in the living God. He teaches us to see tough times as God's way of moving us to new ways of thinking about ourselves and our purpose in life. We walk with God each day as learners so that we can distinguish good from evil. In all these ways, we go on to maturity.

Questions for Personal Reflection or Group Discussion

1. Mary Magdalene saw Jesus and heard Him call her name before she recognized Him. How can you recognize the living Christ today?

2. What does it mean to "walk by faith and not by sight"?

3. As you look at yourself as a learner in the hands of the Master Teacher, Jesus Christ, what experiences has He used to encourage you and teach you to keep on following Him?

4. What goals would you like to set for your discipleship as a Christian woman in the twenty-first century?

NOTE TO THE READER

The publisher invites you to share your response to the message of this book by writing Discovery House Publishers, P.O. Box 3566, Grand Rapids, MI 49501, USA. For information about other Discovery House books, music, DVDs, or videos, contact us at the same address or call 1-800-653-8333. Find us on the Internet at http://www.dhp.org/ or send e-mail to books@dhp.org.

LES CAHIERS DE CÉLINE

III - LE CAHIER BLEU

MICHEL TREMBLAY

LE CAHIER BLEU

roman

LEMÉAC / ACTES SUD

Leméac Éditeur remercie le ministère du Patrimoine canadien, le Conseil des arts du Canada, la Société de développement des entreprises culturelles du Québec (SODEC) et le Programme de crédit d'impôt du Gouvernement du Québec du soutien accordé à son programme de publication.

© LEMÉAC, 2005
ISBN 2-7609-2490-4

© ACTES SUD, 2005
pour la France, la Belgique et la Suisse
ISBN 2-7427-5969-7

Illustration de couverture :
© Abel Quezada, *Jeune fille du Yucatan*
avec un petit défaut physique (détail)

Je connais déjà la réponse,
c'est la question que je cherche.

Rohinton Mistry, *L'équilibre du monde*

Il n'y a rien de plus nuisible
qu'une sagesse intempestive.

Rita Monaldi et Francesco Sorti, *Secretum*

À mes amis artistes, auteurs, compositeurs,
interprètes, metteurs en scène, musiciens, concepteurs
qui ont contribué à faire du printemps et de l'été 1968
cette période si passionnante et si excitante.

Un merci tout particulier
à Louise Latraverse qui m'a fait découvrir
l'expression « folie circulaire ».

PROLOGUE

Elle s'approche en hésitant de ce qu'elle aime appeler son coin bureau. Une simple table de bois poussée devant la fenêtre qui donne sur la place Jacques-Cartier. Elle l'a trouvée à l'Armée du Salut, au coin de Guy et Notre-Dame, l'été précédent, alors qu'elle cherchait un lit. C'est une antique table en pin qui a dû servir de dressoir ou de support à poupées à une petite fille désormais vieille femme ou, qui sait, peut-être morte depuis longtemps. La chaise était un peu bancale, Jean-le-Décollé lui a rajouté un bout de patte avec un morceau de bois et de la colle. Elle ne voit pas dehors lorsqu'elle travaille parce que la table est trop basse, mais le soleil lui caresse les mains, le matin, ou, le reste de la journée, la lumière tombe sur son cahier en nappes mouvantes s'il y a des nuages. Elle dit que c'est mieux comme ça. Qu'elle est moins sollicitée par ce qui se passe dans la rue. Qu'elle peut mieux se concentrer sur ce qu'elle a à dire. C'est là qu'elle a écrit son cahier rouge ; c'est là qu'elle va commencer le bleu. Ce matin même. Le cœur battant et la main tremblante.

Elle pose ses stylos-feutres à sa gauche et sort le cahier tout neuf du sac de papier kraft glacé sur lequel on peut lire, en lettres gothiques : Dupuis Frères, Limitée. Elle plie le sac en quatre, une vieille habitude de sa mère qui a horreur du gaspillage et qui se retrouvait, pendant le grand ménage du printemps ou celui de l'automne, avec des tiroirs pleins de papier d'emballage, de rubans, de choux de toutes les couleurs, inutiles et encombrants, et qu'elle finissait par mettre à la poubelle à contrecœur.

Elle fait tout pour ne pas ressembler à sa mère, pourtant, mais elle a gardé cette manie un peu ridicule qui fait hurler de rire ses colocataires : ils y voient là un sens de l'économie qu'ils ne lui connaissent pas et s'en moquent sans vergogne. Elle prétend en maugréant que c'est dans ses gènes, qu'elle est incapable d'ouvrir une poubelle pour y jeter un sac qui pourrait servir un jour. Et lorsque l'occasion se présente, quand un des trois travestis avec lesquels elle partage le grand appartement de la place Jacques-Cartier a besoin d'un papier de soie et qu'il arrive en trombe dans sa chambre avec un cadeau à emballer ou un objet à camoufler, une petite moue de victoire se dessine sur ses lèvres, elle ouvre le tiroir du bas de sa commode et puise à pleins bras dans le bric-à-brac qui en surgit en serpentins de couleur et chatoiements de papier crêpé.

*Elle passe la paume de sa main gauche sur la couverture du cahier. Il est d'un beau bleu brillant qui contient beaucoup de rouge, pas un de ces lapis-lazulis lavasses, trop pâles, qui lui font penser à ce qu'elle appelle le bleu Sainte-Vierge à cause du manteau des statues de son enfance. Elle ne l'a pas choisi, c'est lui qui lui a sauté dessus. Comme s'il lui était destiné. Elle fouillait dans un présentoir de cahiers de toutes les couleurs, à la mezzanine de Dupuis Frères où se trouve la papeterie, aucun ne lui plaisait, elle les trouvait tous laids, puis, tout d'un coup, alors qu'elle commençait à désespérer, elle l'a trouvé, le dernier de sa pile, bleu comme elle aime, du bleu qu'elle cherchait. Elle a tout de suite pensé aux biscuits d'*Alice au pays des merveilles *sur lesquels on pouvait lire : « Mange-moi ! » Elle aurait lu « Prends-moi ! » sur ce cahier qu'elle n'aurait pas été étonnée. C'était son cahier, il l'attendait, elle l'a tout de suite su, et elle le caresse maintenant, avant de l'ouvrir, parce qu'elle a compris en petit-déjeunant, il y a quelques minutes à peine, qu'il* *était temps qu'elle commence à écrire sa troisième confession. Celle de l'amour, de ses vicissitudes, de ses étonnements, de ses doutes.*

Surtout de ses doutes.

Elle n'en connaît pas la fin, c'est la première fois, parce qu'elle est encore plongée dedans. Elle a même parfois l'impression de s'y perdre, de s'y noyer. Les deux autres cahiers, elle les a écrits après coup, quand tout était fini, réglé, pour s'expliquer à elle-même ce qui s'était passé. Cette fois-ci, ce qu'elle a à exprimer n'a pas encore de fin, ça continue, ça vit toujours en elle, ça la dévore et elle ignore, en attaquant la première page, ce que va contenir la dernière.

Elle ouvre le cahier. Elle aime en entendre craquer le dos. Elle passe la main sur le pli pour qu'il reste bien ouvert. Elle décapuchonne son premier stylo-feutre. Jusque-là, elle s'était toujours servie d'un stylo-bille, mais elle a vu Janine, au Sélect, écrire ses factures avec ce genre d'instrument qui, au dire de la serveuse, ne fait jamais de bavures et n'a pas besoin qu'on pèse dessus de toutes ses forces pour qu'il écrive. Elle s'en est procuré un, a aimé sa fluidité, le doux bruissement qu'il faisait sur le papier, le noir foncé de son encre, la douceur du plastique de sa gaine, et a décidé de l'utiliser pour attaquer son cahier bleu. Elle en a acheté deux autres parce qu'elle déteste se retrouver sans plume au milieu d'une page, et la voilà prête à attaquer.

Mais est-elle sûre d'être prête à écrire tout ça ? Les papillons familiers se font sentir quelque part dans la région de son estomac. Des souvenirs récents lui viennent en tête, enchevêtrés, pêle-mêle, des bouts de conversations pénibles, des images belles et odorantes, des nuits de sanglots, d'autres de plaisirs presque insupportables ; saura-t-elle en faire le tri, séparer ce qui est important des anecdotes qui ne valent pas la peine qu'on s'y attarde ? saura-t-elle surtout réussir le portrait de Gilbert, exprimer Gilbert, tout ce qu'il lui a apporté, tout ce qu'il lui a enlevé, sa douce brusquerie au lit et sa nonchalance partout ailleurs ?

Gilbert Forget et ses bouts de doigts usés par les cordes de sa guitare, sa crinière hirsute, ses jeans à pattes d'éléphant, ses T-shirts mauves ou jaune citron, l'odeur de patchouli qui le suit partout et l'arôme piquant de sa peau si pâle... Oui, ça, tout ce qui concerne le physique, elle sait qu'elle y arrivera parce qu'il y a chez lui quelque chose de caricatural assez facile à saisir à coups de plume bien aiguisée, mais ce qu'il cache, l'âme de Gilbert Forget, son essence, ses blessures si profondes et la grandeur de son amour pour elle, du moins à ce qu'il prétend, saura-t-elle mettre ça en mots ? Elle a réussi à exprimer la honte de la première partie de sa vie dans son cahier noir, ses aventures de l'année précédente avec les créatures du Boudoir dans le cahier rouge, mais achever le portrait d'un seul homme, celui en plus qui lui a appris la jouissance physique et la joie sans borne de se sentir importante pour quelqu'un, en a-t-elle le talent ? Le cahier bleu sera-t-il la frontière qu'elle ne pourra pas franchir ? Elle se sent à la fois excitée à l'idée d'essayer et inquiète de ne pas pouvoir réaliser ce projet qu'elle entreprend et qui lui tient tant à cœur.

Une bande d'oiseaux fous passe au-dessus de la place Jacques-Cartier en s'égosillant. Des engoulevents. Sa grand-mère paternelle aurait appelé ça un mariage d'oiseaux. C'est drôle, d'habitude les mariages d'oiseaux se forment le soir, vers l'heure du coucher du soleil. Qu'est-ce qu'ils ont, ce matin, à sillonner le ciel comme si c'était le soir ? Est-ce de bon augure ? Ou le contraire ? Elle ne veut surtout pas s'embarrasser de superstitions, se perdre en conjectures avant même de commencer, alors elle penche la tête sur le cahier bleu et se met à écrire.

Première partie

L'AMOUR EST ENFANT DE BOHÈME...

La chute du Boudoir a été spectaculaire, la débâcle affolante.

Nous nous y attendions, bien sûr, nous savions que l'Expo 67 terminée, la ville vidée de ses touristes, le grand party du siècle porté à ses derniers excès, le bar de Fine Dumas ne pourrait pas survivre : trop chic pour le quartier, trop cher pour ses habitants, trop prétentieux pour ce qu'offre d'habitude la *Main*, ce paradis des pauvres et des âmes perdues élevé pendant un moment, grâce à la seule présence du Boudoir et peut-être pour son plus grand malheur, au statut de must absolu et de rendez-vous des nantis du monde entier. L'Expo fut pour nous une merveilleuse parenthèse dont nous avons tous profité, c'est vrai, une manne dorée tombée du ciel, l'occasion, comme le disait si bien la patronne elle-même, de nous « mettre riches », du moins pour un temps, et une permission de six mois de vivre à ciel ouvert sans peur des autorités qui, pour une fois, semblait-il, nous protégeaient au lieu de nous persécuter. Six mois trop vite passés dans un invraisemblable tourbillon de fêtes sans fin, de beuveries indescriptibles et de pluies de dollars qui semblaient ne jamais vouloir s'arrêter.

Mais quand l'heure a sonné, quand est venu le temps de réaliser que la fête était bel et bien terminée et que le Boudoir devenait du jour au lendemain obsolète, nous avons tous subi un choc. Nous en avions pourtant parlé pendant tout le mois

19

de septembre parce que la ville était de plus en plus désertée par les étrangers et que le Boudoir se vidait à vue d'œil. Même les week-ends étaient déprimants vers la fermeture de l'Expo. L'argent se faisait plus rare, le fun aussi. Nous en parlions, oui, mais c'était comme si nous refusions de comprendre ce que nous disions ou d'entrevoir les véritables consé-quences de la fermeture du Boudoir pour chacun d'entre nous, les ramifications dans la vie de la *Main :* la pauvreté qui guettait à nouveau, le retour à la rue pour les travestis qui s'étaient habitués à travailler à l'intérieur, à l'abri des intempéries et des mécréants, au restaurant pour moi que le métier de serveuse n'intéressait pourtant plus guère.

Quant à Fine Dumas, peut-être la plus rêveuse d'entre nous après tout, en tout cas la moins réaliste, elle passait ses soirées à tirer sur son fume-cigarette en faisant semblant de ne pas entendre ce qui se disait dans le bar et de ne pas voir son établissement péricliter. Nous nous doutions tous qu'elle cachait des tas d'argent quelque part, sous son matelas ou dans une grande valise, parce qu'elle ne faisait pas confiance aux banques, qu'elle avait dû s'arranger pour assurer son avenir immédiat, mais nous savions aussi qu'elle ne pourrait pas supporter de se retrouver toute seule au fond de son appartement après avoir régné en maîtresse absolue pendant plus d'un an sur les nuits de Montréal. Comme Gloria, la spécialiste des chansons sud-américaines, qui a abouti dans un minuscule logement au-dessus d'un garage de la rue Fullum après avoir connu un début de gloire dans les années cinquante et qui en est presque devenue folle.

Impossible d'imaginer Fine Dumas écrasée devant son poste de télévision avec un sac de chips dans une main et un Pepsi dans l'autre. Fine Dumas est une créature de la nuit au même titre que Babalu ou que la grande Paula-de-Joliette, elle a besoin des néons et de l'odeur de l'alcool pour survivre, et l'enfermer chez elle serait la condamner à une mort lente et cruelle. Même avec la petite fortune qu'elle a sans doute tirée de la vente de son établissement.

Alors, entre une patronne qui n'écoutait personne et des employés qui s'arrangeaient pour ne pas comprendre les vraies implications de ce qu'ils disaient, les dernières semaines de l'Expo s'étiolèrent en ennui partagé et, un bon soir, nous nous sommes retrouvés devant l'inévitable : un bar vide et un bordel abandonné. C'était un magnifique samedi d'octobre, l'air était doux comme de la soie, l'automne n'avait pas encore sorti ses grandes orgues de couleurs folles, la ville vivait un dernier soubresaut de plaisir avant les interminables mois d'hiver. Et nous avons tous frappé un mur de brique.

Quand la patronne nous a demandé de nous réunir dans le bar, vers minuit, les pensionnaires du bordel autant que les employés du bar, nous avons tout de suite compris que l'irrémédiable allait se produire, que le cataclysme allait être déclenché, et quelques mouchoirs ont été extirpés de sacs en plastique transparent et de vieilles valises de maquillage toutes décaties qui avaient trop longtemps vécu. Babalu, en particulier, semblait déjà dévastée :

« Que c'est qu'on va devenir sans le Boudoir, toute la gang ? J'ai pas pantoute envie de retourner vendre mon cul au coin de la *Main* pis de la Catherine, moi ! J's'rais pus capable ! Seriez-vous capables, vous autres ? Pas moi ! »

Elle se mouchait, elle essuyait des larmes qui traçaient des sillons noirs sur ses joues rebondies de fausse Brigitte Bardot, elle passait ses mains sur ses bras piqués de chair de poule. Je la comprenais. Je les comprenais toutes. La vie qui les attendait, en fait celle qu'elles avaient connue avant l'ouverture du Boudoir, était tissée de dangers divers et nombreux, de problèmes de santé humiliants, de nuits trop longues, froides ou chaudes à l'excès, coupées d'aventures pitoyables d'une tristesse infinie au profit d'une petite pègre sans intelligence, sans scrupules et sans cœur, sourde, muette et aveugle, prête à tout, surtout au pire, pour l'amour d'un seul petit dollar. Pour ces six travestis qui avaient pris tant de place dans ma vie, le Boudoir avait représenté un salut inespéré auquel ils s'étaient accrochés en espérant qu'il ne connaîtrait jamais de fin alors qu'ils savaient très bien qu'il ne durerait que le temps de l'Expo. Mais la fin était là, inéluctable. Nous marchions tout droit vers l'échafaud, la tête droite, mais la rage au cœur.

Amarrée au bout de son bar comme un bateau en détresse à son quai pendant une tempête, Fine Dumas avait emprunté son air de tragédienne des soirs de grand malheur lorsque nous avons traversé le rideau de perlouses en quittant, peut-être pour la dernière fois, nous en avions tout à fait conscience, l'arrière-boutique du Boudoir où nous avions passé un si bel été. Moi, en tout cas, qui n'avais jamais rêvé de faire autant d'argent en m'amusant à ce point. J'étais entourée des six « filles » du bordel : Babalu, Greta-la-Vieille, Greta-la-Jeune, Jean-le-Décollé, Nicole Odéon et Mae East. Vêtue de ce que j'appelais mon costume de maître d'hôtel – ma robe à paillettes vertes et mes souliers rouges –, c'est moi qui avais l'air de la patronne du bordel. Mais du haut de mes quatre pieds et quelques pouces, je n'en menais pas large. Mimi de Montmartre et Greluche, les deux serveuses, étaient déjà installées tout près de madame, devant une bière qu'elles laissaient tiédir parce que l'envie de boire, de se paqueter en fait, ne viendrait que plus tard, après ce discours d'adieu que nous redoutions tous. La grosse Sophie, la musicienne du Boudoir, était restée sur la scène et pianotait un air triste, l'échine courbée, son vaste dos presque aussi large que le clavier. La Duchesse n'a pas assisté à cette scène désolante parce que la patronne lui avait dit, quelques semaines plus tôt, qu'elle n'avait plus besoin d'elle, même le samedi soir. La Duchesse aura donc été la première victime du naufrage du Boudoir. J'aurais bien aimé qu'elle y soit, ce soir-là, elle seule aurait été capable de détendre l'atmosphère, mais madame avait oublié ou n'avait pas cru bon de la prévenir.

Pour une fois, la patronne a retiré son fume-cigarette de sa bouche pour s'adresser à nous. Elle est même allée jusqu'à écraser sa cigarette dans un cendrier placé près de son coude. Plusieurs mégots dépassaient, certains encore fumants, preuve irré-futable de la grande nervosité de Fine Dumas, elle qui détestait tant les cendriers sales.

« Sophie, laisse ton maudit clavier, pour une fois, pis viens prendre un verre avec nous autres. »

La grosse Sophie s'est exécutée sans discuter. Après avoir refermé le couvercle de son clavier, chose qu'elle ne faisait jamais. Il y avait dans ce geste une détermination qui me bouleversa.

Quand la pianiste a été installée près d'elle au bar, Fine Dumas nous a regardées l'une après l'autre et, cette fois, personne n'a baissé les yeux.

Je ne pourrais pas répéter ce qu'elle nous a dit avec précision parce que je ne m'en souviens plus. J'ai dû choisir de l'oublier ou alors je n'ai pas envie d'y revenir, mais toujours est-il que je ne m'y attar-derai pas ici. C'est trop triste. Et la raison d'exister de ce cahier bleu ne se situe pas autour du sort du Boudoir, l'essentiel de mon propos est ailleurs, dans ce qui s'est passé après, et je ne veux pas m'attarder sur cette soirée néfaste.

Je ne citerai donc que le début de son discours, pour indiquer le ton qu'elle a utilisé en nous parlant. Après avoir rallumé une cigarette et lâché dans l'air conditionné du bar une volute de fumée grise, celle dont on se rappellerait le plus parce qu'elle aura marqué un des tournants importants de notre exis-tence, elle a lancé en regardant sa montre, comme s'il fallait quitter tout de suite les lieux ou qu'elle-même avait un rendez-vous important :

« Le Boudoir a été vendu. »

Au lieu de la regarder pendant qu'elle parlait, j'ai étudié les réactions des neuf personnes qui avaient été mes compagnes de travail depuis un an et demi et auxquelles j'allais être obligée de renoncer. J'avais tout quitté pour me lancer avec elles dans la seule vraie grande aventure de ma courte vie, j'avais avec elles bâti ce monde d'illusion un peu ridicule dans son effort de faire grand avec de petits moyens, j'avais touché l'argent qu'elles avaient gagné en vendant une courte séance de petite mort à des étrangers de passage qu'elles oubliaient aussitôt la porte franchie, j'avais ri, coupe de champagne à la main, avec des gens dont je ne comprenais pas un traître mot de ce qu'ils disaient, je m'étais retrouvée au centre d'un perpétuel party qui avait duré un an en compagnie de fous furieux, de fausses femmes délirantes que je m'étais surprise à aimer avec passion, et tout ça allait se défaire et disparaître parce que la patronne des lieux était trop orgueilleuse pour ajuster ses prix à ceux pratiqués ailleurs sur la *Main*.

Fine Dumas prétendait depuis l'ouverture du Boudoir qu'elle préférerait fermer son établissement plutôt que d'accepter de servir à rabais les nobodys de la *Main*, noblesse oblige, que son Boudoir, le rêve de sa vie, était et resterait un endroit *exquisite* et *exclusive*, quitte à le bousiller après l'Expo, et c'était ce qu'elle s'apprêtait à faire, sans aucun remords, j'en étais convaincue, pour les cadavres qu'elle allait laisser sur l'asphalte de la rue Saint-Laurent. Avait-elle eu une seule pensée pour nous en prenant une décision aussi importante ? Peut-être. Mais pas comme à des individus dont la vie serait bouleversée par son choix, elle était trop égocentrique pour ça. Elle avait dû nous considérer comme une entité un peu floue, mouvante, qui existait avant elle et continuerait d'exister après, et se dire en se faisant croire qu'elle était de bonne foi :

« Y retourneront d'où y viennent ! J'les ai sortis du *gutter* pour un temps, quelqu'un d'autre finira ben par s'en occuper ! »

Même moi, simple serveuse de restaurant qu'elle était venue repêcher au Sélect alors que je ne demandais rien à personne ? Sans doute. Rien n'est à l'épreuve d'un égoïste qui veut par tous les moyens se déculpabiliser, se dégager d'une situation gênante. Et égoïste, Fine Dumas l'était à un point ahurissant, nous en avions souvent eu la preuve.

Mes compagnes de travail, toutes, pleuraient. J'étais la seule à garder les yeux secs. La patronne s'en était tout de suite rendu compte et me regardait de temps en temps en fronçant les sourcils, comme pour me dire :

« Comment ça se fait que tu brailles pas, toi ? Comment ça se fait que j'arrive pas à bout de toi ? »

Je la défiais une dernière fois ; moi aussi j'avais mon orgueil.

Nous n'avons pas fermé ce soir-là, bien sûr. Mais c'est tout comme. La petite semaine de sursis que nous avons connue s'est étirée dans une atmosphère lourde de fin de vacances : six travestis sans travail donnaient des spectacles devant un bar désert, deux serveuses désœuvrées, pour faire passer le temps, coupaient des citrons en quartiers qui ne serviraient jamais et sécheraient dans leurs assiettes de plastique, la patronne, c'était prévisible, s'était remise à boire, mais l'hôtesse naine, au lieu de se tourner les pouces, et par pure bravade, avait acheté une pile de livres de poche et s'était attaquée aux Rougon-Macquart de Zola. Le premier volume, *La fortune des Rougon*, elle le trouvait bien compliqué mais s'acharnait à lire pour se concentrer sur autre chose que ce qui l'attendait la semaine suivante. Et le reste de sa vie. Le destin tordu des Rougon et des Macquart l'aidait à évacuer celui de la petite Poulin qui se retrouvait devant rien, surtout pas le goût de recommencer sa vie. Une troisième fois en quatre ans.

Ce ne furent pas de vrais adieux parce qu'il avait été décidé que je continuerais à partager l'appartement de la place Jacques-Cartier avec trois des six pensionnaires du Boudoir, du moins pour l'instant, et que j'aurais par conséquent des nouvelles des trois autres par ce biais. Je ne les reverrais à peu près jamais, mais je saurais toujours ce qu'elles faisaient, ce qu'elles devenaient. Mimi de Montmartre et Greluche s'étaient trouvé du travail au Coconut Inn, Maurice-la-piasse se faisant un plaisir de récupérer tous les anciens employés de sa vieille rivale Fine Dumas qui viendraient lui demander de l'aide (il ne faut pas oublier que, la rue lui appartenant, les six filles de Fine Dumas sillonnaient désormais les trottoirs de la *Main* à son profit et sous sa « protection »).

La grosse Sophie disparut de la circulation du jour au lendemain ; la seule chose dont je sois sûre c'est qu'elle n'est pas retournée à l'Auberge du Canada où elle avait travaillé si longtemps, je suis allée vérifier moi-même à plusieurs reprises. Ils ne savaient pas où elle se trouvait. Elle n'était même pas revenue les visiter après la fermeture du Boudoir, prétendaient-ils. J'ai fini par les croire. Elle s'est fondue dans le décor et personne n'a plus entendu parler d'elle. C'est la musique qui en est sortie perdante parce que Sophie avait un grand talent. Mais peut-être joue-t-elle pour elle-même quelque part au fond d'un appartement à sa mesure, immense et généreux. Voilà du moins ce que je lui souhaite.

Fine Dumas, elle, en tout cas la nouvelle circulait à l'époque, avait acheté une maison rue Melrose dans le quartier Notre-Dame-de-Grâce et coulait des jours heureux à l'ombre d'une bouteille de scotch jamais vide. Mais mes trois colocataires faisaient circuler une version bien différente : elle se serait présentée aussitôt le Boudoir fermé chez Betty Bird, elle aussi tenancière, mais d'un bordel plus « classique », et cette dernière l'aurait plutôt mal reçue : pas d'association possible, son nom était brûlé, elle avait fait chier trop de monde dans le *redlight* depuis un an. Personne ne voulait plus rien savoir d'elle dans le quartier. Elle avait ri d'eux assez longtemps. C'était terminé. Pour toujours. Fine Dumas aurait tout avalé sans broncher, tête haute et porte-cigarette bien droit. Et, bien sûr, aurait juré de se venger. Mais je doute que Fine

Dumas s'amuse jamais à jouer les comtes de Monte-Cristo. À cause de l'alcool qui gommera sans doute toutes ses velléités de riposte ou de représailles. Entendrons-nous parler d'elle un jour, refera-t-elle surface comme la vraie *survivor* qu'elle prétend être ? Je l'ignore. Mais je lui souhaite, si vengeance il y a, un retour triomphal !

C'est drôle, des fois je rêve une chose absurde mais qui me rassure et me console. J'imagine la grosse Sophie installée à son piano au milieu d'un vaste salon bien éclairé et tout blanc. Un énorme instrument à queue, noir et imposant, avec un nom allemand imprimé au-dessus du clavier en lettres d'or. Gothiques. Elle joue une musique sud-américaine, joyeuse, rythmée, enlevante, une chose ravissante sortie d'une comédie musicale des années quarante – on devine Ima Sumac ou Carmen Miranda, cachée pas loin, qui s'apprête à faire son entrée –, puis, tout d'un coup, le *mood* change, la musique devient lente, sensuelle, la lumière baisse et Fine Dumas, plus royale que jamais, apparaît dans un de ses plus beaux camaïeux, peut-être le blanc parce que c'est le plus lumineux. Elle se place dans le creux du piano, salue avec une fausse humilité, en grande star, s'appuie de la main droite au bord de l'instrument comme si elle en prenait possession et chante. Je sais que c'est pour moi que je fais ce rêve, pour combler mon besoin d'harmonie, que je serais prête à perpétuer sans fin cette vision idyllique pour me faire croire que tout va bien pour ces deux personnes que j'aime, mais je ne suis jamais bien longtemps dupe de mon propre subterfuge et des visions beaucoup moins belles d'elles me viennent vite à l'esprit. La pauvreté pour Sophie. L'alcoolisme pour Fine. La solitude pour les deux.

Quant à moi, j'ai décidé de prendre un moment de réflexion avant d'aller me traîner aux pieds de Nick, le chef cuisinier et patron du Sélect, pour qu'il me reprenne. Si jamais il voulait encore de moi.

J'ai donc passé l'hiver enfermée dans l'appartement à lire les Rougon-Macquart, à servir mes trois colocataires, à leur concocter des petits plats qu'ils avalaient à la hâte à des heures impossibles parce que, la *Main* redevenue ce qu'elle avait été avant l'Expo, Maurice voulait rattraper l'argent qu'il avait perdu en pressant le citron de ses « protégées ». J'ai ainsi appris que Babalu avait failli mourir d'une bronchite en novembre et que la grande Paula-de-Joliette avait souffert d'une double pleurésie en janvier. Maurice les avait remises sur le trottoir aussitôt guéries et l'hiver s'était terminé dans les récriminations de mes trois amies qui planifiaient plusieurs fois par semaine, et avec des détails de plus en plus morbides, la mort du dictateur de la *Main*.

C'est donc à la fin de cet hiver passé à végéter ou, plutôt, au début du printemps suivant, parce que je me souviens qu'il n'y avait plus de neige et que j'étrennais ce jour-là des souliers vernis jaune citron, que Gilbert Forget est entré dans ma vie de façon officielle après une brève apparition pendant l'Expo.

Mon rapport avec la drogue a toujours été teinté d'une sorte d'indifférence. Ce n'est pourtant pas ça qui manquait dans l'appartement ! Mes trois colocataires ramenaient souvent du Boudoir et, plus tard, de la rue des joints à demi fumés ou de minuscules cubes de haschisch enveloppés dans des feuilles de papier d'aluminium qu'ils laissaient traîner parfois pendant des jours et qu'il m'arrivait de faire disparaître moi-même à la poubelle quand ils semblaient les avoir oubliés. Ils n'en consommaient pas de façon exagérée, la preuve en est qu'ils finissaient par ne plus se souvenir qu'ils en avaient, mais Jean-le-Décollé disait souvent que ça le détendait et que ça lui procurait la qualité de sommeil dont il avait besoin pour récupérer après certaines soirées mouvementées du bordel. Aujourd'hui, je soupçonne Jean de s'adonner à des choses beaucoup plus fortes que la mari ou le haschisch parce que la *Main* s'endurcit à vue d'œil et que la vie des prostituées est de plus en plus risquée, mais ça c'est une autre histoire…

Toujours est-il qu'après plusieurs tentatives peu concluantes – la mari me faisait trop rire et le haschisch m'endormait comme un somnifère –, j'avais décidé de ne plus toucher à ça et de m'en tenir à la bonne vieille boisson, calamité de ma famille, dont je me méfiais presque autant et que je fréquentais le moins possible. De plus, je déteste perdre le contrôle sur ce que je dis ou sur ce que je fais et mes trois amis étaient une preuve irréfutable que les paradis artificiels, s'ils sont agréables pour ceux qui les fréquentent, les rendent tout à fait ridicules aux yeux de leurs concitoyens ; alors je préférais jouer l'indifférence et m'abstenir. Je me faisais souvent dire que j'étais *square* mais je répondais que je préférais être *square* dans mon salon et bien vivante que *in* dans ma tombe avec un chapelet autour des mains et du coton ouaté dans les joues.

Quand Nicole, Jean et Mae étaient trop « partis », qu'ils se mettaient à radoter à l'excès sur leur enfance malheureuse ou au sujet de la goujaterie des hommes, qu'ils ne savaient plus ce qu'ils disaient et que leur discours devenait impossible à suivre, je me retirais dans ma chambre et j'essayais de ne plus entendre leurs jérémiades ou leurs rires trop forcés pour être sincères.

J'avais adoré partager cet appartement avec des travestis du Boudoir, peut-être parce que j'y travaillais moi-même, qu'ils étaient en quelque sorte des compagnons de travail, mais depuis que je m'étais presque muée en domestique à leur service, depuis, en fait, leur retour à la rue, ils devenaient plus durs, plus méchants, la vie qu'on leur imposait les rendait plus difficiles à vivre, moins agréables à fréquenter. La pauvreté de leurs relations avec leurs clients de la rue, après la presque opulence du Boudoir – surtout la qualité de sa clientèle –, les dangers qui s'étaient multipliés, les heures qu'ils passaient dans le froid de janvier ou les giboulées de mars les rendaient plus cyniques. Maintenant qu'ils avaient connu les deux côtés de leur métier, ils ne voulaient plus, c'était compréhensible, revenir à celui dont ils avaient cru s'être débarrassés et qu'on leur imposait une seconde fois sans leur consentement. Je sentais qu'il faudrait peut-être que je pense à les quitter avant que les choses ne s'enveniment entre nous et n'atteignent un point de non-retour, parce que je souhaitais de

tout mon cœur continuer à aimer mes trois colocataires.

Mais où aller ?

Comme je ne voulais pas m'attarder là-dessus
non plus, en tout cas pas tout de suite, je prenais
mon mal en patience et j'essayais de me faire plus
compréhensive, plus patiente avec mes amis. Je me
concentrais sur leur aspect comique toujours aussi
efficace, sur leur esprit si particulier et si pertinent,
j'essayais de voir la vie du même côté de la lorgnette
qu'eux, je demandais des nouvelles de la Duchesse
qui me manquait tant, j'évitais de parler de Tooth
Pick, leur *pimp* officieux, de peur de les voir
exploser en malédictions de toutes sortes, je parlais
nombre de passes, argent, repas sautés, je montais
le chauffage en me couchant pour qu'ils trouvent
un appartement bien douillet au petit matin, enfin,
bref, j'en faisais trop et ils finirent par s'en rendre
compte et peut-être se poser des questions quant à
la pertinence de ma présence parmi eux.

Ma première rencontre avec Gilbert a frôlé l'absurde.

C'était en plein boom du Boudoir, en juillet de l'année dernière. Ce matin-là, je m'étais réveillée tôt sans arriver à retrouver le sommeil et j'avais décidé de me rendre chez Morgan's, rue Sainte-Catherine Ouest, acheter les bas résille dont j'avais grand besoin et dont je remettais l'achat de semaine en semaine faute de temps. Je ne m'étais pas rendue au centre-ville depuis plusieurs mois et j'ignorais que l'atmosphère festive de l'Expo se répandait jusqu'au cœur de la cité.

J'étais ravie de voir déambuler rue Sainte-Catherine une foule bigarrée, affairée, un flot de costumes de toutes les couleurs – y compris les inévitables familles d'Américains trop prudents dont j'ai déjà parlé dans mon cahier rouge et tous habillés de vêtements identiques et de même couleur pour ne pas se perdre dans la foule –, des spécimens humains d'une grande beauté, aussi, que je n'avais vus jusque-là que dans des livres : de magnifiques femmes noires drapées dans des robes aux reflets chatoyants, à la dégaine princière, des Asiatiques au visage sérieux et à la démarche souple, des hommes d'une grande élégance qui portaient autre chose que le maudit blue-jean ou le costume cheap qui semblent former la base de la garde-robe du Nord-Américain moyen. J'entendais parler toutes sortes de langues, des plus gutturales aux plus mélodieuses, même les parfums qui se dégageaient de cette foule mélangée étaient différents, moins sucrés que ceux que portent les gens d'ici, hommes ou femmes.

Je marchais donc en regardant tout autour de moi et en humant avec ravissement l'air saturé d'odeurs venues de partout dans le monde lorsque je vis approcher un énergumène – j'ai essayé de trouver un autre mot pour décrire ma première impression de Gilbert Forget, mais énergumène est le bon –, un modèle parfait du nouvel homme des années soixante, hirsute, débraillé, maigre à faire peur, barbu comme le capitaine Haddock et trop sûr de lui à mon goût. Un parfum que je ne connaissais pas le précédait d'assez loin (j'apprendrais plus tard que c'était du patchouli) et qui fleurait la terre meuble et humide où est en train de pourrir quelque chose.

De plus, il était accompagné de deux énormes chiens noirs plus hauts que moi et qui me regardaient venir en salivant, un peu comme s'ils me considéraient comme leur prochain repas. S'ils le voulaient, ils ne feraient de moi qu'une bouchée, en effet, et je n'avais pas du tout envie de terminer mes jours étendue sur le trottoir du square Phillips dévorée par les deux chiens enragés d'un beatnik américain en goguette à l'Expo.

Je ne sais pas pourquoi, il a cru que j'étais anglophone. Et comme je le prenais pour un Américain, il n'est pas étonnant que notre première conversation se soit déroulée dans un anglais approximatif. Et autour d'un malentendu.

Pourquoi m'a-t-il choisie, moi, pour me poser sa question ? Il a prétendu plus tard qu'il m'avait tout de suite trouvée *cute*, que c'était ce qu'il avait imaginé de mieux pour m'aborder, mais je ne l'ai pas cru. En fait, je n'ai pas voulu le croire, je supposais qu'il m'avait prise pour une droguée comme lui.

Il s'est donc approché de moi en tenant ses chiens bien en laisse parce qu'ils avaient l'air de s'intéresser un peu trop à moi. Ils m'auraient volontiers chassée à travers les allées du square Phillips et, c'était assez évident, se seraient battus plutôt que de se partager mes restes. L'odeur de patchouli, mêlée à celles des animaux mal lavés, m'a un peu soulevé le cœur mais je me suis dit qu'il fallait être polie avec les étrangers et j'ai souri au visage qui se penchait vers moi, plutôt beau vu de près, d'ailleurs, très beau même. Intelligent. Ouvert. Avec deux irrésistibles fossettes qui faisaient comme des parenthèses de chaque côté de sa magnifique bouche.

Quand il a parlé, j'ai trouvé qu'il avait un drôle d'accent. J'étais trop sous le charme, cependant, pour réaliser que c'était le même que le mien quand je parle anglais :

« Good morning, ma'am ! What a glorious day ! »

Je l'ai regardé droit dans les yeux. Grands. Bleus. Irrésistibles.

« Glorious, I don't know, but it's a nice day... »

Idiote ! Dis donc comme lui, il va s'en aller plus vite ! Il est trop dangereux ; pas de *small talk* avec lui !

Il a passé la main dans sa barbe et j'ai vu quelques miettes de toast voler dans l'air du matin. Et il a sauté dans le vif du sujet sans plus tarder :

« Would you happen to know where I can find some nice grass ? »

Et, oui, je l'avoue en rougissant, j'ai pensé qu'il cherchait du gazon pour laisser courir ses deux chiens ! Un touriste perdu qui en a assez de voir ses animaux faire leurs besoins au vu et au su de tout le monde en plein centre-ville et qui cherche un grande pelouse pour leur dégourdir les pattes par la même occasion.

Je me suis éloignée d'un pas pour éviter l'haleine suspecte des chiens et j'ai répondu le plus poliment possible :

« Yes ! There is a big mountain right in the middle of the city ! It's called the Mont Royal. Go up Park Avenue and you will find it very easily ! Plenty of grass there for them to run around ! »

Il m'a regardée d'une drôle de façon, je l'ai vu comprendre quelque chose qui m'échappait, et il est parti d'un énorme rire qui aurait dû m'insulter – après tout, il riait de moi ! –, mais qui m'est rentré dedans comme une myriade de petits cris de joie qui me chatouillaient. Il s'amusait, mais pas à mes dépens. Ou plutôt si, mais pas de manière méchante. Les chiens, habitués à son rire, j'imagine, s'étaient mis à remuer la queue devant la joie de leur maître et je les ai trouvés tout à coup moins antipathiques.

« T'es pas Anglaise, hein ? »

J'ai souri malgré moi.

« Non. Et toi non plus… »

Il a ri encore plus fort en se penchant encore plus près.

« Et tu sais pas ce que ça veut dire, *grass*, en anglais, hein ? »

Je n'en connaissais qu'un sens et je le lui dis sans arrière-pensée :

« C'est du gazon, non ? »

Quel beau sourire ! Quels magnifiques yeux !

Il a tiré sur ses deux laisses.

« Reste comme ça. C'est formidable que des gens comme toi existent encore… »

Et c'est ça qui m'a mise en furie ! J'ai cru déceler dans ses paroles un soupçon de condescendance, un fond de mépris dont je ne devinais pas la cause et, je l'ai souvent dit, je déteste ne pas comprendre ce qui m'arrive. Alors je lui ai dit ma façon de penser, même si et peut-être parce que je le trouvais beau :

« D'abord, je ne vous permets pas de me tutoyer, et ensuite, qu'est-ce que ça veut dire, ça, des gens comme moi ? Des nains ? Chuis trop courte pour comprendre ce que vous me dites du haut de votre inaccessible sommet, c'est ça ? Petite, épaisse, gourde et méprisable ? »

J'en mettais un peu, je le savais, mais je sentais aussi qu'il me fallait être agressive avec cet homme au visage trop plaisant qui n'avait eu qu'à paraître pour me faire perdre le contrôle. Ça ne m'était jamais arrivé et ça me mettait en furie.

« Traitez-vous toutes les femmes comme ça ? »

Son sourire si charmeur a disparu. Il s'est redressé comme si je l'avais giflé. Il a pris un air contrit que j'ai à tort cru faux.

« Non, non, pas du tout ! C'est pas pantoute ça que je voulais dire… Je parlais pas du tout de ton… de votre intelligence… »

Je lui ai tourné le dos en m'éloignant aussi vite que me le permettaient mes petites jambes bancales.

Il a essayé de m'arrêter…

« Mademoiselle ! Mademoiselle, laissez-moi m'expliquer… Tout ça est un malentendu ! »

Mais j'étais trop furieuse pour me laisser convaincre. Quel goujat, tout de même ! Quelle condescendance ! Pour qui il se prenait ?

Au moins, il ne m'a pas couru après. Il m'a avoué plus tard qu'il avait regretté de m'avoir laissé m'échapper. Il avait eu peur que je fasse un esclandre, que je crie, que j'appelle la police et il n'avait pas du tout envie de se faire fouiller avec ce qu'il avait dans ses poches…

Alors, pourquoi m'avoir demandé où trouver du *grass*, et en anglais, s'il en avait déjà sur lui ?

Pour m'aborder, semble-t-il. Parce qu'il me trouvait jolie. Pour voir si je venais du même « monde » que lui. Mais il avait tout de suite vu que j'étais trop éloignée du sien et m'avait à regret laissée partir.

En attendant, j'étais furieuse, il m'avait gâché ma belle journée de magasinage et j'étais revenue à la maison de mauvaise humeur.

Mais j'avais tout de même pensé à ce beau visage pendant un bout de temps avant de l'oublier dans le tourbillon qui agitait chaque soir le Boudoir…

Elle pose le stylo-feutre à côté du cahier.

Ses doigts sont engourdis. Elle n'a pas vu filer la journée. Elle a à peine écouté ses trois colocataires se lever, varnousser dans la maison, chanter, s'engueuler, rire ; des chansons populaires ont pollué l'air de l'appartement pendant un moment, des douches ont été prises, des baisers ont été déposés sur le sommet de sa tête, elle s'est entendue dire que ça allait bien, qu'elle s'était remise à écrire, qu'elle avait besoin de calme et de solitude. Mais elle n'a pas répondu quand on lui a demandé s'il était question de Gilbert dans son nouveau cahier.

Jean-le-Décollé a griffonné quelque chose sur un bout de papier qu'il est venu poser près d'elle sans rien ajouter : « Vas-y ! Débarrasse-toi de tout ça, t'es capable ! »

Elle est contente d'avoir enfin pu parler de Gilbert : d'abord un portrait flou, une ombre qui passe, une première impression, le reste, le plus important, viendra plus tard. Demain, en fait, parce qu'elle veut s'attaquer le plus vite possible au nœud de l'intrigue qui l'a propulsée dans les bras de ce trop beau gars qui a transformé sa vie en cauchemar autant qu'en... en quoi ? En nirvana, pour utiliser un de ses mots favoris à lui ? Oui, le nirvana, elle l'a connu, mais par bouts, par à-coups, entre les vagues d'inquiétude et de questionnements. Un nirvana dont elle n'avait jamais soupçonné l'existence auparavant et dont elle a peur désormais de ne plus pouvoir se passer. Où est Gilbert en ce moment ? La pleure-t-il comme il le prétend, prisonnier de son étrange maladie, ou bien se console-t-il dans des paradis artificiels plus ou moins dangereux ? Elle sourit malgré elle. Qui aurait dit, il y a un an à peine, qu'elle penserait de cette façon à un homme qu'elle aurait elle-même abandonné et qu'elle ferait souffrir ?

Elle ferme le cahier, passe la main sur la couverture bleue.

Demain, elle reviendra sur son retour au Sélect et ce que ça a déclenché de beau et de terrible en même temps. En attendant, elle a un riz frit au poulet à préparer avec les restes du repas de la veille. Les trois travestis mangent comme des défoncés avant d'aller travailler et elle a à cœur de bien les nourrir. Ils s'échinent dans une impasse dont ils ne sortiront jamais, c'est bien le moins qu'ils mangent bien.

Elle jette un regard par la fenêtre. Le ciel s'est vidé depuis longtemps. Plus de mariage d'oiseaux, il reviendra peut-être au coucher du soleil...

La serveuse qui m'a remplacée au Sélect, à la fin de 1966, s'appelait Marguerite et elle n'a pas survécu longtemps. Elle a été suivie d'une ribambelle de filles plus ou moins expérimentées, toutes gentilles et pleines de bonne volonté, mais qui ne faisaient jamais l'affaire. Ni des clients qui les trouvaient trop lentes ou pas assez polies, ni des employés – en particulier Janine, l'autre serveuse du soir –, qui les jugeaient sans allure et maladroites. Les pauvres filles n'avaient aucune chance en partant et quittaient la rage au cœur parce que c'était tout de même là une job avantageuse, surtout pendant les six mois de l'Expo.

Quant à Nick, chaque fois que je me payais une visite au restaurant, il prenait ma main dans sa grosse patte poilue pour me dire à quel point je lui manquais. Il se mouchait, il s'essuyait les yeux avec son tablier sale. Il hoquetait un peu en parlant. Je ne le croyais pas tout à fait, personne n'est irremplaçable, je le sais bien, et Nick peut se montrer un baratineur redoutable, mais c'était plutôt agréable de me faire dire que je l'étais. Surtout par celui qui avait beaucoup hésité, quelques années plus tôt, avant de me prendre à l'essai comme serveuse dans son restaurant et à qui j'avais dû prouver que j'étais capable de servir aux tables malgré mon physique particulier. J'avais peut-être été la première serveuse naine de Montréal et il s'en montrait aussi fier que moi. Alors, pour lui faire plaisir, je lui disais que je m'ennuyais de sa cuisine, ce qui était loin d'être la vérité – la seule pensée de son spaghetti au *smoked meat* me soulevait le cœur – mais qui avait l'heur de lui faire monter les larmes aux yeux parce qu'il aimait qu'on apprécie son manger.

« N'importe quand que tu veux revenir, Céline, gêne-toi pas... Un seul coup de téléphone pis tu te retrouves ici avec ton beau petit costume que j'ai gardé exprès pour toi pis qui t'attend dans ton casier... »

J'étais allée vérifier, une fois, juste pour voir s'il me faisait du bluff ou s'il me disait la vérité. Mon uniforme de waitress était bien là, plié avec soin dans ce que Nick appelait mon casier – en fait une simple tablette de bois dans un coin de la cuisine –, la petite coiffe posée dessus comme un diadème, le tablier roulé serré pour ne pas qu'il se froisse. Le tout était devenu graisseux avec le temps, mais il n'y avait aucun dommage irréparable, l'uniforme restait portable. Ça m'avait fait chaud au cœur et je m'étais dit que si jamais le besoin s'en ressentait, si la vie me jouait le tour de me ramener là où je n'avais pourtant pas envie de revenir, je n'hésiterais pas à appeler Nick à mon secours.

J'étais au-dessus de mes affaires à ce moment-là, je faisais de l'argent comme de l'eau, jamais je n'aurais imaginé que ce que je prenais pour un simple coup de nostalgie deviendrait un jour réalité.

Puis le Boudoir a fermé et j'ai décidé de vivre de mes rentes.

Mes trois colocataires, eux, parce qu'ils flambent leur argent au fur et à mesure, avaient été obligés de retourner vendre leurs « charmes » dans la rue.

Mais après six mois de chômage à jouer les mères compréhensives auprès de trois hommes adultes mais pas très conséquents ni très mûrs, j'ai senti que le moment était venu de retourner gagner ma vie. Ou, plutôt, d'aller travailler. Pour m'occuper. Parce que j'avais encore de l'argent. En masse. Je pouvais durer comme ça longtemps, mais je m'ennuyais. Le côté agréable de passer de longues soirées seule à rien faire ou à continuer ma lecture des Rougon-Macquart s'était assez vite effiloché, j'avais fini par jeter de plus en plus souvent des coups d'œil par la fenêtre du salon. Mon cahier rouge terminé depuis un bout de temps, l'écriture m'intéressait moins parce que rien d'excitant ne s'était produit dans ma vie depuis la fermeture du Boudoir et que je n'étais pas encore prête à m'attaquer à la fiction. J'avais ensuite essayé le cinéma, le théâtre, que j'aimais beaucoup mais que je ne pouvais tout de même pas fréquenter chaque soir, j'étais même allée, moi qui déteste ça, jusqu'à me rendre à une partie de hockey au Forum.

Rien n'y faisait : c'était le contact humain qui me manquait, les liens directs avec les clients. Ceux du Sélect autant que ceux du Boudoir. Plus, même, parce que ceux du Boudoir n'avaient été pour la plupart que des ombres de passage dont je ne saisissais pas un traître mot parce qu'ils venaient de partout dans le monde, alors qu'une bonne partie des clients du Sélect étaient devenus plus que des connaissances, presque des amis. Qui, je m'en rendais maintenant compte, m'avaient manqué tout ce temps-là. Mais je ne pouvais quand même pas retourner au Sélect pour la seule raison que je m'ennuyais !

En attendant, l'hiver n'en finissait plus de finir, la neige dégelait, disparaissait, revenait en giboulées molles et mouillées, l'appartement me paraissait de plus en plus grand, la vie de plus en plus vide.

Et, en fin de compte, je n'ai jamais eu à prendre le téléphone pour appeler Nick à la rescousse. La chose s'est faite toute seule. Encore une fois, le destin a choisi à ma place, j'ai été manipulée par une force irrésistible extérieure à moi.

Si la nouvelle serveuse du soir du Sélect n'était pas partie en jetant son tablier à la figure de Janine qui lui avait dit un mot de trop, je ne serais sans doute pas là, aujourd'hui, installée devant mon cahier bleu à tergiverser avant d'introduire dans mon récit de façon officielle le beau Gilbert Forget, l'objet de mon ressentiment.

Parce que je me rends bien compte que je tergiverse depuis le début de ce chapitre, que je gagne du temps, que je retarde l'arrivée de Gilbert parce que j'ai peur. De lui. Des souvenirs trop cuisants. De ce qu'ils pourraient me faire. Alors que c'est pour ça que j'écris, non ? Pour démêler, vérifier, comprendre et, au bout du compte, faire un choix !

Alors, allons-y, plongeons dans le retour au Sélect, la joie anticipée de retrouver mes vieilles compagnes de travail et mes clients, surtout les oiseaux de nuit que j'avais toujours affectionnés parce qu'ils avaient choisi de ne pas vivre la même vie que tout le monde et le faisaient avec tant de désinvolture ! C'est drôle, mes trois colocataires sont redevenus des clients et j'ai eu l'impression de me rapprocher d'eux. Je n'étais pas faite pour être leur mère, ils l'ont compris autant que moi.

Demain, c'est juré, je m'y mets !

Il faut quand même que j'écrive quelques mots au sujet de mon retour au Sélect, sinon il manquerait quelque chose à mon récit. Certains des événements les plus importants de mon histoire avec Gilbert s'y sont produits, je dois donc planter mon décor avant d'attaquer l'essentiel de mon propos.

J'ai été reçue comme une reine revenue d'un trop long exil. Mais j'ai réagi aux témoignages d'affection et aux aléas de mon emploi retrouvé d'une drôle de façon. Les premiers soirs, je regardais tout ça avec une sorte d'impression de déjà vu qui me mettait mal à l'aise et m'étourdissait un peu, je vivais à l'intérieur d'un rêve trop fréquenté et que j'avais essayé d'oublier : tout était familier comme si j'étais partie la veille – le restaurant qui était resté le même, les employés incrustés là depuis toujours, semblait-il, des clients dont je reconnaissais certains vêtements et jusqu'à l'odeur des parfums qu'ils portaient –, alors que j'avais été absente près de deux ans et que moi, je m'en rendais bien compte maintenant, j'avais beaucoup changé durant cet interlude. Je devais sembler moins familière au Sélect qu'il ne me semblait familier à moi, même si mon apparence était restée la même, comme d'ailleurs ma façon de travailler, et ça me dérangeait. Je m'étais vite rendu compte que le métier de serveuse ne s'oubliait pas, que la somme de travail exigée était épuisante, et je trimais beaucoup plus au Sélect que je n'avais travaillé au Boudoir. Le Boudoir avait été une sinécure, le Sélect était une job. Je passais du champagne à la bière sans transition, et le choc était important. Et retourner à la case départ n'était pas la chose la plus agréable.

Le Sélect, institution immuable s'il en fut, n'avait pas bougé depuis deux ans, chaque détail était resté pareil, de la couleur des murs à la forme des sucriers, alors que j'avais connu et vécu des expériences qui avaient fait de moi une personne différente sinon tout à fait autre. En fait, nos routes n'avaient pas été parallèles : le Sélect déclinait un peu comme une vieille chose qui achève parce qu'elle est rendue à la fin de son évolution et que tout doit mourir un jour, alors que moi j'avais couru tout ce temps-là au-devant de l'aventure, à la recherche de quelque chose de neuf, d'excitant, d'enrichissant, qui m'avait fait quitter le droit fil de l'existence pépère du restaurant. J'avais quelque difficulté à réintégrer tout ça. Je voyais ces choses d'un autre œil et je les comprenais d'une façon différente. J'étais plus critique et j'avais peur de verser dans la condescendance ou même le mépris, deux des sentiments que je condamne le plus.

Mais le train-train quotidien reprit ses droits, le ronron de ce moteur qui avait marqué mes agissements autant que mes horaires pendant deux ans avait un côté rassurant dont j'avais besoin, j'imagine, avant de penser à ce que j'allais faire du reste de ma vie, et j'ai fini par me calmer. M'engourdir serait plus juste. J'étais revenue au Sélect pour m'occuper, et occupée, je l'étais !

Comme je ne préparais plus le repas du soir de mes trois colocataires, ils venaient manger au restaurant vers sept ou huit heures avant d'aller prendre leur poste sur la *Main*. Nous retrouvions ainsi un semblant de vie familiale et ajoutions beaucoup d'animation à l'heure de pointe : Jean-le-Décollé, Nicole Odéon et Mae East connaissaient la plupart des clients, passaient de table en table, trinquaient, parlaient fort, flirtaient sans remords. Moi, je jouais les mères éplorées, je les rappelais à l'ordre, je faisais semblant d'avoir honte d'eux et, mon rôle de mère poule n'étant plus sérieux, tout le monde était content.

L'hiver a passé ; le printemps, le vrai, s'annonçait en ciels moins bleus mais plus lumineux, avril sentait le vent du sud, et je commençais à me demander si j'avais fait le bon choix – je me voyais mal passer l'été, ma saison préférée, à servir les sempiternels *hamburgers platters* alors que j'avais les moyens de prendre des vacances – lorsque l'événement que j'hésite à aborder depuis le début de ce cahier, de peur de mal le décrire, s'est produit.

Je portais des souliers jaunes tout neufs, ce soir-là. Je les avais trouvés dans la vitrine d'une boutique de la rue Sainte-Catherine que je ne fréquente pas d'habitude parce qu'ils n'ont jamais rien à ma taille, ni vêtements ni chaussures. Je cherchais quelque chose de flamboyant pour fêter le retour du printemps, des souliers à la fois drôles et rutilants que j'entendrais claquer sur l'asphalte enfin débarrassé de sa gangue de glace, comme le matin de Pâques quand j'étais petite, lorsqu'ils ont attiré mon attention au milieu des nouveautés de saison sans intérêt.

On aurait dit en fait des souliers de petite fille qui jouerait à la grande personne, parce qu'il est très rare qu'on trouve des talons aiguilles de cette hauteur dans une pointure aussi petite. En tout cas, aucune fillette n'oserait porter ça devant sa mère ! Ils avaient un petit côté guidoune, aussi, qui m'a tout de suite amusée. Je me disais que ce serait là mes derniers souliers de créature de la *Main*, mes adieux au monde de Fine Dumas, et je suis entrée dans la boutique. Ils m'allaient. Et me grandissaient de deux bons pouces ! Je les ai portés aussitôt achetés. Ils claquaient sur le ciment de la rue Sainte-Catherine comme je l'avais espéré, promettant de longues journées chaudes à ne rien faire et des balades en robe légère à travers Montréal qui, comme toutes les villes du nord, n'est belle qu'en été. De beaux souliers jaunes d'été pour faire peur aux dernières froidures du mois d'avril !

Ils ont connu tout un succès au Sélect : Janine, jalouse, voulait savoir où je les avais trouvés ; Madeleine, après les avoir reniflés comme un chien de chasse, a décrété qu'ils étaient en vrai cuir *patent* et que j'avais profité d'une aubaine inespérée, maudite chanceuse que j'étais ; Nick et son assistant m'ont sifflé leur appréciation parce qu'ils ne sont pas forts sur les compliments verbaux mais spécialistes en mimiques de toutes sortes lorsque passe une belle femme dans leur champ de vision. Et tous les clients m'en parlaient, les réguliers comme ceux qui se trouvaient là par hasard.

Vers dix heures, le premier coup de feu terminé depuis longtemps et celui de la fin de soirée encore loin, je buvais en toute quiétude un thé faible en compagnie de Janine qui se plaignait encore de ses genoux qui la faisaient de plus en plus souffrir, lorsque la porte du restaurant s'est ouverte sur des éclats de rire et une voix de fille qui chantait à tue-tête quelque chose où il était question d'hélices d'avion et de noms de compagnies d'aviation.

Janine a levé les yeux au ciel.

« Pas encore eux autres ! Occupe-toi-z'en, toi, moi je peux pus les voir ! »

C'était la bande de fous qui préparaient un spectacle au Quat'Sous, un théâtre de l'avenue des Pins, et qui s'amenaient plusieurs fois par semaine après leur répétition, affamés, bruyants, hilares et fous braques. Ils envahissaient le Sélect dans le temps de le dire, mangeaient beaucoup, buvaient encore plus, et finissaient presque chaque fois par hurler en chœur des chansons de leur show, plutôt belles, d'ailleurs, du moins d'après ce que j'en entendais.

Janine ne pouvait pas les supporter. Elle disait qu'ils sentaient la bière sure et la révolte, qu'ils ne feraient jamais rien d'autre dans la vie que du bruit, ainsi que tous les échevelés de leur acabit, et qu'ils étaient impolis. Mais c'est elle, au fond, qui les prenait de haut, qui les brusquait et qui s'attirait des bosses. Elle les trouvait pingres alors que moi je les jugeais plutôt généreux, pénibles alors qu'ils m'amusaient avec leur sans-gêne et leur grande liberté d'enfants gâtés qui ne connaissent pas de censure. En fait, ils la traitaient comme elle les traitait, elle ne l'acceptait pas et en subissait les conséquences. Elle aurait voulu qu'ils changent de restaurant, qu'ils aillent s'épivarder chez Géracimo, en face, mais ils avaient jeté leur dévolu sur le Sélect et n'avaient pas l'intention de changer, c'était assez évident. Ne serait-ce que pour la narguer.

C'était donc moi qui en avais hérité depuis quelques jours, où qu'ils s'installent, dans ma section ou celle de Janine. J'étais efficace, je les servais vite et bien, ils m'en savaient gré. Ils m'avaient adoptée autant que je les avais adoptés, me réclamaient aussitôt arrivés, en levant le nez avec ostentation sur Janine. Ils m'appelaient même la perle du Sélect et me gratifiaient la plupart du temps de pourboires qui auraient fait verdir Janine d'envie si je lui en avais parlé. Mais je n'avais pas envie d'envenimer les choses et je gardais ça pour moi.

Échevelés, en tout cas, ils l'étaient. Du moins les gars, les filles étant tout de même du genre un peu plus sage. Les musiciens du groupe me faisaient penser à cette race de nouveaux hommes qu'on appelle des beatniks et qui se déguisent comme jamais on a vu des humains se déguiser jusqu'ici.

Nous avions à peu près le même âge, mais tout nous séparait : je venais de passer dix-huit mois dans un bordel de travestis au beau milieu du *redlight* de Montréal, eux, du moins quelques-uns d'entre eux, avaient suivi un cours de trois ans à l'école nationale de théâtre à travailler Molière et Shakespeare. Le plus vieux d'entre eux, Yvon, était acteur depuis quelques années déjà et semblait leur tenir lieu de *pater familias*. Nos expériences de vie étaient donc on ne peut plus différentes, mais quelque chose cliquait entre nous, une sympathie inexplicable s'était installée autour de cette petite cérémonie du repas du soir, peut-être parce que je riais volontiers de leurs plaisanteries, que je laissais passer leurs farces graveleuses sans les engueuler comme l'aurait fait une matante prude et que je comprenais l'excitation qu'ils ressentaient à l'idée de monter sur une scène pour proclamer ce qu'ils avaient à dire, eux, plutôt que d'interpréter des choses pensées par d'autres. Ils avaient l'air d'être en train de préparer une équipée vitale pour eux et j'aimais leur indéfectible enthousiasme.

Ils passaient leur temps à parler de création, de l'importance de s'exprimer, de culture qu'il fallait rapatrier, ils refaisaient le monde et je les enviais un peu tout en me demandant où j'en serais aujourd'hui, moi, si j'avais accepté de faire partie de la distribution des *Troyennes*, en 1966, événement qui semblait désormais si loin dans le passé. Une autre Céline Poulin aurait existé tout ce temps-là, j'imagine, elle aurait évolué dans un sens que je ne peux pas deviner, une Céline Poulin peut-être aux antipodes de celle qui écrit depuis deux ans dans de petits cahiers de couleur ses démons et ses inquiétudes, une personne que j'aurais quand même été curieuse de connaître, ne serait-ce qu'une heure, pour jauger les différences, bonnes ou mauvaises...

Ce qui me liait à eux ressemblait en tous points aux rapports que j'avais développés, deux ans plus tôt, avec les étudiants de l'Institut des arts appliqués lorsque j'avais remplacé Madeleine, l'une des serveuses de jour, qui était tombée malade.

J'ai rangé ma tasse de thé pendant qu'ils enlevaient pardessus et manteaux. Janine est allée se cacher à la cuisine. J'avais envie de lui dire qu'elle en mettait un peu trop, qu'elle ne pouvait quand même pas les haïr au point de ne pas pouvoir endurer leur présence, mais je me suis retenue. Tant pis pour elle, son intolérance finirait bien par lui retomber sur le nez un bon jour...

Robert, le grand frisé qui, si j'ai bien compris, compose les chansons du spectacle, semblait en verve et riait à gorge déployée lorsque je suis arrivée à leur table. À leurs tables, plutôt, puisqu'ils étaient plus nombreux que d'habitude et avaient envahi les trois grandes banquettes du fond en jetant leurs vêtements n'importe où et en s'affalant comme s'ils avaient été dans leur salon. La distribution complète, ai-je supposé. Louise, la chanteuse du groupe, et Mouffe, la blonde de Robert, parlaient de costumes lorsque je suis arrivée près d'elles, calepin à la main.

En me voyant venir, Robert a crié :

« Tiens, ma waitress favorite ! La perle du Sélect ! »

Puis, en apercevant mes souliers :

« Le soleil de la rue Sainte-Catherine ! »

Tout le monde a baissé les yeux sur mes chaussures et j'ai rougi sous les applaudissements d'appréciation.

Et c'est là que j'ai entendu la phrase qui a tout fait basculer et changé le cours de ma vie :

« *Good evening, ma'am ! What a glorious night !* »

J'ai bien sûr tout de suite reconnu sa voix. Et je lui ai répondu à brûle-pourpoint, avant même de tourner la tête dans sa direction :

« *Glorious, I don't know, but it's a nice night !* »

C'était bien lui. Plus beau que jamais parce qu'il avait rasé sa barbe et que son visage glabre était encore plus magnifique, ses fossettes plus prononcées, son sourire plus dévastateur, ses yeux, si la chose était possible, plus bleus, en tout cas plus brillants. Je n'ai pas su interpréter la brillance de son regard ce soir-là et, plus tard, je l'ai bien regretté... Je me serais épargné bien des tracas... En tout cas.

Il a enjambé la personne assise à côté de lui pour venir me saluer. Et quand il s'est tenu tout déplié devant moi, je me suis rappelé à quel point il était grand. Il devait se pencher pour me parler et moi me casser le cou pour l'écouter.

« Enfin, on se retrouve. »

J'ai pris un air affairé en ouvrant mon calepin de commandes.

« Enfin ? »

Il a appuyé une fesse sur la table en arborite.

« Je savais pas que ma fournisseuse en gazon travaillait au Sélect ! Avoir su, je serais venu manger ici avant !

— Je travaillais pas ici, l'été passé... Et pour ce qui est de l'histoire du gazon, je m'en suis rendu compte quelques minutes plus tard et j'ai eu bien honte... Y m'arrive d'être naïve, mais là c'était un peu ridicule... Au fait, tes chiens vont bien ?

— C'étaient pas mes chiens, c'étaient ceux de mon voisin. Je les gardais. Je les garde encore de temps en temps... »

Des sourcils s'étaient froncés autour de la table, des regards interrogateurs passaient d'une banquette à l'autre. Des sourires complices étaient échangés.

Mouffe a joué avec le bout de ses cheveux noirs et raides qui lui donnent un petit côté indien très intéressant.

« Vous vous connaissez ? Tu nous avais pas dit ça, Gilbert Forget... »

Gilbert. J'ai tout de suite aimé son nom. Je n'avais jamais connu quelqu'un qui s'appelait Gilbert et je trouvais que ça faisait romantique. S'il s'était appelé

Wilfrid, mon avenir immédiat aurait peut-être été moins compliqué.

Louise a replacé ses petites lunettes rondes en dépliant son menu d'une façon ostentatoire.

« Gilbert est un mystère insondable. Méfie-toi, Céline. On sait jamais si y s'en vient ou si y s'en va... Y est toujours plein de surprises... »

Sous ces phrases plutôt sibyllines – devais-je deviner là une histoire d'amour qui avait mal tourné ? –, Gilbert a élargi son sourire. Un charmeur qui connaît sa force et qui sait s'en servir.

« Chuis sûr que ce que je vais manger va être meilleur si c'est toi qui me l'apportes, ma belle Céline... »

Je l'ai poussé de la main pour qu'il reprenne sa place au bout de la banquette.

« En attendant, t'es dans mon chemin... »

Tout le monde a ri. Lui aussi.

Nous devions déjà former une bien drôle de paire parce qu'on nous regardait avec une curiosité certaine.

Robert, assis à la table d'à côté, a toussé dans son poing avant de dire :

« En attendant, moi, j'ai faim ! »

Le fil ténu de début de complicité s'est aussitôt interrompu entre Gilbert et moi. Il est redevenu un client et moi la serveuse. Il a repris sa place et plongé dans son menu.

« Qu'est-ce qu'y a de bon, ici, *man* ? »

La réponse a surgi de presque dix bouches en même temps :

« Le *hamburger platter* ! »

Il a refermé son menu, l'a déposé sur la table.

« Alors ça va être un *hamburger platter*. Avec une bière... Et un sourire de Céline... »

Je sais que c'est facile de dire ça après tout ce temps-là, de prétendre que j'ai tout deviné, ou du moins entrevu, avant que ça commence, mais je crois que c'est vrai : je me revois à côté de la longue banquette, le calepin à la main, je regarde

Gilbert après avoir pris sa commande. Et je me dis : « Touche pas à ça, c'est pas pour toi, tu le payerais cher… »

Mais il a tout de même eu le dernier mot.

Quand j'ai eu terminé de prendre toutes les commandes, il a levé le doigt comme s'il voulait ajouter quelque chose à la sienne.

« En tout cas, tes souliers jaunes sont sublimes, Céline ! »

Et son beau visage m'a fait fondre. J'avais chaud dans le dos, autour de la taille, une goutte de sueur s'était mise à couler entre mes deux omoplates. J'avais l'impression que j'allais me liquéfier et qu'on ne ramasserait de moi à la fin du repas qu'une flaque d'eau autour de deux souliers jaunes.

Mais le repas s'est déroulé sans autre incident parce que je l'ai voulu ainsi. Dans l'heure qui a suivi, j'ai évité de regarder dans la direction de Gilbert, je ne l'ai surtout pas servi d'une façon différente des autres, me concentrant sur ce que j'avais à faire, ce qui n'était pas peu vu le nombre d'assiettes, de verres et de tasses que je devais transporter pour cette gang d'affamés. Je ne voulais prêter le flanc à aucun commentaire et je savais qu'on me guettait du coin de l'œil, surtout les deux filles, alors je restais imperturbable, efficace, j'avais même un peu l'impression d'être devenue froide comme Janine pour un soir. Je ne devais pas faire illusion, cependant, parce que je sentais que les remarques allaient quand même bon train : ils attendaient juste que je m'éloigne pour parler de ce qui venait de se passer. Quand je revenais vers leurs tables, un silence pesant tombait et j'ai même cru surprendre deux ou trois fous rires en apportant les desserts. Je faisais celle qui ne se rendait compte de rien, bien sûr, je restais la waitress à son affaire, mais je commençais à avoir hâte qu'ils s'en aillent pour respirer un peu et essayer de comprendre ce qui venait de se passer.

Avait-il flirté avec moi, ou n'était-ce pas plutôt juste un bon gars qui était gentil avec tout le monde pour se faire aimer, prêt à tout pour qu'on l'apprécie ? De toute façon, qu'est-ce qu'un homme de sa grandeur pouvait bien vouloir faire avec une naine comme moi ? À part vivre une aventure dont il pourrait ensuite se vanter auprès de ses chums. Je ne voulais surtout pas devenir le sujet d'un pétage de bretelles, la victime d'une goujaterie entre mâles à la testostérone déréglée !

Trop beau, il était trop beau, là était le problème, et il fallait que je sois très prudente avec Gilbert Forget.

En faisant mes factures pour la table de Louise, Mouffe, Robert et quelques autres, j'ai entendu quelqu'un, je crois que c'était Yvon, qui disait à Gilbert, à deux banquettes de là :

« Lance-toi, demandes-y ! Le pire qui peut t'arriver c'est qu'a' te dise non ! »

Avait-il formulé auprès de ses camarades l'intention de me demander de sortir avec lui ? En était-il déjà là ?

Mes oreilles ont rougi d'un seul coup et je ne fus pas la seule à m'en apercevoir. Robert a lancé une espèce de petit ricanement en tendant la main pour prendre sa facture et celle de Mouffe.

« Mon Dieu, qu'est-ce que t'as, ma Céline ! T'as ben les oreilles rouges, tout d'un coup ! Y tintent-tu, aussi ? Y a-tu quelqu'un qui est en train de parler de toi quequ'part ? J'me demande qui ça pourrait être… »

Tout le monde a ri. J'ai bien été obligée de sourire. Tout en cherchant quelque chose d'intelligent à répondre. Que je n'ai pas trouvé, à ma grande honte, d'ailleurs. Je n'ai pas l'habitude de me laisser piler sur les pieds et il n'était pas question que je m'éloigne des trois banquettes sans avoir rivé son clou à quelqu'un, je ne savais pas qui au juste – Robert ? Gilbert ? –, ni pour quelle raison, et j'ai décidé de ne pas quitter leurs tables avant d'avoir dit ma façon de penser. Ce qui était tout à fait ridicule, je le savais très bien, puisque rien de grave ne s'était produit, bien au contraire. En fait, j'aurais pu en être flattée, aller me vanter de tout ça auprès de Janine ou de Nick, leur montrer mon trophée, le beau Gilbert, en prenant un air supérieur... Après tout, c'est ce que Janine faisait quand quelqu'un la draguait !

Mais j'ai trop longtemps souffert des méchancetés des autres pour laisser un grand flanc mou, aussi beau soit-il, s'imaginer qu'il pouvait se servir de moi sans que je réagisse. Mais voulait-il seulement se servir de moi ? Il n'y a rien au monde que je déteste plus que lorsque je me mets à hésiter pour une niaiserie. Je suis devenue trop méfiante avec le temps. Une partie de moi me disait de laisser aller les choses, que je pourrais toujours y mettre un stop avant qu'il soit trop tard, mais... Comment dire... Est-ce que j'ai vraiment senti, là, au milieu du couloir, entre les banquettes du Sélect, ce que Gilbert pourrait me faire endurer, comme je l'ai écrit plus haut ? Non. À bien y penser, je ne crois pas. C'était trop tôt. C'était plutôt l'orgueil, en fin de compte, qui me faisait chercher une réplique, une phrase lapidaire qui leur réglerait leur compte. Ces artistes-là ne quitteraient pas le restaurant avant que je leur aie donné une raison de... de quoi, au juste ? De m'admirer ? Quand même pas. De ne pas me traiter de haut ? Ils ne l'avaient jamais fait et s'étaient juste, ce soir-là, servis d'une anecdote insignifiante pour se payer une pinte de bon sang... Mais plus approchait le moment où ils auraient à se diriger vers la caissière pour payer leur note, plus je sentais le besoin de leur prouver que je n'étais pas juste une petite gourde dont on pouvait se moquer sans en subir les conséquences.

Mais ils ne s'étaient pas moqués de moi ! Où est-ce que j'allais prendre tout ça ? Je n'étais qu'orgueil contrarié et ça me rendait furieuse !

Ils ont tous passé près de moi un par un pour se diriger vers la caisse, facture à la main, un drôle de sourire aux lèvres. J'étais pour ainsi dire dans leur chemin. Je voyais mes pourboires qui gisaient au milieu des reliefs du repas si peu gastronomique. Quelques billets de un dollar. Plusieurs billets de deux.

Ils allaient m'échapper lorsque, peut-être par manque d'imagination, en tout cas par pur dépit de ne pouvoir trouver quelque chose de personnel à dire, je suis allée puiser dans le répertoire des reparties de la Duchesse, qui était énorme et qui avait nourri les deux dernières années de ma vie.

J'ai essayé de copier en tous points ce qu'elle aurait fait, elle, la reine du front de beu et de l'injure bien placée : j'ai appuyé mon bras sur la banquette la plus près de moi, ce qui est loin d'être évident vu ma grandeur, j'ai relevé la tête comme le faisaient autrefois les grandes stars d'Hollywood. Joan Crawford. Ou Rosalind Russell. Et j'ai dit avec un accent français que je réussis beaucoup moins bien que la Duchesse elle-même :

« En tout cas, avis aux intéressés : mon carnet de bal est rempli pour les douze prochaines années ! »

Et c'est en voyant leur air ahuri que j'ai compris à quel point ce que je venais de faire était pathétique. J'avais couru au-devant du ridicule au lieu de m'en sortir, comme j'aurais dû le faire, avec une certaine dignité, en feignant d'ignorer ce qui venait de se produire ! J'avais donné crédit à un événement qui n'avait aucune espèce d'importance.

Je me suis sauvée presque en courant. Je devais avoir l'air d'un petit chien qui détale à toute vitesse parce qu'il vient de se faire surprendre en plein mauvais coup. Un roquet puni qui va se cacher derrière un meuble.

Janine, Nick et Lucien, son assistant haïtien, m'attendaient à la cuisine avec impatience. Et, bien sûr, ils voulaient tout savoir. Je ne sais pas si Françoise, la caissière, était venue les prévenir ou quoi, mais ils savaient déjà qu'il s'était passé quelque chose de digne d'intérêt entre un client et moi et, c'était assez évident, ils espéraient des détails croustillants. Ils arrivaient à peine à dissimuler leur excitation sous des sourires qui se voulaient candides mais où flottait quand même un relent de goguenardise. Le commérage étant après tout l'une des grandes denrées dont se repaissent les restaurants, je ne m'en suis pas formalisée outre mesure.

J'ai joué le jeu parce que ça m'empêchait de réfléchir et de me laisser aller, comme d'habitude, à une analyse négative de ce qui venait de se produire, alors que j'aurais dû me sentir flattée. En fait, je l'étais, mais je ne voulais pas trop me l'avouer pour ne pas me bercer d'illusions. J'ai donc très peu longtemps joué l'innocence devant mes amis avant d'abdiquer et, même là, j'ai essayé, en conclusion, de minimiser l'incident :

« Y était gentil avec moi, un point c'est tout. C'est un séducteur qui refait probablement le même numéro à toutes les filles qu'il croise, on en voit tous les soirs et y sont bêtes à pleurer... La seule différence, cette fois-là, c'est que ça s'adressait à une naine... Je devais être sa première naine et il a décidé de faire un show devant tout le monde pour se rendre intéressant, c'est tout… Vous allez voir, on le reverra plus jamais ici, y va éviter le Sélect comme la peste à partir de demain pour pas avoir à se confronter à moi… La dernière chose que ce gars-là veut, c'est de se faire voir avec une petite personne ! »

Je savais qu'en abordant ce sujet, je risquais moins que la discussion s'éternise. Mes camarades de travail sont tous prudents au sujet de mon nanisme et lorsque je veux la paix je l'utilise comme ultime argument. Ça marche presque toujours.

J'ai ajouté, en faisant mine de m'éloigner pour aller changer de vêtements aux toilettes des dames :

« De toute façon, j'aime pas les jars de son genre. »

Ce qui n'était qu'en partie vrai. Je n'aime pas les jars de son genre, c'est vrai, mais lui me plaisait beaucoup, je ne pouvais pas le nier, et j'avais eu peur que ça paraisse si je me lançais dans les détails de l'histoire. Je rougis toujours trop vite quand je raconte une anecdote, et je suis facile à deviner. Ma petite visite aux toilettes tombait donc à point : j'avais raconté mon histoire un peu vite, j'étais convaincue que mon désarroi transparaissait, il fallait que je m'éloigne pour me refaire une attitude.

Je croyais l'incident clos, mais, il fallait s'y attendre, Janine a voulu en savoir plus :

« Y t'a-tu demandée pour sortir, en fin de compte ? Tu nous contes pas toute ! As-tu dit oui ? Quand est-ce qu'on va aux noces, chanceuse ? »

Je me suis retournée pour la regarder droit dans les yeux avant de quitter la cuisine. Je me suis appuyée sur la porte entrouverte pour me donner une contenance.

« Justement, parlons-en, des noces. Nous vois-tu descendre l'allée tous les deux ? Ça serait beau à voir ! Y faudrait quasiment qu'y me prenne sur ses épaules pour que les invités me voient ! Y seraient obligés de me monter sur une échelle pour qu'on m'aperçoive sur les photos de mariage ! »

La vision que je venais de leur suggérer a dû frapper leur imagination parce qu'aucun d'entre eux n'a osé répliquer pendant que je m'éloignais. Moi-même je suis restée stupéfaite devant le tableau que nous formerions, Gilbert et moi, si jamais il nous arrivait de sortir ensemble (ce qui était loin d'être une possibilité, d'ailleurs, puisqu'il ne m'avait encore rien demandé). Comment nous y prendrions-nous ? Si nous nous tenions par la main, il aurait l'air de promener sa petite fille... Quant à nous prendre par le bras, c'était à peu près impossible, il faudrait que je me tienne sur le bout des pieds, et encore... Marcher l'un à côté de l'autre, mains dans les poches, en camarades qui se sont rencontrés par hasard dans la rue et qui déambulent en parlant de tout et de rien ? Belle soirée en perspective ! Et quel romantisme !

J'avais tiré le petit banc devant l'évier de la salle de bains, comme je le fais chaque fois que j'entre dans la minuscule pièce, et je m'aspergeais le visage d'eau glacée.

Je croyais pourtant avoir réglé depuis longtemps toutes ces questions qui avaient hanté mon adolescence. Mes rapports avec les garçons avaient toujours été gâchés par ce genre de considérations trop critiques qui faisaient de moi, c'était inévitable, un sujet de ridicule à mes propres yeux. J'avais repoussé avec énergie les quelques pitoyables tentatives de drague manifestées par des adolescents boutonneux dont personne ne voulait, la différence physique étant déjà trop grande entre nous, du moins le croyais-je. Mes expériences sexuelles avaient été peu concluantes parce que je me retenais trop. J'avais toujours repoussé la théorie de certaines de mes amies d'enfance qui voulait que les gens au physique particulier, à l'apparence extrême, pouvaient connaître une vie sexuelle exceptionnelle pour la simple raison qu'ils étaient différents, que ce qu'ils avaient à offrir était rare, et le temps avait passé sans que je connaisse le grand frisson. Je refusais de jouer là-dessus. Même au Boudoir, où j'avais pourtant souvent senti que mon allure aurait pu être un avantage : des hommes magnifiques, de toutes les couleurs et de calibres divers, avaient en vain tenté leur chance sur l'hôtesse qui les prenait de haut malgré sa minuscule taille, et j'étais peut-être passée à côté de grandes parties de jambes en l'air ! C'est du moins ce qu'avaient prétendu les « filles » de l'établissement en se moquant de moi.

Et voilà qu'un séducteur de province, un fumeur de *pot* échevelé, peut-être pas très propre et fleurant trop fort le patchouli, venait tout remettre en question !

Je suis même allée jusqu'à me demander depuis combien de temps je n'avais pas couché avec un homme. Et je me suis censurée avant de commencer à compter, de peur de me mettre à hurler. Alors, pourquoi ne pas laisser aller les choses, pourquoi m'entêter à rendre impossible une fois de plus toute tentative de rapprochement ? Encore le maudit orgueil ?

Encore le maudit orgueil !

Eh oui, la peur d'être rejetée, même par quelqu'un qui me poursuivait. Ça frisait la paranoïa, je le savais, et j'en avais honte. Pourquoi quelqu'un me draguerait-il pour ensuite me rejeter ? C'était absurde ! Je n'étais pas assez importante pour qu'on se donne la peine de m'humilier de façon aussi gratuite ! Il y avait peut-être quelque chose en moi, en fin de compte, qui attirait *vraiment* ce beau garçon ! Pourquoi ne pas aller voir ? Moi qui aime tout vérifier ?

Non. C'était impossible. Je n'étais pas digne de l'intérêt d'un si bel homme, il fallait que j'arrête tout de suite de rêver, sinon je souffrirais. À mon habitude.

J'ai terminé mon maquillage à la hâte, j'ai passé ma brosse dans mes cheveux à grands coups vigoureux – vingt-deux, comme ma mère me l'avait montré – et je suis sortie des toilettes des dames.

Pour tomber nez à nez avec Gilbert Forget.

Enfin, nez à nez, c'est beaucoup dire. Disons que j'étais à une hauteur intéressante de son anatomie.

Il n'a pas attendu que je me remette de ma surprise pour me parler.

« T'as-tu fini de travailler ? »

Je ne lui ai donné aucune chance et j'ai répondu avec un petit air supérieur, en le contournant pour me diriger vers la cuisine :

« J'ai pas l'habitude de me changer avant d'avoir fini ma soirée ! J'fais pas le ménage du restaurant dans mon linge propre… »

Il se dandinait d'un pied sur l'autre en petit garçon timide qui n'est pas encore à l'aise dans son corps. Un petit garçon de plus de six pieds ! Je l'ai trouvé touchant. Au lieu de l'envoyer promener comme ça avait d'abord été mon intention. Ça lui a donné du courage pour essayer de poursuivre la conversation si mal partie.

« T'en vas-tu directement chez vous ? »

J'ai laissé retomber la porte derrière moi en me disant qu'il n'allait tout de même pas me suivre jusque dans la cuisine.

Il l'a poussée, a passé la tête dans l'entrebâille-ment. Pour tomber sur Nick qui balayait le plancher pendant que Lucien récurait les derniers chaudrons.

« Les clients ont pas d'affaire ici ! »

Ça n'a pas semblé le déranger outre mesure puisqu'il a continué à me parler comme si de rien n'était.

« J'me demandais juste si tu prendrais un dernier verre avec moi avant de rentrer chez vous… »

Nick a repoussé la porte avec le plat de la main.

« Attends qu'a' sorte pour y demander ça… Mais je pense pas que t'ayes beaucoup de chances, cow-boy… »

Cow-boy ? Gilbert Forget n'avait rien d'un cow-boy, si ce n'était peut-être le blue-jean. Même là, les pattes d'éléphant ne faisaient pas très western ! Tout chez lui proclamait le beatnik, la vie de broche à foin, le *pot*, l'espresso trop fort et la nuit sur la corde à linge, mais surtout pas la course au grand air à guetter des vaches et à chanter du country ! Une guitare, oui, mais pas aux sanglots hawaïens !

J'ai eu un peu pitié de mon grand prétendant et j'ai crié à travers la porte :

« Va m'attendre dehors, j'sors dans deux minutes ! »

Janine, qui fumait une cigarette appuyée contre l'énorme frigidaire, est partie d'un grand rire qui m'a fait sursauter.

« Y a ben rien que toi, Céline, pour envoyer un si beau gars t'attendre dans le froid au beau milieu de la nuit ! Tu mériterais qu'y tombe sur une belle poupoune sur le trottoir de la rue Sainte-Catherine et qu'y te laisse là tu seule à ronger ton frein… »

J'ai souri en enfilant mon manteau.

« J'pense qu'y a pas de danger… »

Elle a écrasé son mégot en haussant les épaules.

« T'es donc bien sûre de toi, tout d'un coup !

— Chuis pas sûre de moi du tout, mais que-qu'chose me dit que j'peux être sûre de lui… en tout cas pour ce soir…

— Mon Dieu, prétentieuse par-dessus le marché… »

Je lui ai envoyé un baiser du bout des lèvres en sortant de la cuisine.

« C'est pas de la prétention. Mais si y est venu me chercher jusqu'aux toilettes des dames, j'pense pas qu'y parte derrière le premier jupon venu… »

Elle m'a suivie dans le restaurant. C'est elle, maintenant, qui avait l'air d'un petit chien qui trottinait derrière moi…

« Y t'a suivie jusque dans les toilettes ?

— J'ai pas dit *dans* les toilettes, Janine, j'ai dit *aux* toilettes ! Y est quand même pas entré pour m'aider à me changer !

— Qu'est-ce qu'y t'a dit, qu'est-ce qu'y t'a dit ? »

J'ai freiné juste devant la caisse où Françoise comptait avec grand soin l'argent de la soirée.

« Coudonc, Janine, c'est-tu si surprenant que ça qu'un gars me demande d'aller prendre un verre avec lui ? »

Elle s'est immobilisée d'un seul coup devant la première banquette, ne trouvant rien de très pertinent à me répondre.

« Ben… non… c'est pas ça que je voulais dire… Tu le sais, Céline, que c'est pas ça que je voulais dire…

— Ben, j'vais avoir pitié de toi et je te demanderai pas ce que tu voulais dire, parce que j'ai l'impression que tu chercherais jusqu'à demain matin sans rien trouver d'intelligent… À demain soir, Janine… Et si tu me poses une seule question sur ce qui va se passer, tu vas le regretter ! Attends que je t'en parle avant de me cuisiner, O.K. ? Et ça se peut que j'en aye pas envie ! »

Elle et Françoise sont restées figées, l'air bête, dans l'entrée du restaurant, la caissière une liasse de billets à la main, la serveuse s'allumant avec nervosité une dernière cigarette avant de quitter l'établissement. La perspective d'avoir à ignorer le lendemain soir un potin bien croustillant la rendait sans doute furieuse et Janine devait déjà se demander comment elle allait faire pour se retenir.

Gilbert était appuyé avec nonchalance sur le lampadaire qui s'élevait au coin de Sainte-Catherine et de Saint-Denis. J'ai aussitôt imaginé mes colocataires qui faisaient la même chose au coin de la *Main*, mais pour d'autres raisons, et j'ai eu une bonne pensée à leur intention, les pauvres, qui se gelaient la couenne pendant des heures pour deux fois rien maintenant que l'âge d'or du Boudoir était révolu. Comment allaient-elles prendre l'existence de Gilbert Forget si jamais je me décidais à leur parler de lui ? Avec des sourires de sympathie ? Des paroles d'avertissement parce qu'elles ne voudraient pas que je souffre ?

Gilbert a jeté dans le caniveau le bout de sa cigarette qui, je le savais à l'odeur, n'était pas faite de tabac régulier et m'a souri en s'approchant.

« Ça veut-tu dire que c'est oui ?

— Pour le verre ? C'est non. Mais on peut marcher ensemble si tu veux… J'habite pas très loin…

— C'est où ?

— Place Jacques-Cartier…

— C'est pas à la porte…

— Avec la longueur de jambes que t'as, mon p'tit gars, plains-toi pas ! »

Il a tout de suite senti le terrain glissant – ce n'était pas le moment de parler de la différence de la longueur de nos jambes – et il n'a pas insisté. Nous restions là, tous les deux, plantés au coin de la rue, ne sachant trop quoi faire. Il a mis les mains dans ses poches en lançant un soupir dont je n'ai pas pu saisir le sens.

« Bon… On y va ? »

J'ai profité du feu vert pour traverser la rue Sainte-Catherine en direction du sud.

Un silence pesant s'est installé entre nous. Je faisais quatre pas pendant qu'il en franchissait un, c'est la première chose que j'ai remarquée. Le grand dégingandé et la petite bancale. Une seule question me brûlait les lèvres mais je savais qu'il ne fallait surtout pas que je la pose : Pourquoi ? Pourquoi il m'avait demandé d'aller prendre un verre avec lui, pourquoi nous étions là à ne rien dire alors que ses amis, sans doute plus intéressants que moi, l'attendaient, j'en étais convaincue, dans un café *hip* du quartier pour continuer à fumer du *pot*, à boire ou à parler du spectacle qu'ils préparaient avec tant de passion ? Nos univers étaient à ce point dissemblables que les sujets de conversation s'en trouvaient presque inexistants, c'était l'évidence même : je ne pouvais quand même pas lui parler de mon métier de serveuse et lui savait que je ne connaissais rien au domaine de la chanson... Alors ? La simple attirance sexuelle ? Moi, j'étais attirée par lui, c'était indéniable, mais lui... Lui qui pouvait sans doute se taper toutes les filles qu'il voulait, qu'est-ce qu'il faisait avec une femme comme moi ?

Encore le même maudit problème ! Au début de notre première promenade !

La nuit était plutôt froide, un dernier soubresaut de vent froid secouait Montréal de cruelle façon pour nous rappeler que le vrai printemps n'était pas tout à fait là et que, vu l'indéniable hypocrisie de la nature, les mauvaises surprises étaient toujours possibles. Surtout en avril, le plus fourbe des mois de l'année. Les voitures passaient à notre gauche en soulevant des gerbes d'eau glacée parce qu'il avait plu au milieu de la soirée.

Gilbert a regardé mes souliers jaunes.

« C'est plate de gaspiller des beaux souliers de même... »

C'est vrai qu'ils étaient tout mouillés, qu'ils me collaient à la peau, qu'ils commençaient déjà à se déformer. Après une seule soirée.

« Oui, c'est plate, mais y ont rempli leur fonction... J'avais envie de sentir que le printemps était arrivé, y me l'ont fait sentir... Quand y vont avoir séché, demain, j'vais savoir si je peux encore les porter... Si je peux, tant mieux, sinon... J'les poserai sur une tablette de mon garde-robe en souvenir...

— En souvenir de notre rencontre ?

— Jusqu'ici, notre rencontre a rien de bien mémorable, Gilbert... »

J'ai aussitôt regretté d'avoir dit ça. C'était gratuit. Et cruel. Je m'attendais presque à ce qu'il m'envoie promener, après tout, je le méritais. Il s'est contenté de me regarder longtemps sans rien dire. Était-il plus perspicace que je le supposais ? Comprenait-il mon inquiétude et essayait-il de trouver une façon de me le faire savoir ? Pour me rassurer ? Pour me convaincre de son intégrité, de sa franchise ? Le hâbleur allait-il m'apparaître enfin dans toute la splendeur de sa mauvaise foi ?

S'il cherchait quelque chose à dire, il ne l'a pas trouvé parce que nous sommes restés muets un bon bout de temps. C'est moi qui ai rompu le silence, en fin de compte. Il fallait tout de même qu'on dise quelque chose avant d'arriver à l'appartement de la place Jacques-Cartier !

« T'as dû me prendre pour une belle niaiseuse, l'été passé... »

Il n'a pas pu s'empêcher de rire au souvenir de notre première rencontre, pas plus réussie que celle-ci, d'ailleurs.

« J'avais commencé par te prendre pour... pour...

— Pour une droguée ?

— Peut-être pas, mais pour quelqu'un qui savait où trouver du *pot*...

— Si t'avais dit *pot*, aussi... Ça, au moins, je savais ce que c'était... Mais du *grass*... Trop jargon pour moi... Mais comment ça se fait que tu savais pas où en trouver ? C'est plutôt surprenant, non ? »

Il hésita un petit moment avant de continuer.

« En fait, j'en avais sur moi...

— Du *pot* ?

— Oui...

— Ben, pourquoi tu me l'as demandé...

— Tu devines pas ? »

Du rouge m'est monté aux joues, mais je savais qu'il ne pouvait pas le voir à cause de l'obscurité. Dans quoi est-ce que je venais de m'embarquer ? Je devinais ce qu'il allait me répondre et je ne voulais pas qu'il le fasse parce que je refuserais de le croire et que ça le froisserait peut-être.

Il a répété sa question :

« Tu devines pas ? »

J'ai arrêté de marcher, j'ai croisé les bras. Il s'est retourné et j'ai vu son beau visage dans l'éclairage de la rue Bonsecours.

« Je sais ce que tu vas me dire, Gilbert, et j'ai juste une chose à te demander. Dis-le pas si c'est pas vrai. »

Il s'est accroupi devant moi pour me parler. Il ignorait que c'était la dernière chose à faire. Il n'y a rien que je déteste plus au monde qu'on se penche sur moi pour me parler, qu'on sente le besoin de se recroqueviller pour être à ma hauteur. C'est un manque de respect, surtout quand il est inconscient, que je suis incapable de supporter. Je ne suis pas une enfant, j'ai de bonnes oreilles et je peux entendre et comprendre sans problème ce qu'on me dit sans qu'on ait à se plier en deux parce que je suis petite.

J'aurais donc dû grimper dans le visage de Gilbert, l'insulter, le frapper et le renvoyer d'où il venait avec des paroles cruelles et l'ordre de ne plus jamais me contacter... J'ai d'ailleurs failli le faire. J'ai figé au milieu du trottoir quand il a commencé à se courber, je me suis redressée le plus que je pouvais comme il m'arrive chaque fois que je me sens offensée, j'ai reculé d'un pas, j'ai même ouvert la bouche pour lancer le premier truc insultant qui me viendrait à l'esprit, n'importe quoi à condition que ça fasse mal, lorsqu'une nuance dans ses grands yeux bleus, une vraie innocence peut-être, une sincérité tout à fait dénuée de mépris ou de condescendance a freiné mon élan. J'ai tout de suite compris qu'il se penchait juste pour que nos yeux soient à la même hauteur, sans penser plus loin, qu'il n'y avait aucun jugement dans son geste, que c'était sans doute une preuve d'intérêt véritable, de début d'affection. Ce qu'il allait me dire était important pour lui et il voulait lire dans mes yeux que le message passait. Alors je l'ai laissé parler, quitte à lui faire savoir à la fin de son discours qu'il ne fallait plus jamais qu'il recommence : un homme en petit bonhomme, c'est ridicule, un homme en petit bonhomme pour faire sa cour à une naine, c'est grotesque !

Il avait pris mes mains gantées dans les siennes et, dans sa nervosité, les serrait un peu trop fort. De près, il sentait le patchouli, la cigarette, le *pot* et quelque chose d'indéfinissable – j'ai su plus tard que c'était son odeur corporelle – qui m'excitait. Au bout d'à peine quelques phrases, je lui aurais sauté dessus tant il m'attirait. Je l'avais trouvé beau, l'été précédent, quand il m'avait abordée sous un fallacieux prétexte, mais là, planté sur le trottoir, son visage à demi caché dans la pénombre de la rue Bonsecours, je le trouvais superbe ! Si je me souviens de tout ce qu'il m'a dit, c'est moins parce que je l'ai écouté avec attention qu'à cause de la simplicité même de son discours dont l'évidente sincérité m'est allée droit au cœur.

Les compliments qu'il me faisait étaient nouveaux pour moi ; personne jusque-là ne m'avait jamais dit qu'il m'avait trouvée belle aussitôt qu'il m'avait aperçue, qu'il avait sauté sur le premier prétexte pour m'aborder, qu'il avait été heureux de me retrouver après m'avoir laissé m'échapper… Je savais très bien qu'il aurait pu être le dernier des menteurs. Je connais assez cette engeance, cependant – j'ai été élevée par une mère alcoolique qui nous a toujours menti –, pour me vanter de pouvoir reconnaître un hâbleur quand j'en vois un, j'étais donc convaincue de ne pas me laisser étourdir par le discours de Gilbert. Je le regardais droit dans les yeux en me disant que si c'était un acteur, c'était un maudit bon acteur parce qu'il avait l'air tout à fait sincère !

Quand il a eu terminé son petit laïus, il s'est redressé et il a remis ses mains dans ses poches, sans toutefois me quitter des yeux.

« Pis, toujours… Vas-tu me laisser une chance ou bien si tu vas encore me rejeter ? »

Je m'étais déjà retrouvée deux fois à la croisée des chemins avec une décision à prendre qui changerait le cours de mon existence, la première quand j'avais accepté de passer une audition pour *Les Troyennes*, deux ans plus tôt, l'autre lorsque, quelques mois plus tard, j'avais décidé de suivre Fine Dumas dans l'aventure du Boudoir. En regardant Gilbert Forget, en ce début de nuit de printemps sournois, j'avais l'impression d'avoir atteint un troisième carrefour important : de ce que j'allais répondre dans les secondes qui allaient suivre à cette si belle pièce d'homme dont je me sentais si peu digne dépendrait sans aucun doute mon avenir immédiat. En tout cas l'état d'esprit dans lequel je traverserais les jours, les semaines et, qui sait, les mois qui venaient. Cet homme-là semblait trop exceptionnel pour que je le laisse passer, mais si je lui cédais, je ne savais tout de même pas dans quoi je mettais les pieds.

J'avais beau me dire qu'il fallait que j'arrête de tout analyser comme ça, que je devrais lui répondre vite oui ou non, que j'étais injuste de le laisser sécher au bord du trottoir, je voyais les secondes passer et je ne faisais rien pour l'encourager ou le décevoir. Éconduit une deuxième fois, il s'éloignerait peut-être, et sans espoir de retour, en m'abandonnant à ma solitude. Mais c'est moi qui me condamnais à la solitude une fois de plus, non ?

J'ai esquissé mon sourire le plus gentil, celui que je n'utilise qu'à de très rares occasions et que je réserve à ceux que j'aime.

« On va commencer par se rendre jusqu'à ma porte, c'est pas loin, et on verra ce qui va se passer… »

Le reste de la promenade s'est déroulé dans une sorte de valse-hésitation de propos insignifiants échangés pour masquer l'expectative dans laquelle nous étions tous deux plongés. J'étais incapable de m'empêcher de penser que malgré sa grande sincérité et pour la simple raison qu'il était un homme, Gilbert espérait sa bonne fortune assurée, qu'il se voyait déjà passer une nuit délirante avec une naine déchaînée qui lui en serait reconnaissante pour le reste de ses jours. J'avais beau vouloir me montrer plus positive, prendre les faits comme ils se présentaient sans leur chercher un sens qu'ils n'avaient sans doute pas, je ne pouvais pas m'empêcher de continuer à croire que tout ça cachait quelque chose. J'avais trop été échaudée dans mes rapports physiques avec les hommes pour ne pas tomber dans une méfiance presque maladive qui me paralysait devant la perspective de ce qui risquait de se produire dans les heures qui venaient. Je voulais à tout prix éviter une autre déception. Surtout dans les bras d'un si beau spécimen.

Après tout, si tout ça m'inquiétait à ce point, si j'avais si peur d'être déçue et d'en souffrir, je n'avais qu'à l'embrasser sur la joue à la porte de l'appartement de la place Jacques-Cartier, lui dire bonsoir en le laissant en plan sur le trottoir mouillé et monter attendre mes trois colocataires pour leur raconter ma mésaventure… Le réconfort de l'amitié par peur de l'amour, comme toujours… Je me trouvais ridicule, une voix me criait : « Décide-toi, aboutis, accouche ! », je vouais mille morts à mes pensées trop moroses et, surtout, inutiles ! Pourquoi compliquer ce qui est simple ?

J'étais exaspérée par ma propre incapacité à me décider et j'avais envie de me gifler lorsque nous sommes arrivés devant ma porte.

Il a posé sa main sur mon épaule.

« Si t'es pas décidée, on y peut rien, hein… On dirait que par bouts tu veux dire oui et par bouts tu veux plus… Mais on est rendus chez vous, Céline, c'est à toi de te brancher, je peux pas le faire pour toi ! »

Alors sans plus réfléchir j'ai sauté à pieds joints dans mon destin en me récitant tous les lieux communs que je connaissais : advienne que pourra, *que sera sera*, à-Dieu-vat, l'avenir appartient aux audacieux, un tiens vaut mieux que deux tu l'auras, fuck la marde… Tout ça pour cacher la seule et unique vérité, le simple fait que j'avais envie de ce gars-là après un trop long moment de célibat. Miguel, le Mexicain rencontré à l'Expo quelque huit mois plus tôt, semblait bien loin.

J'ai tiré sur la manche de son blouson trop court et surtout trop léger pour la saison.

« Prendrais-tu un dernier petit café ? Ou une dernière bière ? »

Encore ce sourire comme un coup de couteau en plein cœur.

« Tu mériterais que je dise non… »

En tournant la clé dans la serrure, j'étais convaincue de poser un geste définitif.

De café, bien sûr, il n'y en eut pas.

Le prétexte a vite été oublié ; nous sommes passés aux choses sérieuses aussitôt la porte franchie, avant même d'atteindre ma chambre, et nous nous sommes vite retrouvés sur le plancher du salon, entre l'immense table à café où traînaient encore les journaux du matin et l'affreux canapé des années quarante hérité des parents de Nicole Odéon, l'une de mes trois colocataires.

Les préliminaires se sont avérés compliqués à cause de la grande différence entre les caractéristiques physiques de nos deux corps si dissemblables, lui tout en longueur, moi, et c'est peu dire, plutôt compacte. Je n'avais encore jamais fait l'amour avec un corps qui prenait autant de place et j'étais sans doute sa première naine ; il nous a donc fallu un bon bout de temps avant de trouver des gestes qui plaisaient aux deux, un rythme satisfaisant et, en tout cas en ce qui me concernait, de chasser l'idée plutôt dérangeante dans la circonstance que, vus de l'extérieur, nous devions être comiques, sinon ridicules.

J'avais beau apprécier ce qu'il me faisait et être excitée par ce que je tentais moi-même de provoquer chez lui, je restais comme détachée du nœud de pattes et de bras que nous formions sur la carpette du salon. J'étais incapable de ne pas imaginer de quoi nous devions avoir l'air, surtout moi si petite dans ses bras, si occupée entre ses membres trop éloignés les uns des autres et sa belle tête que j'aurais voulu garder le plus possible dans mon champ de vision. Nos ébats, c'est du moins ce que j'imaginais, devaient plus ressembler à une lutte entre des animaux de taille différente qu'à l'échange de caresses intimes de deux adultes consentants. J'avais peur d'avoir l'air de sa victime et que lui ressemble à mon bourreau, un lion qui égorge une gazelle, et ça me gênait.

Au milieu d'un baiser qui commençait tout de même à me détendre, le goût acidulé de sa bouche et l'odeur forte de son corps – ce mélange de patchouli et de sueur qui deviendrait bientôt comme une drogue – ramollissant peu à peu mes absurdes réticences, Gilbert a tout à coup relevé la tête.

« On est pas à l'aise, ici… C'est où, ta chambre ? »

Il m'a transportée à travers l'appartement comme un pompier sauve un enfant du feu, excepté qu'il m'embrassait à pleine bouche, et m'a projetée sur le lit en me criant :

« Laisse-toi faire, Céline, résiste pas… J't'entends penser et ça m'énerve ! Pense pas ! On pense pas quand on fait ça ! »

Alors je n'ai plus résisté. Je l'ai laissé me guider. J'ai coupé cette part de mon imagination critique et, surtout, négative qui m'empêchait de prendre mon plaisir et j'ai ouvert cette portion de mon esprit dont les vannes étaient restées fermées trop longtemps. La sensualité. J'ai perdu mon sens de l'analyse, je me suis offerte au pur plaisir, dénué de tout sens esthétique, qui refait de nous les animaux que nous étions à l'origine. Je suis redevenue animale, instinctive, active, énergique ; j'ai caressé, j'ai mordu, j'ai feulé, j'ai frappé avec mes poings contre une poitrine velue où j'entendais un cœur battre à l'unisson du mien. J'étais partout à la fois, agissante, efficace, ou immobile, concentrée sur les vagues de ma jouissance à répétition, la bouche ouverte dans des cris si peu humains qu'ils m'auraient fait peur s'ils n'avaient pas surgi de moi, j'ai exploré des parties du corps que je n'avais jamais vues de près, j'ai dévoré des choses que je ne savais pas qu'on pouvait mettre dans sa bouche et égratigné une peau que j'aurais voulu me contenter de flatter mais que j'étais incapable de ne pas meurtrir. Enfin, bref, l'esprit fermé et les sens en alerte, j'ai connu un moment de grâce violent et dévastateur que j'aurais volontiers prolongé jusqu'à la fin des temps.

Je me suis retrouvée au petit matin, épuisée, essoufflée, au milieu d'un lit dévasté d'où montaient des effluves épicés et le ronflement d'un homme repu. Il avait passé son bras autour de moi et, oui, maintenant que je retrouvais mes esprits, je pouvais me permettre de redevenir critique, je devais avoir l'air de sa poupée. Mais ça m'était égal. À vingt-trois ans, je venais de passer ma première nuit inoubliable dans les bras d'un être qui pouvait très bien devenir essentiel à ma survie, et le sourire que j'arborais ressemblait sans doute à celui d'un chat penché sur un bol de crème.

Il fallait voir la tête de mes trois colocataires, le lendemain vers midi, quand Gilbert est sorti de ma chambre ! Et la sienne, donc, en les apercevant !

Je n'avais pas dit à mes amis que j'avais un visiteur – je suppose que lorsqu'ils étaient rentrés après leur nuit de travail, aux petites heures du matin, nous avions fini nos ébats et ils m'avaient crue seule –, et à leur réveil je leur avais préparé un petit-déjeuner tardif comme ils les aiment : copieux et gras. Quant à Gilbert, je n'avais pas eu le temps de lui expliquer mes arrangements avec trois travestis de la *Main* dont j'avais été une compagne de travail, *dans un bordel*, pendant plus d'un an et avec qui je partageais cet immense appartement depuis plus longtemps encore.

Nicole, Jean et Mae en étaient donc à se pâmer sur la succulence de mon bacon grillé à point et de mes œufs brouillés au fromage lorsque la porte de ma chambre, la première à gauche en sortant de la cuisine, s'est ouverte sur un Gilbert tout nu qui essayait de démêler sa tignasse blonde avec ma brosse à cheveux. Un tableau impayable : mes trois amis sont restés bouche bée pendant que Gilbert figeait sur le pas de la porte, les bras levés, en rougissant comme un gamin. Il n'a même pas pensé à se cacher. Il est resté là, flambant nu, dans le soleil de midi. Il n'était pas juste beau, il était superbe.

Et tout ce qu'il a trouvé à dire, c'est :

« Y me semblait, aussi, que j'avais entendu des voix… J'pensais que t'écoutais la radio… »

Puis il a refermé la porte pour aller s'habiller.

Le silence qui a suivi était éloquent. C'était à mon tour de les entendre penser et ce que je lisais dans leur esprit me donnait envie de hurler de rire. Ils n'en revenaient pas, bien sûr, mais continuaient à beurrer leurs toasts comme si de rien n'était. Leurs yeux étaient ronds, cependant, et je savais qu'ils cherchaient quelque chose de pas trop compromettant à dire : après tout, j'avais bien le droit de me taper qui je voulais, mais ils ne devaient pas montrer d'étonnement devant la grande beauté de ma prise, pour ne pas m'insulter.

Et, il fallait s'y attendre, le silence a été de courte durée, la curiosité l'emportant sur la discrétion qui, il faut bien l'avouer, n'est pas une des qualités des travestis.

Jean-le-Décollé a jeté son couteau dans son assiette.

« *My God ! I'm in love !* »

Mae East m'a tapoté la cuisse sous la table.

« Je sais pas où t'as trouvé ça, chère, mais arrange-toi pour pas le perdre ! Et quand t'en auras fini, viens l'offrir à ma tante ! Le prix que tu voudras ! Et même plus ! *The sky is the limit !* »

Nicole Odéon, elle, avait posé ses mains sur son cœur d'une façon comique.

« J'ai pus faim ! Faut que je perde dix livres ! Faut que j'en perde vingt ! »

Et je lui ai répondu, l'air goguenard :

« Faudrait surtout que tu perdes un bon pied et demi ! »

Nous avons ri, nous avons hurlé, nous avons tapé dans nos mains, Nicole est même allée se jeter contre la porte de ma chambre en faisant semblant de vouloir la défoncer comme dans un vieux mélodrame du néoréalisme italien, et les œufs ont refroidi pendant que les tasses de café se succédaient.

Au bout d'une quinzaine de minutes, Gilbert ne sortant pas de la chambre, j'ai commencé à culpabiliser de le laisser seul et j'ai demandé à mes trois amies de bien vouloir m'excuser pendant que j'allais vérifier ce qui se passait. Était-il passé par la salle de bains, avait-il fait sa toilette, attendait-il que j'aille le chercher pour le présenter ?

Mae East a grignoté un bout de toast raide.

« Si y savait pas qu'on était là, y a dû avoir tout un choc, le pauvre ! Au petit-déjeuner, on n'a pas l'air de créatures de la nuit, on a l'air de sortir d'un champ de bataille ! Midi, le Waterloo des travestis ! »

Et, se reprenant et montrant les deux autres :

« Elles, en tout cas. Moi, chuis toujours belle ! »

Nicole a passé ses mains dans sa chevelure blonde qui avait bien besoin d'une teinture. Et depuis longtemps.

« Si t'es pas revenue dans une demi-heure, Céline, j'vas éteindre le feu avec un chaudron d'eau froide ! Ou ben j'embarque avec vous autres ! »

J'ai poussé la porte de ma chambre en riant, mais tout de même un peu inquiète.

Gilbert, tout habillé, était assis sur le lit et faisait semblant de lire *La débâcle*, un des derniers volumes des Rougon-Macquart que je trouve un peu coton à terminer parce que les descriptions de batailles ne sont pas ce que je préfère en littérature.

« Tu viens pas manger avec nous autres, Gilbert ? »

Il a détaché son regard si bleu du livre et ce que j'ai lu dans ses yeux ne m'a pas du tout plu.

« Qui c'est ça, ces bibittes-là ? »

Voilà bien ce que je craignais.

Alors, après un soupir, je me suis installée à côté de lui sur les draps froissés pour le lui expliquer.

Il a tout écouté avec grande attention, hochant de temps en temps la tête pour me faire comprendre qu'il suivait ce que je lui disais ; il a sursauté à quelques reprises parce qu'il avait beaucoup entendu parler du Boudoir, pendant l'Expo, mais n'y avait jamais mis les pieds, trouvant grotesque l'idée d'un bordel de travestis et ne s'attendant surtout pas à ce que je lui apprenne que j'en avais été l'hôtesse attitrée. Il avait dragué une serveuse du Sélect et se retrouvait avec une ancienne hôtesse de bordel, je comprenais qu'il soit étonné, mais je sentais aussi que sa réticence venait d'ailleurs, que son utilisation du mot « bibittes », plus tôt, était issue de plus loin que la surprise, et pendant un moment j'ai eu peur d'être tombée sur un de ces mâles intolérants, un de ces êtres insupportables qui ont toujours peur qu'on mette leur virilité en doute et se méfient de tout ce qui ne marche pas dans le droit fil de ce qu'ils veulent que le monde soit : irrémédiablement straight.

Se méfiait-il des travestis ? Lui, un beatnik aux cheveux longs, un bohème, un gratteux de guitare, un fumeur de *pot* !

Il a essayé de me rassurer, m'a juré qu'il n'était pas intolérant, m'a expliqué qu'il tombait quand même un peu des nues et que ça lui prendrait un certain temps avant de s'habituer à mon entourage et, malheur à moi, j'ai été soulagée qu'il me parle d'avenir au lieu de m'inquiéter des problèmes que pourraient engendrer ses préjugés vis-à-vis de mes colocataires et de son front plissé de rides d'inquiétude pendant qu'il me parlait. Je me suis concentrée sur le fait qu'il voulait me revoir, que je n'avais pas été pour lui une simple aventure d'une nuit, j'ai gommé le reste, mes inquiétudes, mes questionnements, son évident malaise, pour me convaincre que tout irait bien, et je l'ai pris par la main pour qu'il me suive à la cuisine. Il m'a emboîté le pas un peu comme s'il montait à l'échafaud.

Tout le monde a été poli, on a bien ri et Gilbert a bien mangé, pourtant quelque chose manquait autour de la table durant la demi-heure qui a suivi. Je ne pouvais pas mettre le doigt dessus, c'était impalpable. J'étais peut-être la seule à avoir cette impression, mais il me semblait que tout cet étalage de gaîté était un peu forcé, emprunté, presque guindé, qu'une espèce de gêne difficile à définir planait sur le petit-déjeuner : mes trois amis faisaient des farces pas trop graveleuses et minaudaient moins que je ne m'y serais attendue alors que la subtilité n'est pas leur spécialité – après ce qu'elles m'avaient dit de Gilbert un peu plus tôt, j'aurais cru qu'elles l'auraient dévoré des yeux et lui auraient, en farce, fait des avances à peine déguisées ou lancé de ces fameuses reparties lapidaires propres aux travestis – et Gilbert répondait à ces œillades et à ces sous-entendus plutôt mous par des rires qui sonnaient faux, des haussements d'épaules qui semblaient lui échapper et qu'il essayait de déguiser en éclats de rire.

J'ai vu Jean-le-Décollé froncer les sourcils à quelques reprises et ça m'a inquiétée. Trouvait-il que Gilbert n'était pas un gars pour moi ; prévoyait-il des problèmes, des crises, des larmes, à cause de la trop grande différence entre nos physiques et pour d'autres raisons que je ne voyais pas ? Jean est un excellent juge de caractère, il décèle tout de suite chez les gens ce qui fait d'eux ce qu'ils sont, leurs qualités, leurs défauts, leurs possibilités et leurs manques, c'est comme ça qu'il est devenu une espèce de chef, en tout cas un conseiller important et respecté, pour les travestis de la *Main*. Devinait-il chez ce bel animal avec qui je venais de passer la nuit des tares invisibles pour moi ? Revenait-il sur son *I'm in love ?* et, les deux autres le sentant, la cote de Gilbert était-elle en train de baisser dans la cuisine de l'appartement de la place Jacques-Cartier pour des raisons mystérieuses ? J'avais envie de me lever au beau milieu de la conversation et de hurler en frappant du poing sur la table :

« J'pourrais-tu, s'il vous plaît, avoir vingt-quatre heures de bonheur sans avoir à me poser de questions ? »

Je m'étais donc laissée aller pendant quelques heures à des excès qui m'avaient comblée, qui m'avaient transportée, pour me retrouver au même point que la veille, inquiète et tendue ?

Son café bu, Gilbert a demandé s'il pouvait prendre sa douche, et à mon grand étonnement, personne ne lui a offert de l'accompagner.

Nous l'avons entendu fredonner le même air que Louise avait chanté, la veille, au sujet des avions et des hélices. Mais personne autour de la table ne passait de commentaires, ce qui était tout à fait anormal, et j'ai commencé à paniquer. J'ai quitté ma chaise, je suis allée préparer une nouvelle cafetière que j'ai placée sur le feu et je me suis tournée vers mes trois amis.

« Bon, là, vous allez m'expliquer ce qui se passe… »

Jean-le-Décollé a pris une gorgée de café froid.

« Viens t'asseoir, Céline… »

Mae East s'est levée pour aller remplir le beurrier.

« Quequ'chose s'est passé pendant que t'étais retournée dans ta chambre avec Gilbert… »

Nicole Odéon plaçait un élastique rose dans ses cheveux pour se faire une queue de cheval.

« C'est Jean-le-Décollé qui l'a reconnu le premier. »

J'ai regardé Jean-le-Décollé en fronçant les sourcils.

« Vous le connaissez ? »

Il a lancé un long soupir comme s'il n'avait pas envie de dire ce qui allait suivre. J'ai senti mon cœur rater un battement et couler vers mon estomac. Bon, j'allais recevoir un autre coup bas, il fallait que je me prépare. Mais ce qui est sorti de la bouche de Jean-le-Décollé n'était qu'un mystère de plus qui ne m'a rien appris :

« Oui, on le connaît. Pas toi, parce que ça fait pas assez longtemps que tu fréquentes la *Main*. Gilbert, c'est le fils de madame Veuve. »

Elle ferme le cahier en soupirant, lève les yeux vers la fenêtre.

Voilà, la première partie de son récit, sa rencontre avec Gilbert, est terminée. Tout a été mis en place, les lieux, les personnages, l'action, elle va commencer bientôt à développer tout ça pour le mener non pas vers sa conclusion, parce que rien n'est encore tout à fait terminé, mais à la délicate situation dans laquelle elle se trouve en ce moment, le choix entre deux pôles aussi peu excitants l'un que l'autre : prolonger une histoire qui n'arrêtera jamais de connaître des hauts et des bas, les hauts étant parfois trop exaltants pour ne pas être dangereux et les bas toujours trop intenses pour être supportables, ou y mettre fin une fois pour toutes, retrouver la morne tranquillité d'esprit dans laquelle elle se trouvait il y a à peine quelques mois et s'y noyer pour toujours. La passion d'un côté, la paix de l'autre. Aussi peu vivables l'une que l'autre.

En attendant, il lui faudra à partir de demain écrire l'histoire de madame Veuve. Ça va l'éloigner de son sujet, elle le sait, mais elle a peut-être besoin d'une coupure, d'une diversion, avant de s'attaquer à l'essentiel de son propos.

C'est une de ces nuits collantes comme elle les aime. Elle pense à son lit, à la fraîcheur des draps qui ne durera pas longtemps, aux heures qu'elle va passer à préparer le morceau important, mi-fiction, mi-réalité, qu'elle se prépare à attaquer demain. Les origines de Gilbert Forget. Sa mère folle. Son invraisemblable enfance. Son enfer, les paradis artificiels. Son premier salut, la guitare. Son deuxième salut, elle, du moins c'est ce qu'il prétend quand il passe des heures à brailler au téléphone en la suppliant de ne pas l'abandonner.

Elle bâille, soupire, fait craquer ses jointures l'une après l'autre.

Un bout de lune se reflète dans la vitre d'une fenêtre, au dernier étage d'un bâtiment, de l'autre côté de la place Jacques-Cartier. Elle se lève pour mieux la voir. Sa grand-mère paternelle disait que la lune est menteuse : elle forme un D quand elle croît et un C quand elle décroît. Ce soir, peut-être le seul du mois, la lune ne ment pas. Elle forme un énorme O.

Elle éteint la lampe, une fausse Tiffany qu'elle a payée un gros dix dollars chez un antiquaire de la rue Notre-Dame, et se tourne vers son lit.

« À nous deux, madame Veuve ! »

Intercalaire I

L'HISTOIRE DE MADAME VEUVE

Madame Veuve s'était confiée à Jean-le-Décollé une nuit où, au lieu de la rendre folle, l'alcool lui avait pour une fois, et allez savoir pourquoi, rendu ses esprits. C'était une femme ravagée, une espèce de corbeau tout en bec et griffes – elle qu'on avait connue dans les années trente dodue et dorée comme du pain frais, le teint crémeux, la chevelure abondante –, et elle traînait dans son sillage depuis des années cet état d'éternelle veuve qui lui avait donné son nom. Tout le monde l'évitait parce qu'on la prétendait pas endurable, méchante, belliqueuse ; elle provoquait des batailles partout où elle passait, elle insultait tous les gens qu'elle croisait, surtout ceux qui lui venaient en aide, elle portait sa répu-tation de pestiférée comme un manteau royal, fréquentait les bouges les plus infects et buvait de bar en bar ses dernières années, avare en contacts humains sérieux ou solides mais généreuse en insultes bien placées et invectives la plupart du temps incompréhensibles.

Tout ça à cause de l'amour. Tout ça à cause de la guerre. Tout ça à cause de Gilbert, son fils. C'est du moins ce qu'elle avait prétendu, cette nuit-là, la main gauche ne quittant jamais le quarante onces de gin Bols que Jean-le-Décollé avait fait venir à leur table, l'autre posée sur le poignet du travesti qui n'osait pas bouger de peur de la voir perdre le fil de son passionnant récit. Elle parlait, parlait, le regard sec et fou, l'émotion enfouie à tout jamais dans un recoin de son cœur qu'elle avait depuis longtemps désavoué.

Jean-le-Décollé connaissait une partie de son histoire, la deuxième, celle d'après-guerre, mais ignorait comme à peu près tout le monde l'origine de sa chute et avait toujours été curieux de la connaître. Tant de ragots couraient au sujet de madame Veuve qu'on ne savait plus lesquels croire. On choisissait donc de tout avaler, même et peut-être surtout les plus invraisemblables inventions, parce que c'était plus facile que de partir à la recherche de la vérité.

On disait d'elle qu'elle avait mis au monde des jumeaux, tué la fille pour garder le garçon qu'elle laissait d'ailleurs pousser sans s'en occuper parce que de toute façon les enfants ne l'intéressaient pas. On répétait à qui voulait l'entendre qu'elle était l'avorteuse attitrée des putains de la *Main* qu'elle charcutait sans pitié alors qu'aucune prostituée, jamais, n'était morte des suites d'un avortement, le docteur Mondor étant très bien payé par les *pimps* et les tenancières de bordels de la *Main* pour pratiquer son métier. On avait fait d'elle une sorcière, une mécréante, capable et coupable de tout. En fait, elle n'avait été qu'une pauvre fille que le malheur avait démolie. Tous les quartiers du monde ont leurs parias ; ceux des quartiers parias sont encore plus à plaindre parce que leurs fautes, véritables ou fausses, sont jugées plus graves et plus noires par les bien-pensants dont la sentence est la plupart du temps expéditive et dictée par leur seule intolérance. C'est ainsi que, par pure commodité, madame Veuve était devenue coupable des pires ignominies sur la *Main*, où elles foisonnaient à longueur d'année.

Au milieu des années trente, madame Veuve avait connu une assez jolie carrière comme effeuilleuse dans le quartier chaud de Montréal sous le nom de Peach Blossom. C'est le plus vieux des Cotroni qui lui avait trouvé son nom, impressionné par la fraîcheur de son teint, plus celui d'une fille de la campagne que d'une fleur de pavé, et par le plaisir pervers qu'elle montrait à se déshabiller en public, surtout lorsqu'elle avait un coup dans le nez. Devenue très populaire auprès des musiciens de jazz américains qui montaient à Montréal l'été pour se produire dans des clubs de la rue Notre-Dame ou de la rue Craig, elle avait fini à tort par avoir la réputation d'aimer les Noirs alors que c'étaient eux qui se déplaçaient pour aller la voir se dévêtir avec une lenteur toute calculée et une sensualité peu commune sur la scène du Coconut Inn ou du French Casino. Quelques grands noms du jazz de cette époque étaient tombés amoureux fous d'elle et on lui avait prêté beaucoup plus d'aventures qu'elle n'en avait connu en réalité. Sa loge à peine plus grande qu'un placard était toujours remplie de fleurs, et de superbes hommes, très chics et portant beau, l'invitaient chaque soir à leur table où elle se montrait charmante et même assez drôle. Mais tout s'arrêtait là, elle rentrait la plupart du temps chez elle seule pendant que la rumeur, déjà, faisait le reste.

Au début des années quarante, elle avait rencontré Fabien Forget, un soldat en permission sur le point de partir pour le front, un de ces chômeurs sans métier qui s'enrôlaient plus pour gagner leur vie que pour aller lutter contre le méchant Hitler. Elle l'avait trouvé beau, avait eu pitié de lui parce qu'il disait qu'il ne reviendrait peut-être jamais et l'avait épousé sur un coup de tête. Le malheur de Peach Blossom avait donc commencé comme un simple mélodrame vécu à cette époque-là par des milliers de femmes à travers le monde : on se marie pour donner une raison de survivre et de revenir à son petit soldat, on lui glisse une photo tachée de rouge à lèvres dans son bagage, on lui fait des adieux mouillés qu'on espère temporaires, puis on se rend compte au bout de quelques semaines qu'on est enceinte.

Peach Blossom avait aussitôt claironné partout sur la *Main* qu'elle attendait un enfant de son héros parti à la guerre. Elle avait vécu une grossesse heureuse au milieu des filles à moitié nues, effeuilleuses ou « marcheuses » de toutes sortes, qui la bichonnaient parce qu'elle vivait ce rêve qu'elles-mêmes n'osaient pas s'offrir, un enfant à aimer. Elle avait cessé de s'exhiber en public au bout du troisième mois de sa grossesse tout en continuant de visiter la *Main* chaque soir, de plus en plus grosse, de plus en plus épanouie, buvant moins, ne fumant presque plus. Elle allait même jusqu'à servir de conseillère ou de critique à ses consœurs dont les numéros s'en trouvaient d'ailleurs souvent améliorés. Les musiciens de jazz la regardaient grossir en lui faisant des compliments encore plus flatteurs qu'auparavant et elle les acceptait avec élégance et retenue. Elle était maintenant une dame, voulait que ça se sache et qu'on la traite avec déférence.

Gilbert avait donc été un enfant bienvenu et sa première photo était vite partie pour l'Europe. Ainsi que toutes celles que sa mère avait prises de lui pendant les deux premières années de sa vie. Il était gardé par sa grand-mère maternelle, une grosse dondon d'une bonté sans borne qui lui laissait tout passer parce qu'elle l'adorait, pendant que sa mère, qui avait repris sans honte son métier, ramenait à la maison de quoi les faire vivre tous les trois. Peach Blossom écrivait à son Fabien qu'elle déposait à la banque le chèque que le gouvernement lui envoyait chaque mois en qualité de mère de famille mariée à un soldat. Tout cet argent servirait un jour à faire de leur fils un docteur ou un avocat, personne ne saurait que sa mère avait été strip-teaseuse, son père sans métier. Il deviendrait un homme important, reconnu, adulé, et eux resteraient à l'admirer en coulisse sans jamais lui en vouloir s'il lui arrivait de les oublier un peu parce qu'il était trop occupé. Il vivrait pour eux ce qu'ils n'avaient pas eu le bonheur de connaître ou les moyens de se payer.

Gilbert grandissait en beauté et, comme tous les enfants trop gâtés, était vite devenu un petit démon.

Mais madame Veuve ne s'était pas attardée sur l'enfance de son fils, ce soir-là, attablée avec Jean-le-Décollé dans le bar enfumé, la bouteille à la main et la larme à l'œil. Elle avait plutôt pris un raccourci pour en venir à ce matin maudit de 1944 quand, quelques jours après le débarquement, elle avait reçu le même télégramme que des centaines d'autres femmes du Québec : les soldats canadiens-français avaient servi de chair à canon et le sien gisait quelque part sur les plages de Normandie. La chose n'était pas ainsi formulée, bien sûr, les gouvernements ont toujours su déguiser leurs propos et flatter de façon honteuse ceux dont ils se servent sans scrupule, mais le sens restait le même, le sacrifice trop grand et les retombées dévastatrices.

Et c'est ce matin-là qu'a pris naissance la légende de madame Veuve.

On dit qu'elle a viré folle aussitôt le télégramme lu, mais la vérité est beaucoup plus triste : Peach Blossom a plutôt d'abord vécu une sorte de déni débilitant qui a duré plusieurs mois. Elle a nié l'existence du télégramme, elle a fait comme si de rien n'était, elle est allée travailler chaque soir, tantôt au Coconut Inn, tantôt au French Casino, se déshabillant devant des clients dont elle ne sentait même plus les désirs exacerbés ; elle a prétendu recevoir des lettres de son Fabien qui lui apprenaient qu'il avait survécu à l'horreur du débarquement et qu'il allait bientôt revenir, la guerre s'achevant dans la débandade des Allemands encerclés de partout. Elle lisait les nouvelles dans *La Presse* et prétendait les avoir reçues de Fabien par la poste.

La folie s'est donc emparée d'elle à petites doses et personne ne s'en est rendu compte jusqu'au soir où une veuve éplorée, tout de noir vêtue, s'est présentée au French Casino, tenant un petit garçon tout blond par la main. Peach Blossom venait travailler. C'est là qu'on a compris, trop tard, qu'elle était folle et qu'on ne pouvait rien pour elle. Et que le nom de madame Veuve est né.

Que s'était-il passé pour que Peach Blossom sombre ainsi dans la folie ? Quel événement important ou alors quelle goutte insignifiante, un petit revers, une déception sans conséquence, avait fait déborder le vase déjà trop plein et jeté la belle effeuilleuse dans les rues de la *Main,* voilée, gantée, digne dans sa douleur mais tout à fait déplacée dans ce monde d'où le noir, emblème de la tristesse, était banni ? On ne le sut jamais. Mais ce n'était pas tant là ce qui intéressait les habitants du quartier que les excentricités dont faisait preuve la pauvre Peach.

Elle se mit à errer dans le quartier à de drôles d'heures – les bars de strip-teaseuses n'ouvraient que le soir, elle, cependant, parcourait les rues du quartier en plein cœur de l'après-midi, son enfant à la remorque –, exigeant désormais à la banque et même, plus tard, aux clubs de nuit où elle se produisait qu'on l'appelle madame veuve Forget. Les méchantes langues, parmi lesquelles se retrouvaient quelques danseuses nues qu'elle avait guidées à leurs débuts, prétendirent qu'elle avait trouvé là le rôle de sa vie et qu'elle le jouait avec excès dans le seul but de se faire remarquer. Ses vrais amis eurent pitié d'elle et lui offrirent une aide qu'elle refusait en prétendant qu'elle ne savait pas de quoi ils parlaient : elle était veuve et voulait qu'on la traite en veuve, voilà tout. Elle ne voyait pas d'exagération ni d'absurdité dans ses agissements, elle était convaincue d'agir de façon tout à fait normale étant donné les circonstances. C'est ainsi que de madame veuve Forget, elle était devenue madame Veuve tout court dans l'esprit des habitants de la *Main.*

Mais les choses commencèrent à se gâter de façon plus sérieuse le jour où elle exprima le désir d'exécuter son strip-tease dans son costume de veuve, de transporter à la scène ce qu'elle vivait au lieu de perpétuer les sempiternelles reines de Saba ou autres princesses hindoues. Elle s'était montrée convaincante et claire dans ses propos lorsqu'elle se présenta devant son patron : les hommes seraient à coup sûr excités à la vue d'une belle veuve qui se déshabille devant eux pour leur faire découvrir un corps splendide qu'ils pourraient rêver de posséder parce qu'elle n'était plus mariée et de toute évidence en mal d'amour physique. Le propriétaire du French Casino – il en avait pourtant vu d'autres, des plus vulgaires aux plus étonnantes –, eut peur que la morbidité d'un tel numéro ne vide la place et lui refusa la permission. Elle claqua aussitôt la porte en jurant de ne jamais remettre les pieds dans l'établissement. Il regretta d'ailleurs de ne pas l'avoir retenue et la supplia même, en vain, de revenir au French Casino lorsque son numéro, si novateur, se mit à ramener beaucoup d'argent... Elle se tourna donc vers le Coconut Inn, l'autre endroit où elle se produisait, beaucoup moins sélectif, si on peut dire, que le French Casino, et connut dans sa folie, et à cause d'elle, son plus grand succès. Bref, mais foudroyant.

Le numéro fit école, quelques travestis s'en servent même encore à l'Halloween ou à la mi-carême. Peach Blossom, désormais connue sous le nom de madame Veuve jusque sur les affiches à la porte du Coconut Inn, exécutait trois fois par soir une sorte de danse des sept voiles des plus sensuelles, mais la Salomé qui en surgissait, à la fin, flambant nue quand on avait vérifié qu'aucun représentant de la police ne se cachait dans la salle, n'était pas la fillette à peine nubile et trop gâtée qui demandait la tête de Jean-Baptiste à un Hérode soûl et enamouré au point d'être incapable de la lui refuser, mais une femme mûre, de toute évidence autoritaire, qui promettait aux spectateurs ébahis la fausse soumission, active, savante, peut-être même un peu despotique, d'une maîtresse femme, dure et en mal d'amour. Ils resteraient les maîtres, mais elle les conduirait vers des hauteurs que seule une veuve expérimentée et affamée de caresses dange-reuses pouvait connaître et partager. Les hommes qui fréquentaient la *Main*, et parmi eux quelques étudiants qui deviendraient plus tard de très grandes vedettes du théâtre et des variétés du Québec, étaient médusés par ce numéro qui fit la fortune du Coconut Inn pendant un temps, du moins avant que madame Veuve ne se montre insupportable. Ce qui se produisit assez vite, l'alcool aidant. Et les *goofballs*, bien sûr, qui la tenaient éveillée les soirs où elle avait trop bu et où elle aurait préféré rentrer se coucher plutôt que de faire baver tous ces hommes que de toute façon elle repousserait sans ménagement, son spectacle bouclé et son dernier verre avalé.

Les musiciens de jazz étaient revenus de la guerre, avaient repris du métier et se pressaient de nouveau tous les soirs au Coconut Inn comme dans les années trente, quand madame Veuve s'appelait encore Peach Blossom et que Fabien Forget n'était pas encore entré dans sa vie. Si c'étaient les mêmes, ils ne la reconnaissaient pas dans son nouveau rôle de veuve éplorée et se laissaient troubler et séduire par sa danse lascive et ses voiles noirs. Elles les eut donc une deuxième fois. Les fleurs refirent leur apparition dans sa loge, quelques bijoux aussi, mais madame Veuve ne semblait rien apprécier à part la présence de son fils à ses côtés et la boisson forte qui engourdissait sa détresse.

Gilbert poussait donc n'importe comment au milieu des *pimps*, des vendeurs de drogue, des prostituées et des travestis qui, tous, l'adoraient. C'était un enfant turbulent, charmeur, qui savait toutefois se faire oublier quand planait un danger – sa mère qu'il énervait lorsqu'elle avait bu et qui pouvait exploser en injures et en claques bien placées n'importe quand, les autres filles du club qu'il aimait agacer en cachant toutes sortes de choses dans la grande loge du Coconut Inn, qui se tannaient de trouver des suçons à moitié rongés collés au fond de leurs slips et le punissaient tout en se cachant de sa mère dont elles craignaient les rebuffades – et allait se réfugier là où jamais un enfant n'avait été accepté avant lui et où on le tolérait parce qu'on le trouvait drôle avec sa frimousse curieuse et ses yeux rieurs : la *Main* pendant les heures chaudes.

L'été surtout, il s'installait dans une entrée de boutique fermée pour la nuit et observait le manège des guidounes et des clients se déployer dans la rue Saint-Laurent comme un spectacle – toujours le même mais toujours renouvelé –, dont il ne saisissait pas le sens et qu'il voyait en parade sans fin imaginée pour lui seul. Une partie de ce passionnant défilé, les vendeuses de charmes spécialistes de la tromperie et du faux-semblant, était immuable, mais l'autre, les acheteurs de rêves condamnés à la déception amère répétée à l'infini, se renouvelait sans cesse, quoique quelques éléments, les clients réguliers, les éternelles victimes consentantes, revenaient avec une réconfortante régularité comme des figurants payés pour démontrer qu'au fond rien ne change jamais et que le monde peut être un endroit rassurant. Gilbert évoluait au milieu d'une fête ininterrompue dont il ne comprenait pas les enjeux et s'y noyait avec ravissement en enfant instable qui cherche en vain une base solide où amarrer son existence. C'est ainsi que, petit garçon déluré à l'allure de démon débrouillard, il fit la connaissance de Greta-la-Vieille, avant l'arrivée de Greta-la-Jeune à Montréal. Le côté matante comique de Greta séduisit tout de suite Gilbert qui en fit sa marraine sans comprendre ce qu'elle faisait dans la rue à cette heure tardive ni ce que les hommes qui l'abordaient voulaient d'elle. Elle lui avait d'abord dit qu'elle et ses amies attendaient l'autobus, mais il avait trouvé curieux qu'elles ne le prennent jamais quand il se présentait. (Il ne comprit que beaucoup plus tard que Greta-la-Vieille n'était pas une vraie femme et ce fut un choc dévastateur.) De Greta-la-Vieille, il passa vite aux mains des autres travestis de la *Main* et il racontait souvent avec un sourire cynique qu'il avait été élevé par une bande de femmes à barbe pendant que sa mère se déshabillait devant une bande d'hommes sans couilles, mais tout ça est une autre histoire... Jean-le-Décollé n'avait d'ailleurs pas reçu ces informations de madame Veuve elle-même, mais de Greta-la-Vieille, beaucoup plus tard.

Les années passaient, madame Veuve vieillissait. L'alcool la flétrissait, sa folie se déployait en crises de plus en plus fréquentes, rongeant son corps autant que son esprit. Elle avait laissé passer les chances de s'en sortir – des hommes nantis avaient voulu faire un bout de chemin avec elle, le propriétaire du French Casino lui avait offert un pont d'or pour qu'elle revienne se produire dans son établissement, quelques demandes en mariage, parfois timides, d'autres fois impératives, presque véhémentes, l'avaient laissée froide – et son numéro, jamais modifié, commençait à ennuyer ceux qu'il avait tant excités jadis.

Le French Casino se vida peu à peu et on prétendit que c'était de sa faute. Les soirs où elle se produisait devant des salles presque vides, on allait même jusqu'à lui demander de payer ses consommations. On en réduisait le taux d'alcool tout en lui demandant plus cher que le prix normal.

Le reste, du moins jusqu'à sa mort spectaculaire, est d'une banalité navrante. Délaissée par les étudiants et ses prétendants parce qu'elle refusait de se renouveler, madame Veuve cessa de danser du jour au lendemain, sans prévenir qui que ce soit, et se mit à errer comme une âme en peine dans le *redlight* la main tendue et le verbe haut. Elle mendiait son alcool et son pain en rappelant à tout le monde qui elle avait été et ce qu'elle avait représenté pour eux. Elle insultait ceux qui feignaient de l'ignorer et flattait d'une façon exagérée les malheureux qui daignaient lui faire l'aumône d'un drink bon marché ou de quelques sous pour s'en payer un autre. Aussitôt le dos tourné, ils l'entendaient caqueter et leur jeter des sorts plus invraisemblables les uns que les autres et regrettaient de l'avoir aidée. Elle ne sentait plus la fleur de pêche, comme autrefois, mais le linge jamais lavé et l'urine séchée, tout en traînant avec elle à travers le *redlight* qui ne voulait plus rien savoir d'elle son costume défraîchi et son numéro de veuve usé jusqu'à la corde. Madame Veuve n'était plus une strip-teaseuse originale dont tout le monde parlait et qu'il fallait avoir vue, mais une pauvre timbrée qui n'intéressait plus personne. On ne la chassait pas, cependant, par pure charité et peut-être même un peu parce qu'elle fournissait au quartier cet élément dont il avait toujours été dépourvu : la folle qui fait partie du folklore local, la proscrite que tout le monde aime haïr, la star détrônée qu'on peut montrer du doigt aux visiteurs en leur expliquant qui elle avait été et ce que risquent de devenir les pauvres effeuilleuses quand elles perdent leur beauté. C'est ainsi que les rumeurs plus graves naquirent et commencèrent à se répandre : la sorcière, l'avorteuse, l'assassin de son propre enfant... C'était facile, on en profita.

Madame Veuve jouait donc ce rôle de repoussoir dont a besoin toute société pour assouvir ce honteux besoin de cruauté qui la soulage de ses frustrations et excuse à ses propres yeux les jouissantes petites injustices faites à autrui sans raison valable, par pure cruauté : elle était devenue le souffre-douleur de la *Main*, c'était peut-être même, allez donc savoir, la seule façon qu'elle avait trouvée de garder une certaine importance aux yeux de ceux qui l'avaient autrefois adulée. Était-elle moins inconsciente qu'elle le prétendait, cependant ? Se délectait-elle, au fond, de la honte et du mépris qu'elle lisait sur le visage de ceux qu'elle croisait devant la porte du club de nuit où elle avait connu tant de succès ? Le masochisme nourri d'alcool et exacerbé par un début de folie avait-il remplacé chez elle le plaisir de se déshabiller en public et de voir les hommes baver de désir devant elle ? Elle-même n'aurait pas su le dire parce qu'elle était incapable de comprendre ce qui se passait dans sa tête. Elle ne pouvait plus faire la part des choses depuis longtemps.

Madame Veuve retournait de temps en temps chez sa mère, qui continuait à élever son fils à sa place, pour se reposer, se réchauffer, se laver et boire ce qui lui tombait sous la main. Elle jetait alors son dévolu sur Gilbert qui ne la suivait plus depuis longtemps dans ses pérégrinations, le couvrait de baisers et de caresses, lui faisait d'interminables scènes de regrets et de remords qui le laissaient froid. Lui perpétuait en faisant preuve d'une grande patience son rôle de figurant inutile, de spectateur passif qui n'a pas droit de parole mais dont le jugement, impitoyable, se précise un peu plus à chaque scène. Il avait admiré sa mère et tout ce qu'elle représentait, il les jugeait désormais néfastes, dangereux, et restait caché dans les jupes de sa grand-mère. Plus de *Main* pendant les chaudes nuits d'été, plus de filles qui attendent l'autobus, plus de Greta-la-Vieille, surtout, qu'il avait prise en grippe, après l'avoir tant aimée, quand il avait compris ce qu'elle était. Il développa même un dégoût certain – et compréhensible – pour tout ce que représentait le *redlight* de Montréal et ses habitants. Surtout les travestis, ces menteurs de métier, ces vendeurs d'illusions frelatées, qui avaient pourtant si bien pris soin de lui pendant que sa mère le laissait se débrouiller tout seul.

Greta-la-Vieille, dit-on, eut le cœur crevé par la disparition de Gilbert. Quand, au coin de la *Main* et de la Catherine, elle abordait madame Veuve pour lui demander des nouvelles de son fils, celle-ci le prenait de haut et lui disait de se mêler de ses affaires. Si Greta osait lui rappeler qu'elle s'était occupée de Gilbert pendant qu'elle, sa vraie mère, se déshabillait pour faire bander les hommes, madame Veuve répondait que mieux valait une vraie mère qui se déshabille pour faire bander les hommes qu'une fausse mère adoptive qui ne fait que se pencher sans rien enlever pour leur prodiguer des pipes vite faites. Seule l'arrivée de celui qui allait par la suite devenir Greta-la-Jeune, sa fille adoptive, son héritière, son alter ego, put tirer Greta-la-Vieille de sa torpeur, mais tout ça ne se produirait pas avant de longues années.

Quand madame Veuve avait parlé de suicide à Jean-le-Décollé après lui avoir ouvert son cœur au-dessus de la bouteille de Bols qu'elle avait calée à elle seule ou presque, il ne l'avait pas crue et il le regrette encore aujourd'hui. Il dit qu'elle n'avait pourtant jamais parlé de se tuer auparavant, qu'il aurait dû au moins trouver ça bizarre, s'en inquiéter, la questionner, mais à la fin de son récit, elle était à ce point soûle que ses paroles en étaient devenues incohérentes et qu'il avait cru qu'elle avait parlé de se pendre pour se rendre intéressante, pour s'ac-crocher, pour qu'il reste encore un peu avec elle et commande une deuxième bouteille de gin. Une menace en l'air pour que la nuit ne s'arrête pas là. Pour que la fête, aussi pitoyable fût-elle, continue. Il se reproche souvent à lui-même de l'avoir laissée là, au fond de ce bar enfumé, penchée sur son verre vide et sur sa cigarette qui se consumait toute seule dans le cendrier.

Il ne l'a jamais revue. La dernière image qu'il conserve d'elle est celle d'une tête grise qui dode-line à deux pouces d'une table de faux marbre où sèchent des ronds d'humidité laissés par des culs de verres.

C'était quelques jours avant Noël. Le matin du 25, elle était morte.

Les récits du suicide de madame Veuve abondent et diffèrent, bien sûr. Personne ne l'a vue faire, mais tout le monde s'en fait une petite idée. Il faut dire que le côté spectaculaire de l'événement prête à des interprétations et à des spéculations diverses et saugrenues. La plus près de la vérité, sans doute, Jean-le-Décollé la tient de la mère de madame Veuve, une femme de peu d'imagination, qui a trouvé sa fille morte le matin de Noël, étendue toute nue sur un banc de neige. Contrairement aux habitants du *redlight*, elle n'a aucune raison d'embellir son histoire. Elle n'y ajoute aucun sens caché ni aucun signe particulier, elle se contente de raconter les faits.

La veille de Noël, cette année-là, madame Veuve couvait une vilaine grippe et était restée au lit presque toute la journée. Elle prétendait avoir mal aux os, à la tête, disait qu'elle se sentait fatiguée comme jamais dans sa vie et jurait qu'elle allait tuer tous ces microbes-là à coups de ponces de gin bien fortes et bien chaudes. Additionnées de cannelle, après tout c'était Noël. À l'heure du souper, elle avait déjà le vin triste mais avait insisté pour s'attabler avec son fils. Gilbert, excédé par ses divagations, avait quitté la table après avoir à peine touché au ragoût de boulettes et de pattes de cochon préparé exprès pour lui par sa grand-mère qui ne digérait pourtant pas ce genre de nourriture et qui savait que madame Veuve n'y goûterait pas elle non plus : un énorme ragoût cuisiné pour lui tout seul et qui figerait au fond de la grosse chaudronne de fer avant d'être mis à la poubelle. Juste comme il allait quitter la maison, sa mère lui avait dit qu'un beau cadeau l'attendrait à son réveil, le lendemain matin. Personne ne l'avait crue parce qu'ils ne pouvaient pas deviner de quel genre de cadeau il pouvait s'agir.

La mère de madame Veuve dit que ce soir-là sa fille était nostalgique plus que d'habitude et parlait beaucoup de ce passé plus ou moins récent où elle avait tenu dans le creux de sa main tout ce que la *Main* contenait de vrais mâles et de professionnels influents qui venaient la voir se déshabiller en rêvant, tous, qu'elle leur appartenait alors qu'il n'y avait eu que Fabien Forget, son seul véritable amour, d'important dans sa vie. Elle mélangeait tout, son mariage, son enfant, son métier, les dates et les événements, elle commençait même à prétendre avoir connu une gloire qui s'étendait hors des limites de la *Main*, ce qui, bien sûr, était faux, alors sa mère lui avait conseillé d'aller se coucher.

La veille de Noël fut triste, longue, mais calme.

Au petit matin, ne la trouvant pas dans son lit – elle était venue s'informer si sa fille avait passé une bonne nuit –, elle avait parcouru la maison, pensant la trouver penchée au-dessus du bol de toilette ou endormie dans son bain. L'appartement était vide. Inquiète, elle était sortie sur le balcon sans même enfiler son manteau d'hiver et avait trouvé madame veuve couchée toute nue sur un banc de neige, raidie par le froid et la peau déjà bleue. Son costume de veuve était étalé autour d'elle comme si elle avait exécuté un dernier strip-tease avant de mourir, se déshabillant lentement dans le froid de la nuit pour un public de fantômes qu'elle avait choisi d'aller rejoindre.

C'est en tout cas ce que prétend sa mère. Elle raconte à qui veut l'entendre que sa fille s'est levée au beau milieu de la nuit, qu'elle a mis son costume de veuve tout décati, qu'elle a pris un ultime verre d'alcool pour se donner du courage et un peu de chaleur, qu'elle a descendu l'escalier, droite comme une reine, et qu'elle est allée se déshabiller une dernière fois sur la seule scène qu'elle a pu trouver. Dans la musique du vent. Elle est convaincue que ce fut là le plus réussi, le plus long, le plus érotique strip-tease de la célèbre madame Veuve et que seules les étoiles pourraient raconter à quel point c'était beau.

D'autres témoignages se sont ajoutés depuis, des voisines qui disent l'avoir vue grimper sur la congère et se déshabiller en chantonnant, d'autres qui jurent qu'elle s'est jetée toute nue du balcon en lançant ses vêtements dans les airs comme une pluie de confettis. Les plus malades prétendent qu'elle est morte tout habillée et que quelqu'un a abusé d'elle après lui avoir enlevé ses vêtements, mais ceux-là, personne ne les croit. En tout cas plus maintenant que madame Veuve est devenue vénérable.

Quant à Gilbert, il ne parle jamais de sa mère. Et, semble-t-il, il ne faut pas lui en parler non plus.

* * *

La légende de madame Veuve est une des plus ancrées sur la *Main*, qui a bien besoin de récits mémorables comme celui-là pour survivre, et d'icônes à glorifier. L'histoire se transforme avec le temps, grossit, prend de l'importance, et le souvenir de madame Veuve ne mourra jamais, nourri par l'imagination populaire et le besoin d'admirer des personnages plus grands que nature.

On dit même que beaucoup de filles, des deux sexes et aux spécialités diversifiées, vouent un culte inébranlable à une certaine sainte Veuve-des-Congères qui veille sur elles en compagnie de Gipsy Rose Lee et de Lili Saint-Cyr, là-haut, au paradis des effeuilleuses.

Deuxième partie

…IL N'A JAMAIS,
JAMAIS CONNU DE LOI…

Ce matin, elle se sent assez en forme pour attaquer le fond du problème. Elle essaiera d'aller droit au cœur des choses, sans trop tergiverser, cette fois, de raconter en restant le plus près possible de la vérité sa deuxième rencontre avec Gilbert Forget et tout ce que ça a déclenché de magnifique et de désolant.

Elle a pris son petit-déjeuner sur le pouce, excitée à la perspective de retrouver le cahier bleu qu'elle a négligé depuis plus d'une semaine, depuis qu'elle a fini d'écrire l'histoire de madame Veuve, en fait, d'après des renseignements glanés çà et là auprès des travestis et des guidounes de sa connaissance.

Elle a bien aimé écrire ce texte, mais il l'a un peu coupée de sa narration principale et elle a eu peur pendant quelques jours de ne pas retrouver le fil de ses idées. Elle a donc laissé le cahier fermé sur cette petite desserte, poussée devant la fenêtre de sa chambre, qui lui sert de table de travail. Elle le regardait souvent en passant, l'a ouvert à quelques reprises pour en relire des bouts. Elle adore couper le rythme d'un récit autobiographique avec une fiction, comme elle l'a déjà pratiqué dans son cahier rouge, et elle se promet de continuer, mais elle n'est pas sûre que ça ne nuira pas à l'unité du tout. « L'histoire de madame Veuve », aussi intéressante soit-elle, est-elle utile à la compréhension de ce qui devrait suivre, la si compliquée relation entre elle et Gilbert ? En un sens oui, si jamais elle écrit aussi celle de Gilbert... Mais pas maintenant, c'est un peu tôt...

Tant pis. Elle décide de ne plus se poser ce genre de questions, sans doute inutiles. C'est ainsi qu'elle travaille, c'est tout. De toute façon, elle aime trop ce récit pour le retrancher. Arracher les pages du cahier et les mettre à la poubelle lui demanderait un effort qu'elle se sent incapable de fournir. Et, à la fin, quelque chose manquerait à son cahier bleu, elle en est convaincue.

Elle a hâte de revenir à l'écriture, mais elle craint de manquer de souffle, d'objectivité surtout, devant la difficile tâche à accomplir. Plusieurs histoires qu'elle a à raconter lui font mal, certaines la remplissent même de honte, et elle ne veut pas se laisser aller à gommer les événements ou leur effet sur elle dans le seul but d'éviter de trop s'ébranler elle-même ou de s'empêcher de souffrir. Elle croit avoir réussi à contourner ce piège dans ses deux premiers cahiers, elle compte bien poursuivre de la même façon.

C'est une journée grise et pluvieuse ; elle en est plutôt contente. Rien ne la distraira de ce qu'elle a à coucher sur le papier et la confession, du moins elle le souhaite, s'en trouvera plus feutrée, exprimée sur un mode mineur et, qui sait, peut-être plus personnel. Elle commence à connaître sa tendance à errer à gauche et à droite pendant qu'elle écrit, à ouvrir des parenthèses pas toujours utiles, à se perdre en phrases trop longues qu'elle a ensuite de la difficulté à couper et en détails oiseux, mais elle finit par se dire qu'il ne faut quand même pas qu'elle se censure sous prétexte de respecter une certaine forme d'unité.

Par quoi débuter ? Oui, tiens, décrire la séparation, la moins dramatique, après la première nuit passée en compagnie de Gilbert... la suite suivra sans doute toute seule.

Son stylo-feutre l'attend. Elle le décapsule en se disant qu'il ne faut plus qu'elle passe tant de temps sans écrire, ça lui manque trop, et se replonge avec une étonnante facilité dans l'évocation de son premier amour.

Je n'ai pas revu Gilbert pendant un long moment.

Nous ne nous étions pourtant pas quittés en mauvais termes, ce jour-là, loin de là, nous avions même sillonné les rues du Vieux-Montréal une partie de l'après-midi en riant, moi emmitouflée dans mon manteau d'hiver parce que le gel, le vrai, celui qu'on croyait parti pour six mois, était revenu pendant la nuit, lui se tapant dans les mains ou se protégeant les oreilles, trop peu habillé pour le temps qu'il faisait mais, prétendait-il, trop heureux et excité pour retourner chez lui. J'avais remis mes souliers jaunes pour les entendre à nouveau claquer sur l'asphalte et je l'avais vite regretté tant j'avais les pieds gelés. Nous ne faisions pas mention de la formidable nuit qui venait de se terminer, mais nous y pensions sans doute sans cesse chacun de son côté. Moi, en tout cas. Quelque chose de sexuel, un flux très excitant, passait encore entre nous chaque fois que nous nous touchions et je pouvais encore vérifier dans son jean serré l'effet que je lui faisais. J'étais amusée, flattée surtout.

Il n'avait pas reparlé de mes trois colocataires et moi, ravie que j'étais de l'avoir à mes côtés, j'avais peur d'aborder un sujet qui, peut-être, nous éloigne-rait l'un de l'autre. Je profitais donc à plein, peut-être les dernières, de ces heures de joie supplémentaires qui m'étaient accordées.

Juste avant de sauter dans le métro Place-d'Armes, Gilbert m'avait embrassée devant tout le monde en s'accroupissant comme il l'avait fait la veille sur le trottoir de la rue Saint-Denis. Et là non plus je n'avais pas eu le courage de lui demander de ne plus faire ça. À mon grand étonnement, j'avais même ressenti une certaine fierté à l'idée qu'on pouvait nous regarder. Je ne voulais surtout pas m'avouer que j'y prenais goût. Mais quand je l'ai vu de dos qui descendait l'escalier de la station de métro, j'ai eu une drôle d'impression. La pensée, fugace et pourtant précise, que je pouvais ne plus le revoir m'a traversé l'esprit et, quelque part au fond de moi, je crois bien que je lui ai dit adieu. C'était ridicule, nous avions passé une nuit fantastique, nous avions échangé nos numéros de téléphone, nous nous étions promis sinon juré de nous revoir – de « remettre ça », selon ses mots à lui –, alors pourquoi cette légère angoisse qui me serrait la gorge ? La peur de perdre le premier homme qui m'avait enfin fait découvrir la jouissance physique, la crainte de ne pas en retrouver un autre ? Oui, sans doute, mais autre chose me chicotait, une pensée nébuleuse que je ne pouvais pas mettre en mots, un risque de danger encore vague et que j'avais peur de voir se préciser.

Alors quoi ? Le fait qu'il était le fils de madame Veuve et qu'il avait la réputation de tenir les travestis en sainte horreur ? Puisque je refusais d'y penser plus longtemps, que je m'efforçais de chercher ailleurs quand cette idée se présentait à mon esprit, je me suis dit que je frôlais peut-être là le cœur du problème. En effet, comment concilier tout ça ? D'un côté des êtres dont je partageais les joies et les souffrances depuis presque deux ans et que j'avais appris à adorer, de l'autre l'arrivée d'un homme que je n'attendais plus, convaincue que j'avais été d'être indigne de l'amour de qui que ce soit, et qui risquait de bouleverser ma vie. Il était pourtant trop tôt pour parler d'amour, je le savais bien, je connaissais Gilbert depuis moins de vingt-quatre heures, mais son évidente sincérité quand, juste avant de me quitter, il m'avait dit qu'il voulait me revoir, m'avait remplie d'espoir, moi qui m'efforçais depuis toujours de détourner toute forme positive de pensée d'avenir parce qu'on m'avait trop dit que je n'en avais pas. Surtout avec les hommes qui, au dire de ma mère pendant toute mon adolescence, ne s'intéresseraient jamais à une naine.

Quant à mes colocataires, sans me conseiller de ne plus revoir Gilbert, ils m'avaient tout de même tracé de lui, pendant qu'il prenait sa douche et faisait sa toilette, un portrait assez sombre pour me décourager. Je ne crois pas que c'était de la mauvaise volonté, de la jalousie ou leur côté *bitch* qui se manifestait, non, ils avaient d'abord été trop excités par la présence d'un homme dans mon lit pour se montrer ensuite méchants. Mais ils connaissaient Gilbert, de réputation dans le cas de Mae et de Nicole, personnellement pour Jean-le-Décollé, et voulaient de toute évidence me protéger des dangers qu'il pourrait représenter pour moi. Jean-le-Décollé avait été très clair : Gilbert était un instable au caractère changeant, aux sautes d'humeur aussi spectaculaires qu'inattendues et fréquentes, qui se réfugiait souvent dans la drogue tout en se faisant croire qu'il était musicien – sans doute pour se donner une contenance – alors que son talent de gratteux de guitare était tout au plus moyen, un enfant gâté attardé qui était habitué à ce qu'on se dévoue sans compter pour sa précieuse personne, un garçon charmant, oui, mais aussi, et sans le vouloir, un poison mortel comme le sont souvent les hommes trop beaux à qui rien n'a jamais été refusé.

« Tu fais ce que tu veux, Céline. C'est ta vie. Et je sais que chuis mal placé pour te donner des conseils, les balafres sur mon cœur disent assez ce que j'ai vécu. Mais écoute ce que j'ai à te dire et crois-moi, s'il te plaît, crois-moi : ce gars-là est pas pour toi. C'est juste un paquet de troubles. Un maudit beau paquet de troubles, mais un paquet de troubles quand même... »

Sur le coup, j'avais cru Jean-le-Décollé. Et j'avais presque décidé de donner son congé à Gilbert avant qu'il ne soit trop tard, avant de trop m'attacher et de commettre des bêtises, mais quand celui-ci était sorti de la douche, fleurant bon ma crème de corps au tilleul, le sourire large et le geste affectueux, toute pensée négative m'avait quittée, j'avais retrouvé le bonheur d'être appréciée, complimentée, et j'avais aussitôt oublié les avertissements de mon ami.

En mettant la clé dans la serrure, en fin d'après-midi, de retour de mon agréable promenade en compagnie de Gilbert, j'avais l'intention de demander à mes trois camarades des renseignements plus précis que ceux que je possédais déjà à son sujet, mais l'appartement était vide, une odeur de *pot* flottait dans le salon et un mot m'attendait sur la porte du réfrigérateur : « On se revoit au Sélect ce soir à la fin de ton shift, on a des tas d'affaires à te dire... »

Je n'avais bien sûr jamais rencontré madame Veuve, elle était morte longtemps avant que j'arrive sur la *Main*, mais j'en avais souvent entendu parler, surtout par les travestis qui, allez savoir pourquoi, perpétuaient sa mémoire encore plus que les effeuilleuses en croyances de toutes sortes et cultes bizarres observés de façon presque maniaque. Chaque « fille » de Fine Dumas avait eu en sa possession une relique de la sainte, sans doute aussi fausse que les nombreux Saints Prépuces qui ont sillonné le monde pendant le Moyen-Âge, un fil noir de son voile de veuve, une mèche de ses cheveux oxygénés ou un bout d'étoffe quelconque qui aurait servi pour un de ses numéros. Si on leur demandait ce qu'elles en faisaient, elles répondaient que tout ce qui avait touché sainte Veuve-des-Congères était sacré et que les vertus curatives de ces objets vénérés s'avéraient multiples et inestimables, pour l'âme comme pour le corps.

Babalu, par exemple, la Brigitte Bardot du Boudoir, cachait toujours quelque part sur elle, même pendant l'exercice de son métier, une vieille gomme à mâcher – je jure que c'est vrai – que selon la légende madame Veuve aurait collée sous sa table de maquillage, au Coconut Inn, juste avant de quitter le club pour de bon, et qu'une autre effeuilleuse, fétichiste et amoureuse d'elle, aurait recueillie avec vénération pour l'enfermer dans un loquet qu'elle portait autour du cou. Si on avait le malheur de souligner à Babalu l'absurdité de cette histoire, elle vous foudroyait du regard comme pour vous dire que c'était la croyance qui comptait, pas son support : peu importait que la gomme soit fausse ou non, l'histoire inventée de toutes pièces, si elle, Babalu, avait décidé d'avoir la foi. Elle savait donc, ou, du moins, se doutait – comme sans doute les chrétiens avec le Saint Prépuce –, que la relique était une fumisterie, mais préférait tout gober par pur besoin de croire, comme c'est le cas de la plupart des guidounes, même si l'objet de son culte était ridicule. Elle vous montrait le loquet qu'elle prétendait avoir hérité de l'autre folle, mais qu'elle avait dû payer une fortune et vous récitait avec un sérieux imperturbable tout ce que la Sainte Gomme lui avait apporté de merveilleux depuis qu'elle se l'était procurée.

Apprendre que mon Gilbert était le fils de cette fameuse fausse sainte, la thaumaturge du *redlight*, dont les miracles restaient encore à prouver, ne pouvait donc pas me laisser dans une totale indifférence. J'avais pendant deux ans entendu parler d'un petit garçon déluré qui avait sillonné le quartier longtemps avant que j'y travaille, un adorable diablotin blond qu'on se passait comme un *teddy bear* et qui avait grandi dans un milieu sans enfants fréquenté par ce que la société contient de plus douteux, et voilà que je le retrouvais dans mon lit, superbe adulte, un peu mystérieux, c'est vrai, un brin bizarre, mais si attachant et, surtout, si expert en ce qui m'avait manqué jusque-là que j'avais peur de ne plus pouvoir désormais m'en passer.

Voilà ce à quoi je pensais, cette fin d'après-midi là, en me préparant à aller travailler. Je n'avais jamais imaginé Gilbert adulte et j'avais quelque difficulté à voir en lui l'enfant qu'il avait été dans les récits qui concernaient sa mère et qui frôlaient le fantastique. Oublier tout ça, me concentrer sur le présent, était le seul choix sain que j'avais, je le savais, mais ma curiosité, trop souvent incontrôlable, comme d'ailleurs mon imagination, m'amenait à me poser des tas de questions : qu'avait fait Gilbert entre le moment où il avait disparu de la *Main* et celui où il avait abouti au Sélect, était-il allé à la petite école, avait-il lui aussi fréquenté l'École nationale de théâtre, comme ses amis – il n'avait pourtant pas fait mention qu'il était acteur pendant les heures que nous avions passées ensemble –, gagnait-il sa vie comme musicien, gagnait-il seulement sa vie ? Je me doutais qu'il était trop tôt dans notre relation pour que je lui pose ce genre de colles, mais je me demandais si j'arriverais à me retenir. Si jamais je le revoyais. J'étais incapable d'oublier l'impression que j'avais eue quand je l'avais regardé descendre l'escalier de la station de métro Place-d'Armes. Cette possibilité d'adieu qui s'était l'espace d'un instant imposée à moi. Gilbert donnerait-il naissance dans ma propre mémoire à une légende dans le genre de celles qui concernaient sa mère et qui me servirait à magnifier une rencontre restée sans lendemain ?

Je n'ai jamais su comment la nouvelle s'était répandue – sans doute une visite d'un de mes trois colocataires ou de quelqu'un à qui ils en avaient parlé et qui s'était empressé de venir tout répéter au Sélect – mais toujours est-il que lorsque je suis arrivée au restaurant, juste avant le coup de feu de six heures, le personnel au complet plus quelques clients réguliers déjà attablés m'ont fait un accueil triomphal.

J'étais si confuse que je me suis cachée à la cuisine pendant un bon quart d'heure en rongeant mon frein sous les moqueries pourtant inoffensives de Nick et de Lucien. Ce qui me choquait n'était pas tant qu'ils sachent ce qui s'était passé la nuit précédente, c'était qu'ils en fassent un tel cas. Quand Janine ou Madeleine rencontrait quelqu'un, notre réaction se manifestait tout de même avec un peu plus de retenue ! Ce qui m'arrivait était-il étonnant au point de provoquer une telle réaction ? Elle a enfin trouvé quelqu'un qui daigne s'intéresser à elle, la pauvre, alors encourageons-la et montrons-lui que nous sommes aussi soulagés qu'elle ! Je savais que je faisais preuve de mauvaise foi, qu'ils n'avaient montré aucune condescendance dans leur comportement, qu'ils étaient sincères dans leur maladresse, que c'était ma réaction à moi qui était démesurée et non la leur ; j'étais incapable, cependant, de prendre tout ça avec un grain de sel et de jouer le jeu. En fait, je refusais de considérer Gilbert comme un simple trophée. Surtout que j'avais déjà peur de le perdre...

Quand Madeleine, que pourtant j'adore, a passé la tête dans la porte en disant que tout le monde commençait à trouver que je prenais beaucoup de temps pour me changer, je l'ai presque envoyée promener.

Elle m'a regardée droit dans les yeux en fronçant les sourcils.

« Un peu d'humour, Céline, franchement ! »

Et elle est repartie avec un haussement d'épaules.

Elle avait raison, je prenais tout ça trop au sérieux, mais je n'en étais pas moins très mal à l'aise. Comment réagir ? Je n'avais aucune espèce d'expérience dans ce genre de choses ! Tout leur raconter ? Ou alors ne rien leur dire et me contenter d'utiliser des sous-entendus graveleux et des insinuations de bas étage ? Utiliser Gilbert pour me faire une réputation que je ne méritais pas ? Je savais que rien ne s'arrangerait, bien au contraire, si je restais enfermée avec le cuisinier et son assistant alors que le coup de feu allait se déclencher d'une minute à l'autre, je ne faisais que retarder l'inévitable, j'ai donc décidé de faire face aux sarcasmes et de me jeter pieds joints dans la bataille, quoi qu'en puissent être les conséquences. Advienne que pourra.

Mais lorsque je suis revenue dans la salle, bien proprette dans mon costume de serveuse, la coiffe droite et le calepin à la main, on aurait dit qu'ils s'étaient rendu compte de leur impair, qu'ils s'étaient consultés pendant mon absence ou alors que Madeleine leur avait parlé, parce qu'ils firent comme si de rien n'était. Tout à coup, mon entrée triomphale n'avait pas eu lieu – une entrée triomphale, quelle entrée triomphale ? –, ils attendaient en toute innocence que je me mette à arpenter les allées du restaurant pour prendre mes commandes, voilà tout. Comme d'habitude. Une trêve parce que l'heure la plus occupée de la journée allait se déclencher d'un moment à l'autre, ou une vraie abdication devant mon évident malaise ? Ça non plus je ne l'ai jamais su.

La salle s'était remplie depuis mon arrivée. Des têtes étaient penchées sur des menus, on sentait même la grogne prête à éclater si on ne lançait pas bientôt le signal de départ du repas du soir.

Les clients qui étaient déjà là à mon arrivée avaient les oreilles un peu rouges en me passant leurs commandes, je sentais la curiosité dans leur voix, l'envie de tout savoir dans leur regard. Je me contentais de jouer les serveuses efficaces tout en inscrivant dans mon carnet avec juste un peu plus d'application qu'à l'accoutumée les *side orders* de frites ou les suppléments de sauce barbecue.

Aimée Langevin – qui avait disparu du restaurant pendant un long moment après la fin de ses trois ans de cours à l'Institut des arts appliqués et nous était revenue la semaine précédente, amincie et plus calme, en compagnie d'une partie des acteurs avec qui elle avait joué *Les Troyennes* deux ans plus tôt et du jeune metteur en scène qui commençait à se faire une sérieuse réputation – a été la seule à faire allusion à la chose qu'il fallait taire. Et c'est ce qui m'a sauvée d'une bien mauvaise soirée.

Je ne les avais d'abord pas aperçus, sans doute parce qu'ils étaient plus silencieux que d'habitude. Ils étaient entassés à huit dans une banquette prévue pour six, collés au coude à coude dans le restaurant trop chauffé, et semblaient impatients de manger. Répétaient-ils une pièce pas loin du restaurant ? Ou alors s'en allaient-ils au théâtre à huit heures et s'en trouvaient-ils pressés ? Rita, celle qui avait joué Andromaque dans *Les Troyennes*, grignotait le quartier de citron qui accompagnait sa tasse de thé. Quelqu'un était donc passé avant moi parce que je n'avais pas été là pour les servir.

Je me suis excusée de les avoir fait attendre.

Aimée a allongé la main pour la poser sur mon avant-bras.

114

« On comprend ça. Je dirais même qu'on aimerait tous ça être à ta place. »

Cette phrase si juste et les sourires que j'ai vus fleurir sur ces visages amicaux m'ont lavée du peu d'agressivité et de rancœur qui me restait. En effet, pourquoi avoir opposé tant de résistance à ce qui n'avait été en fin de compte que de la sympathie tout à fait compréhensible pour une fille qui vient de rencontrer un gars ? J'avais encore mis de l'avant mon physique particulier et ce que je croyais que les autres en pensaient, alors qu'au fond, tout au fond, en plus d'être contents pour moi, ils avaient été jaloux de ce début de liaison, de ce que ça représentait de possibilités et de promesses. En fait, tout le monde ne voudrait-il pas toujours se retrouver au début d'une histoire d'amour ? Ils avaient été heureux pour moi, étais-je incapable d'être heureuse pour moi-même ?

Le reste du *rush* du soir s'est passé dans une espèce de brume plutôt agréable au milieu de laquelle je me laissais couler tout en rêvassant, malgré les commandes qui pleuvaient et les clients qui s'impatientaient, à tout ce qui s'était passé pendant ma vraie première nuit d'amour. Il m'arrivait même de porter mes doigts à mon nez pour vérifier si l'odeur de Gilbert, de son intimité, n'était pas restée collée là à tout jamais. Si les clients l'avaient su, ils auraient sans doute frémi d'horreur.

Aimée Langevin et son groupe m'ont laissé un énorme pourboire et elle-même est venue me voir avant de quitter le restaurant, de toute évidence curieuse d'en apprendre plus.

« J'vais venir prendre une tasse de thé, demain soir. »

Je lui ai fait un clin d'œil.

« Si je te conte tout dans les détails, on va passer à travers une boîte complète de poches de thé ! »

J'évite le plus souvent possible les conversations de fin de soirée que Janine essaie de susciter quand nous nous retrouvons dans un restaurant vide, les clients partis, et qu'il nous reste encore quelques heures de travail. Elle m'énerve avec ses jugements à l'emporte-pièce et cette façon qu'elle a de se mêler de la vie de tout un chacun, de vouloir à elle seule régler leurs problèmes. Si elle plie des serviettes de papier en fumant ses cigarettes trop fortes, je vais remplir les sucriers et les salières ; si elle s'agite sur le plancher, une bouteille de vinaigre à la main et un torchon dans l'autre pour débarrasser les tables et les banquettes des taches parfois suspectes laissées par certains clients plus salauds que d'autres, je reste à la table des employés, à côté de la porte de la cuisine, à siroter une dernière tasse de thé. Si par malheur je suis prise en otage par son babillage sans fin, trop timide pour lui demander de se taire ou pour la quitter au milieu d'une phrase, je fais semblant de l'écouter, j'acquiesce de temps en temps ou bien j'émets un son qui peut passer pour quelque chose qui ressemble à de l'assentiment. En fait, elle ne me parle pas, elle s'écoute parler. Et ça peut durer des heures. Je me suis d'ailleurs déjà endormie au milieu d'un de ces longs discours sans qu'elle paraisse s'en apercevoir... Lucien, l'assistant haïtien de Nick, l'appelle la pie jacasseuse et s'amuse à la mettre en furie, quand elle parle trop longtemps, en imitant de désagréables cris d'oiseau pour couvrir sa voix. Elle le traite d'immigré impoli et lui d'affreuse raciste. Elle se plaint à Nick, il se plaint à moi.

Ce soir-là, cependant, je n'avais pas l'intention d'éviter cette conversation. Je savais qu'en l'écoutant parler, j'apprendrais tout ce qui s'était dit au sujet de ma rencontre avec Gilbert et, bien sûr, j'étais curieuse de savoir quels ragots le téléphone arabe avait commencé à répandre. Mais, à mon grand étonnement, au lieu du monologue habituel, j'ai plutôt eu droit à une sérieuse série de questions. Pour une fois, Janine ne voulait pas juger, décréter, régler – elle ferait ça après, quand je lui aurais tout raconté –, elle voulait savoir ! Mais elle a vu chacune rebondir sur un mur de silence ou recevoir pour réponse des monosyllabes semblables à ceux que je lui sers d'habitude, mais que, cette fois, elle était obligée d'écouter et qu'elle percevait peut-être comme autant d'insultes inacceptables à l'intérêt qu'elle daignait porter à mon cas jusque-là considéré désespéré.

Elle a alors décidé de changer de tactique en prenant un ton qui se rapprochait de la confession amicale ou de la confidence intime. Elle posait depuis déjà un bon moment et tout en faisant semblant de rien ses questions impertinentes au sujet de Gilbert, de ses mensurations, de sa performance et de son endurance au lit lorsque, comprenant enfin qu'elle n'arriverait à rien par cette méthode, elle a allongé la main pour toucher la mienne, chose qu'elle n'avait jamais osé faire avant, elle pourtant si prodigue avec les autres en embrassades et caresses de toutes sortes. Je m'étais toujours doutée que je la dégoûtais et je trouvais plutôt amusant l'effort qu'elle faisait pour lutter à ce moment-là contre sa répugnance. Je la voyais venir avec ses gros sabots, je riais d'elle en lui montrant un visage imperturbable, mais au lieu de lui péter tout de suite sa balloune, je l'ai laissée faire : pour une fois je l'ai écoutée débiter la ribambelle de clichés éculés qui constituaient l'ordinaire essentiel de sa psychologie de cuisine et j'ai dû faire preuve d'un grand contrôle pour ne pas lui éclater de rire en pleine face.

« Des fois, Céline, tu sais, y a des choses qui ont de la misère à sortir et qui doivent sortir quand même... Des choses difficiles à avouer. Des choses qui font mal. Si c'est le cas, si ce qui t'est arrivé hier soir est... je sais pas... humiliant, ou choquant, ou triste à pleurer, y faut que tu le sortes... Ça sert à rien de les retenir, de les cacher, ça peut juste te faire plus de mal... Y suffit de trouver la bonne personne pour t'écouter, et tu l'as trouvée... Fais-moi confiance, ça va te faire du bien... »

En plus de ne pas être très subtile, cette façon de vouloir me tirer les vers du nez dénotait une insondable naïveté, et j'avais un peu pitié d'elle. Elle ne se laissait pas décourager par mon silence buté, cependant : elle croyait sans doute finir par toucher un point sensible et déclencher l'avalanche de confidences qu'elle espérait. Pour ensuite s'en servir, bien sûr, non pas contre moi, ce n'est pas une méchante personne, mais pour pimenter ses conversations avec les clients et les autres employés et parfaire sa réputation, déjà importante, surtout auprès des travestis, de grande conseillère et de régleuse émérite de conflits en tous genres. Ce n'est pas à moi qu'elle pensait, mais à elle. J'étais le dernier bastion de la résistance à son admirable générosité – avec Lucien qui lisait lui aussi dans son jeu – et elle croyait avoir trouvé l'occasion de l'écraser à tout jamais en faisant de moi sa débitrice obligée.

« Laisse-toi aller, un peu, arrête de te retenir... Ça va te faire du bien. Ce gars-là a déjà une drôle de réputation, ça fait que si y t'a fait quequ'chose de pas correct, faut que tout le monde le sache... Faut y régler son cas une fois pour toutes... Y en a trop des comme lui qui sont jamais punis, y faut que ça cesse... Quand je t'ai vue partir avec lui, hier soir, je savais que ça se passerait mal et j'aurais dû t'en empêcher... »

Et lorsque j'ai enfin compris, il était temps, qu'elle voulait *vraiment* que tout ce soit mal passé entre Gilbert et moi, pour le colporter à tout vent, qu'elle était incapable d'imaginer que j'avais pu passer une bonne soirée parce qu'une naine ne pouvait pas être bien baisée, l'idée étant inconcevable, j'ai senti une telle colère que j'ai vu venir le moment où j'allais la frapper.

Alors, pour la faire baver, je lui ai tout dit. Tout. Elle voulait des détails, elle en a eu ! Mais pas ceux qu'elle attendait. Elle croyait recevoir les épanchements tristounets d'une mal baisée pleurnicharde et s'est retrouvée devant la description d'une nuit de bacchanales comme elle n'en avait sans aucun doute jamais vécu elle-même, du moins je l'espérais : les odeurs, les sensations, les cris, les vagues de plaisir, les fous rires, les larmes quand c'était trop bon, l'épuisement après les jouissances, nombreuses, les plages de repos entre les séances de débauche et jusqu'à la frustration de quitter le lit pour aller petit-déjeuner, au matin, avec promesse d'y revenir, tout y était. J'étais lyrique, j'étais pertinente, je trouvais avec grande facilité le bon mot et la phrase efficace, je mimais presque ce que je racontais et j'en donnais, j'en étais convaincue, une idée précise et même troublante. Pour une fois, j'ai laissé ma pudeur de côté et je me suis amusée comme une petite folle à la voir rougir jusqu'à la racine de ses cheveux trop blonds pour que ce soit naturel. Elle restait là, immobile, subjuguée, et ne pensait même pas à fermer sa bouche qui pendait au-dessus de sa tasse de café depuis longtemps refroidi. Elle n'a pas essayé une seule fois de m'interrompre, ce qui, déjà, était étonnant de sa part, et, à la fin de mon récit, s'est contentée de murmurer en avalant sa salive :

« Ben, 'coudonc… »

Si je lui avais décrit un malheur sans fond, une douleur sans borne, elle aurait trouvé des millions de choses à me dire, de conseils à me prodiguer, de paroles de consolation creuses et vides à me servir, elle aurait joué les guides, les mentors, les gourous, elle aurait essayé de prendre le contrôle de ma vie comme elle le faisait volontiers et sans scrupule avec tous ceux qui avaient le malheur de venir se confier à elle, mais devant cet étalage éhonté, cette explosion irrépressible de délices partagés dans un débordement démesuré d'excès dont on rêve souvent sans jamais espérer les connaître parce qu'on s'imagine qu'ils ne peuvent pas exister, elle est restée paralysée, suspendue, je crois, entre l'étonnement le plus naïf (Pourquoi elle et pas moi ?) et la plus totale incrédulité (Ça se peut pas, elle dit n'importe quoi pour m'impressionner !).

Elle s'est contentée d'empiler les serviettes de papier qu'elle avait pliées plus tôt et a quitté la banquette de faux cuir sans ajouter un mot. C'était là pour moi une très grande victoire. Je crois bien que j'étais la toute première personne à lui avoir jamais cloué le bec : devant le malheur d'autrui, elle était diserte et même bavarde, mais elle se retrouvait désarmée et inutile lorsque confrontée au bonheur. Le charognard n'avait pas trouvé la nourriture faisandée qu'il cherchait et, vaincu, il retournait dans son trou.

Toute la tension de la soirée, mes incertitudes, mes doutes avaient été évacués par mon petit numéro de haute voltige, et le soulagement que je ressentais me donnait sommeil. J'aurais allongé mes bras sur la table d'arborite, posé ma tête dessus et dormi jusqu'au matin tant j'étais épuisée.

Mais j'avais oublié la note que mes trois colocataires m'avaient laissée avant de quitter l'appartement…

Au moment même où Lucien, plié en deux, presque à quatre pattes, allait verrouiller la porte du restaurant, ils sont entrés en coup de vent, précédés de la Duchesse qui arborait son air des jours de grande catastrophe. Avec le sens du dramatique qu'on leur connaît, ils s'étaient habillés pour la circonstance, tout en noir, bien sûr, et ressemblaient à un chœur de pleureuses payées pour venir se lamenter sur le départ tragique d'un membre important de la famille royale. La Duchesse – un ouragan noir et rose qui aurait senti, trop fort, *Tulipe noire* de Chénard – est arrivée à côté de moi et s'est lancée sur la banquette comme si le sort du monde en dépendait. Elle suait à grosses gouttes, sa moumoute noir jais s'était déplacée sur sa tête et pendait sur son oreille : un béret de jeune première dans un film français. Suzy Prim. Ou Sophie Desmarets.

« Touche pas à ça, Céline ! Touche pas à ça ! Y va devenir ton Tooth Pick à toi ! Y va te faire endurer ce que Tooth Pick m'a fait endurer ! »

Je n'avais pas envie, en tout cas pas après les souvenirs que je venais de déballer devant Janine, qu'on me montre quelque mansuétude que ce soit, je pensais surtout ne pas en avoir besoin. Je n'avais pas non plus le goût de recevoir des conseils de « qui avait plus souffert que moi et ne voulait pas me voir traverser les mêmes affres », les nombreux malheurs de la Duchesse, surtout ceux, plus récents, qu'elle avait ramenés d'Acapulco en février, étant à ce moment précis le moindre de mes soucis. Alors j'ai levé la main pour la faire taire. Je me suis ensuite mise debout sur la banquette pour être à la hauteur des trois autres qui se pressaient déjà contre la table. Je les ai regardées toutes les quatre dans les yeux, l'une après l'autre, très lentement, puis j'ai dit, bien fort pour qu'on m'entende jusqu'au fond de la cuisine :

« J'peux-tu, s'il vous plaît, vivre ce que j'ai à vivre sans que tout le monde que je connais se sente obligé de s'en mêler ? Hein ? Merci ! Et bonsoir ! »

Et je les ai quittées pour aller changer de vêtements.

Ne recevant aucune nouvelle de Gilbert, et trop orgueilleuse pour le rappeler moi-même, j'ai pensé au bout de quatre ou cinq jours que je ne le reverrais plus. Sinon de loin en loin, en client, si jamais il remettait les pieds au Sélect en compagnie de ses amis. Ce qui ne risquait pas de se produire de sitôt si, comme je le pensais, il voulait à tout prix m'éviter. Un autre chanteur de pomme, je l'avais craint, très intense et très sincère en notre présence mais qui oublie notre existence aussitôt le dos tourné. J'ai toutefois vite mis un frein aux regrets que je pourrais avoir, parce que je n'avais pas du tout l'intention de souffrir, surtout pas après une seule rencontre. Aussi belle fût-elle. J'ai donc enveloppé mes souvenirs si plaisants dans un cocon d'ouate imaginaire sur lequel j'ai inscrit le mot *interdit*, et j'ai continué ma vie comme si de rien n'était. Si par malheur mes pensées se portaient vers lui, ses yeux bleus, son sourire dévastateur, son corps si beau, son odeur, son humour, j'essayais de me distraire en m'occupant à n'importe quoi. Ce qui fait que j'étais souvent super active. Parfois ça marchait, parfois j'avais envie de détruire tout ce que j'avais autour de moi, y compris les êtres humains.

J'avais vu mes consœurs du Sélect souffrir mille morts, devenir impatientes et même méchantes quand elles attendaient des nouvelles de quelqu'un qui ne les rappelait pas. Les travestis avec qui j'avais travaillé au Boudoir non plus n'étaient pas les mêmes quand on les abandonnait, et je refusais que ce soit mon lot à moi aussi que de devenir une de ces femmes brisées qui n'ont plus qu'un centre dans leur vie, un homme absent, et qui en crèvent.

Mes amis, ceux du restaurant et ceux de l'appartement de la place Jacques-Cartier, se sont faits discrets – ce qui était plutôt étonnant – et n'ont pas mentionné son nom une seule fois pendant les deux semaines où il a disparu. Même pas la Duchesse qui aurait pourtant pu me dire qu'elle m'avait prévenue que cet homme-là n'était pas pour moi et qu'il pouvait me faire damner, comme Tooth Pick l'avait fait damner, elle, ici à Montréal, et le fameux Peter, dont elle nous rebattait tant les oreilles, à Acapulco. Parce qu'ils croyaient tous bien sûr que je souffrais en silence. Que je leur cachais ma colère et mes états d'âme en faisant semblant que cette nuit-là n'avait pas eu lieu. Je ne les cachais pas, je les avais enterrés, et assez creux pour ne pas les retrouver moi-même.

J'avais presque atteint mon but, l'oubli total, je ne pensais plus à Gilbert qu'un soir sur deux avant de m'endormir, alors que j'imaginais que son parfum flottait encore dans ma chambre, lorsqu'il a rebondi dans ma vie, dénué de toute culpabilité et toujours aussi hilare, un soir où, Nick ayant décidé de fermer plus tôt parce que le restaurant était vide, j'allais pouvoir me coucher de bonne heure. Je couvais une grippe de printemps, un énorme mal de tête me martelait le cerveau. Je viderais une fiole d'aspirine et je m'enfouirais sous les couvertures en espérant que ça irait mieux le lendemain.

Janine, elle, était déjà changée et se dirigeait vers la porte en nous disant bonsoir lorsqu'ils sont arrivés. Je leur tournais le dos. J'ai d'abord entendu leurs voix, que j'ai bien sûr reconnues, surtout celle de Louise, la chanteuse, reconnaissable entre toutes, et je me suis dit que même si c'étaient eux, Gilbert n'était sans doute pas là. Il aurait préféré aller terminer la soirée ailleurs… Puis j'ai perçu son rire et je suis resté figée au milieu de l'allée entre les tables, juste devant la porte de la cuisine.

La première chose qui m'a frappée quand je me suis enfin retournée, cependant, c'est Janine qui avait fait demi-tour et qui revenait vers moi en enlevant ses gants trop chauds pour la saison. Elle ne voulait rien perdre de ce qui allait se passer, la maudite, elle voulait tout voir, tout écouter, pour pouvoir tout répéter ensuite à qui voudrait l'entendre. En exagérant, en arrangeant les bouts qui ne seraient pas assez juteux à son goût, en inventant quelques détails, même, s'il le fallait... Je lui ai aussitôt fait signe de s'approcher de moi. Elle s'est exécutée en pensant, j'imagine, se trouver aux premières loges quand j'exploserais.

« Si ça te fait rien de travailler sans ton uniforme de waitress, Janine, j'aimerais ça que tu t'occupes d'eux autres... J'ai la grippe, j'ai mal à la tête, je veux rentrer chez nous le plus vite possible... »

Elle a paru déçue – servir ces pouilleux était la dernière chose qui pouvait l'intéresser – mais n'a pas osé refuser, c'était là le seul alibi qu'elle pouvait trouver pour rester.

« Bien... j'm'en allais, mais si ça peut te rendre service, pauvre toi... »

Le ton, concerné, soucieux, était faux ; la magnanimité dont elle voulait faire preuve encore plus : elle souhaitait se montrer inquiète tout en se trouvant incapable de cacher son excitation devant un drame imminent, et son visage, mi-ravi mi-désolé, était tout à la fois grotesque et comique.

Et c'est là, je suppose, que Gilbert m'a aperçue parce que sa voix s'est élevée tout à coup dans le restaurant, claire et rieuse :

« Céline ! Ma belle Céline d'amour ! »

Il s'est jeté sur moi, m'a prise dans ses bras et s'est mis à valser dans les couloirs du restaurant. Pourquoi est-ce que je n'ai pas hurlé ? Pourquoi est-ce que je ne l'ai pas frappé en plein visage ? Pourquoi est-ce que je n'ai pas exigé sur-le-champ qu'il me dépose par terre et qu'il quitte les lieux sans jamais revenir ? Pourquoi ? Son odeur, encore une fois ? Ses grands yeux d'écureuil ? Son sourire si sincère ?

Parce que son sourire et sa joie de me revoir étaient sincères, c'était évident. Je sais reconnaître depuis toujours l'hypocrisie et la mauvaise foi sur le visage des gens, j'ai grandi au milieu des sourires faux et de la duplicité parce qu'on essayait sans cesse de me cacher les réactions que mon physique déclenchait, j'ai donc développé un sens aigu des sentiments que je provoque chez les autres. Et ce que je lisais sur le visage de Gilbert alors qu'il me promenait à travers les allées du Sélect en faisant mon éloge était sans aucun doute d'une grande sincérité. Il était content de me voir et me le démontrait en toute innocence, sans aucune arrière-pensée.

Comme si on s'était quittés la veille.

Il a fini par me déposer sur la banquette de la table des employés et s'est installé devant moi en allumant une cigarette. Puis il m'a demandé, en approchant le cendrier de son coude gauche :

« Ça te dérange pas que je fume ? »

J'ai haussé les épaules.

« Ça me dérangeait pas y a deux semaines, Gilbert, pourquoi ça me dérangerait aujourd'hui ? »

Il a frappé sur la table comme si je venais de faire une plaisanterie tout à fait hilarante et je me suis demandé s'il n'était pas soûl. Mais il ne sentait pas la boisson et sa fébrilité était différente de celle de ma mère quand elle a bu. Ses yeux ne brillaient pas non plus de cet éclat un peu terne, mouillé, des alcooliques avancés, que mon père appelle « avoir les yeux dans la graisse de *beans* ». Le *pot*, alors ? Ou quelque chose de plus fort encore ? Avec les gens qu'il fréquentait, ça n'aurait pas été si étonnant, après tout. Non, il semblait en pleine possession de ses facultés, il était juste un peu plus fébrile que la dernière fois que je l'avais vu. De toute façon, c'était plutôt son inconscience qui retenait mon attention. Avait-il oublié aussitôt franchie la porte de mon appartement que nous étions censés nous rappeler ?

Il a fait un grand signe à Janine qui est venue nous rejoindre, un peu trop empressée à mon goût. Elle avait enlevé son manteau et prenait les commandes des amis de Gilbert à l'une des grandes tables qui jouxtent la vitrine donnant sur la rue Sainte-Catherine. C'était la première fois que je voyais une serveuse du Sélect travailler sans l'uniforme obligatoire et ça faisait drôle. Je trouvais qu'elle avait l'air d'une matante qui, au lieu d'avoir préparé un repas pour ses invités, leur demande ce qu'ils voudraient manger avant d'aller le leur préparer. Elle s'est penchée sur Gilbert, obséquieuse, comme si elle allait boire ses paroles, alors qu'elle devait penser à tout ce que je venais de lui raconter à son sujet et s'en repasser des bouts en se léchant les babines de convoitise.

« Dis à mes chums que j'vais manger avec ma belle Céline. J'vais les retrouver à la répétition, demain après-midi. J'me suis trop ennuyé pour me passer d'elle une heure de plus… »

Il m'a regardée avec des yeux presque aussi amoureux que ceux qu'il me réservait, cette fameuse nuit, quand il voulait qu'on recommence ce qu'on venait à peine de terminer.

« Pourquoi tu m'as pas rappelé, Céline ? Tu voulais plus me voir ? »

Tout ça n'allait quand même pas se retourner contre moi !

« Depuis quand que c'est les filles qui doivent rappeler les gars ? »

Il a paru aussi étonné que je l'étais moi-même.

« Céline ! Dans quel siècle tu vis ! On n'est plus dans les années quarante, là ! On est dans les années soixante, les années de libération, les années d'explosion, les années où tout est enfin possible et permis ! Si tu voulais me voir, t'avais juste à m'appeler et j'étais ici en dedans d'une demi-heure !

— Mais toi, tu voulais pas me voir ?

— Ben oui ! J'attendais juste ça !

— Pourquoi tu m'as pas appelée ?

— J'voulais te laisser libre, Céline ! J'voulais te laisser la liberté de choisir ! Rien pousser ! Pas insister ! J'voulais surtout pas passer pour un pot de colle !

— Moi aussi j'aurais risqué de passer pour un pot de colle si je t'avais rappelé ! As-tu pensé à ça ? »

Il a tiré un longue *puff* de sa cigarette, qu'il a ensuite rejetée par le nez.

« T'aurais pas passé pour un pot de colle, Céline. Y a rien au monde que je voulais plus que tu me rappelles. J'te dirai pas que j'me suis installé à côté de mon téléphone pendant deux semaines, tu me croirais pas et t'aurais bien raison, j'avais d'autres choses à faire, les répétitions, tout ça, mais j'me demandais souvent, plusieurs fois par jour, comment ça se faisait que j'avais aucune nouvelle de toi... J'ai fini par penser que tu m'avais considéré comme un *one night stand* et que ça servirait à rien que j'insiste... »

J'ai eu la même réaction que la fois précédente quand il avait commencé à faire sa cour : si c'était un numéro qu'il me faisait, c'était très bien joué parce que rien ne manquait, la grande franchise dans la voix, les sourcils froncés, les yeux humides d'émotion, sa main droite posée sur ma main gauche, la cigarette qu'il avait oubliée dans le cendrier. Si tout ça était faux, calculé, Gilbert se trouvait sans aucun doute être le dernier des écœurants.

« J'ai évité de venir manger ici pour pas te mettre mal à l'aise. Si j'avais à passer devant la vitrine, je traversais la rue pour que tu me voies pas... »

Il a sans doute lu le doute dans mes yeux parce qu'il s'est arrêté de parler au milieu de sa phrase.

« J'espère que tu me crois. »

Je n'ai pas répondu. Je voulais le croire, bien sûr, je *préférais* le croire, mais je n'avais pas non plus l'intention de passer pour une imbécile.

« Qu'est-ce qu'y faudrait que je fasse pour que tu me croies ? Chuis pas un menteur, Céline, j'ai bien des défauts, mais chuis pas un menteur ! Si y a eu un malentendu entre nous, c'est de notre faute à tous les deux, pas juste la mienne ! Chuis pas un sans-cœur qui a profité de toi pour t'oublier tout de suite après, s'il te plaît, pense pas ça... Et si j'ai pris mon courage à deux mains pour revenir ici, ce soir, c'est pour savoir, parce que moi aussi j'me pose bien des questions depuis deux semaines ! »

C'est à ce moment-là, je crois, que j'ai pris conscience de cette drôle de fébrilité que je ne lui connaissais pas et qui le changeait de façon subtile. Il était à la fois pareil et différent. Quand il me regardait, j'avais l'impression que le reste du monde n'existait plus pour lui, mais si, par exemple, il s'adressait à Janine pour passer sa commande, toute cette intensité était dirigée sur elle et c'est moi qui cessais d'exister, du moins c'est ce que je ressentais. Je me disais que c'était impossible, que c'était une ridicule pointe de jalousie qui se manifestait chez moi quand il regardait ailleurs maintenant que je l'avais retrouvé, mais quelque chose à la hauteur de ma poitrine – une toute petite manifestation d'angoisse, mon cœur qui battait un peu plus vite, des papillons qui voletaient dans mon estomac –, me disait que si j'avais un choix à faire, c'était là, tout de suite, ça devait se produire. Que cette fébrilité nouvelle, cette étrange intensité fiévreuse que je n'avais pas soupçonnée deux semaines plus tôt étaient la clé d'une porte qu'il était dangereux d'ouvrir. Jean-le-Décollé m'avait d'ailleurs glissé un mot à ce sujet-là, mais je n'arrivais pas à m'en souvenir...

Tout d'un coup, Gilbert, que j'avais vu tout nu, que j'avais fait jouir, que j'avais fait se tordre de rire au creux de mon lit, devenait un mystère insondable par le seul fait de son indéniable sincérité malgré le changement qui s'était produit chez lui. Il était différent, oui, son comportement ne correspondait pas tout à fait au souvenir que je gardais de lui, mais je ne pouvais pas prétendre non plus que je le connaissais assez pour avoir fait le tour de toutes les facettes de sa personnalité. L'important, pour le moment, était qu'il ne me mentait pas. S'il avait été menteur, s'il s'était montré un monstre d'égoïsme mâle, j'aurais tout de suite lu en lui et je l'aurais abandonné là, au milieu de son numéro, sans scrupule et sans remords. Mais je le croyais et c'était beaucoup plus compliqué que si j'avais senti qu'il essayait de me duper.

Et, en plus, n'avait-il pas raison quand il disait que moi aussi j'aurais pu le rappeler ? Qu'est-ce qui m'en avait empêchée ? Pas les convenances, en tout cas, je le savais très bien. Mais la peur d'être rejetée. Comme d'habitude. Tout ce que je faisais en était toujours imbibé. Toute ma vie j'avais préféré me passer de quelque chose plutôt que de me le voir refuser. Et quand par malheur j'essuyais un refus, ma réaction était hors de toute proportion. Mon complexe du rejet était trop grand, trop douloureux, j'imagine, et je péchais parfois par excès de prudence. Mais cette fois il s'agissait d'un être humain ! Je m'étais passée de la présence de Gilbert pendant deux semaines alors qu'il venait de m'avouer qu'il aurait lui aussi voulu me revoir ! J'avais eu le courage de me lancer dans ses bras mais pas celui de le rappeler. D'où, sans doute, cette impression de lui dire adieu quand il avait emprunté l'escalier du métro Place-d'Armes : je savais que moi, je ne le rappellerais pas et je croyais que s'il ne le faisait pas lui-même, je ne le retrouverais plus.

Il a posé ses coudes de chaque côté de l'assiette que Janine venait de lui apporter en minaudant comme une petite fille. Après le numéro de la vamp, qui n'avait pas semblé fonctionner, c'était maintenant au tour de celui de la jeune fille qui a décidé qu'il était grand temps qu'elle perde sa virginité. C'était indécent. En toute autre circonstance j'aurais trouvé ça drôle, mais là j'avais juste envie de la frapper. Elle était trop imbécile pour penser que nous aurions à travailler ensemble le lendemain soir et que d'essayer de séduire un homme dont elle m'avait d'abord dit tant de mal était une véritable trahison ? Mais je suppose que c'était l'instant présent qui comptait pour elle et qu'elle n'envisageait pas les conséquences de son acte. Elle s'essayait au cas où la réconciliation s'avérerait impossible entre Gilbert et moi... Elle était prête à souffrir, elle aussi, pour connaître ce que j'avais connu. Ou vérifier si je lui avais menti. Je savourais quand même une petite victoire : laquelle de nous deux, en fin de compte, se montrait la plus mal baisée, elle ou moi ?

En tout cas, si Gilbert se rendait compte de son petit jeu, il ne le montrait pas.

Il s'est essuyé les lèvres après avoir mastiqué longtemps sa première bouchée. Un reste de bonne éducation ? Sa grand-mère, la mère de madame Veuve, qui lui avait expliqué qu'il fallait mastiquer sa viande vingt-deux fois avant d'avaler – comme ma mère avec les coups de brosse à cheveux –, s'il voulait profiter à plein des bienfaits de sa nourriture et à qui il obéissait encore, par pur automatisme, après toutes ces années ? Alors que moi j'avale quasiment tout rond ce que je me mets dans la bouche pour résister aux conseils de ma mère... J'avais donc devant moi un cliché de beatnik – le costume, l'allure générale, le maintien en faisaient foi –, mais bien éduqué, ça aussi c'était étonnant ! Je trouvais l'idée amusante et j'ai eu la faiblesse d'oublier ce que j'avais découvert à son sujet, plus tôt, cette inexplicable fébrilité qui m'avait inquiétée, et j'ai souri. Il a donné une tape sur la table.

« Enfin un sourire ! »

Il savait qu'il avait gagné et ne cachait pas sa joie. Ce qui était d'ailleurs plutôt sympathique. Existe-t-il cadeau plus gratifiant que de donner sa seconde chance à quelqu'un ? On se sent à la fois soulagé et généreux.

Il a salé ses frites, trop, et a débouché la bouteille de ketchup.

« En tout cas, si tu veux, ce soir, c'est moi qui t'enlève ! Pas de Place Jacques-Cartier ! J'emmène au cœur du prochain quartier à la mode, tout près des futures tours de Radio-Canada ! La rue Sainte-Rose t'attend, ma petite fille. C'est pas rénové, ça fait encore pitié, les planchers sont croches et les murs tiennent à peine debout, mais y paraît que les artistes qui veulent s'approcher de Radio-Canada et du Canal 10 vont venir s'installer là bientôt... Un jour, en tout cas... En attendant, j'ai trouvé une piaule qui coûte presque rien. C'est minuscule, on peut pas dire que c'est beau, mais ça fait mon affaire... »

Voulait-il éviter mon appartement pour ne pas avoir à recroiser mes trois colocataires ?

Quelque part dans ma tête, une voix me criait de cesser de chercher des raisons logiques à tout ce qui se produisait autour de moi et de me laisser aller au pur plaisir de se laisser aller...

« Tu réponds pas ? T'es toujours fâchée ? Pourtant, ton visage dit le contraire... »

Et la réponse qui est sortie de ma bouche fut l'une des plus absurdes et des plus pitoyables de toute ma vie :

« Toutes mes affaires sont chez nous... »

Il est parti de ce beau grand rire qui m'avait tant fait plaisir lorsque je l'avais entendu jaillir du fond de mes oreillers, cet éclat de joie sans mélange qui vous transportait dans un monde sans questions d'où tout sérieux était banni le temps qu'il durait et que vous vouliez étirer jusqu'à la fin de l'éternité parce qu'il était fait de l'essence même du bonheur. Jamais un rire ne m'avait autant ravie. Et je ne voulais pas le perdre. Au risque de... Ma voix intérieure a interrompu ma pensée :

« Au risque de rien. Laisse donc faire. Profites-en, c'est tout ! »

Gilbert avait posé sa main sur mon bras pendant qu'il riait, et une belle chaleur m'inondait jusqu'au coude.

« Tu penses quand même pas que tu vas avoir besoin d'une robe de nuit ! Et on peut t'acheter une brosse à dents à la Pharmacie Montréal en passant, si ça peut te rassurer pour demain matin...

— J'ai pas juste besoin d'une brosse à dents... Y me faudrait de l'aspirine, je couve une grippe... »

Il a froncé les sourcils.

« C'est-tu une défaite pour te débarrasser de moi, ça, la grippe ?

— Ben non. J'me sens toute croche depuis ce matin... »

Devant mon hésitation, il s'est penché au-dessus de la table. Sa chemise a frotté contre ses frites, j'ai vu se former une petite tache de ketchup et j'ai pensé que ça allait changer son odeur, que j'aurais à attendre qu'il soit déshabillé pour la retrouver telle quelle. J'avais donc l'intention, je ne pouvais pas me le cacher, de le voir tout nu avant la fin de la soirée, et toutes mes hésitations sont tombées d'un seul coup.

Pourquoi lutter ?

J'ai quand même décidé de le faire patienter un peu, comme la fois précédente.

« On va commencer par se promener, on verra après... »

Je ne me doutais pas que la voie que j'acceptais d'emprunter à ce moment-là me mènerait pas plus tard que le lendemain matin dans le recoin le plus noir de l'âme de Gilbert Forget.

Pendant que je me changeais dans la toilette des dames, Gilbert est allé expliquer à ses amis, qui payaient leur addition, qu'il n'assisterait pas avec eux, comme ils l'avaient planifié, au spectacle de Michèle Sandry, au Cochon Borgne, un peu plus à l'ouest sur la rue Sainte-Catherine. Il est ensuite revenu m'attendre à la table des employés en sirotant un dernier café. Lorsque je suis ressortie, le restaurant était vide. Janine s'attardait devant la caisse en enfilant ses gants. Clés en main, Lucien attendait que tout le monde soit parti pour verrouiller la porte. Le même petit cérémonial se répétait tous les soirs au Sélect, j'y étais habituée et je ne le remarquais plus, mais cette fois-là – chose rare dans cet endroit où même quand il n'y a pas de clients on peut toujours entendre un bruit de conversation parce que le personnel est bavard –, un silence pesant teinté d'une sorte de malaise difficile à définir régnait sur l'établissement. On aurait dit que les trois personnes qui se pressaient dans l'entrée, Janine, Lucien et Françoise, s'attendaient à ce qu'un événement important se déclenche, comme s'il avait manqué un élément à la soirée pour qu'elle connaisse son vrai aboutissement.

Attendaient-ils que Gilbert et moi quittions le restaurant pour vérifier si nous allions prendre la même direction ? Considéraient-ils que Gilbert se faisait trop insistant et qu'il faudrait peut-être que je le remette à sa place ? Avec leur aide ? Quand

Gilbert s'est penché pour m'aider à enfiler mon manteau, ils ont tous les trois tourné la tête dans notre direction, prêts à intervenir. Et j'ai même aperçu le visage de Nick dans la petite fenêtre carrée de la porte qui mène à la cuisine. Je ne m'étais donc pas trompée. Ils attendaient de voir mes réactions avant de décider s'ils allaient venir à mon secours ou non. Ils avaient vu Gilbert discuter, gesticuler, négocier, mais ils ignoraient l'issue de notre conversation et étaient prêts à me protéger si le besoin s'en faisait sentir. J'étais à la fois touchée et agacée. Ils étaient très gentils de vouloir me défendre, mais ils savaient que je pouvais très bien le faire toute seule. Après tout, Gilbert ne serait pas le premier homme que je remettrais à sa place avec une patarafe bien placée, si la chose devenait nécessaire. Nos soirées étaient remplies de soûlons de tout acabit qu'il fallait vite apprendre à maîtriser pour se faire respecter, et ils savaient que personne jusque-là n'était venu à bout de Céline Poulin !

Gilbert était tout excité et sautillait devant moi comme un chien fou pendant que nous nous dirigions vers la sortie.

« Quand je pense que je m'en allais rire de Michèle Sandry au Cochon Borgne ! Une autre soirée de perdue... »

Françoise a plissé le front quand nous sommes passés devant sa caisse et Janine a fait de grands yeux ronds :

« T'étais pas supposée avoir la grippe, toi ? »

J'ai esquissé un sourire qui se voulait rassurant.

« À demain, les filles. »

Lucien a hésité une ou deux secondes avant de pousser la porte pour nous laisser sortir. Je le trouvais si attendrissant que j'avais envie de lui sauter au cou et de l'embrasser sur ses deux belles joues noires et luisantes.

« Tout est correct, Céline ? »

Je lui ai donné une tape sur la main, en passant.

« Ben oui, tout est correct, Lucien. Va te coucher. Allez vous coucher, tout le monde, on se reverra demain soir… »

Dehors, ça sentait le printemps. Le houblon, aussi, parce que le vent venait de l'est et que des relents de la brasserie Molson montaient du vieux port jusque sur la rue Sainte-Catherine. Gilbert a pris une grande respiration.

« Quand le vent est plus du nord-ouest mais du sud-est, on sait que le printemps est arrivé ! As-tu déjà pensé, Céline, que la première senteur de printemps qu'on a, à Montréal, c'est celle de la bière ? C'est peut-être pour ça qu'on en boit tant. »

J'ai haussé les épaules tout en déboutonnant mon manteau parce que l'air, saturé de ce parfum trop envahissant, s'en trouvait un peu écœurant. Et comme collant.

« En tout cas, le vent du nord-ouest empêche pas les Montréalais de boire de la bière l'hiver… »

Il a ri en tapant dans ses mains. On aurait dit qu'il applaudissait une bonne réplique de théâtre.

« T'as bien raison… parce que de la bière, j'en ai bu cet hiver, c'est vrai, je peux pas le cacher… Et c'est pas ça qui manque pendant nos répétitions… »

Du *small talk* de deux personnes qui ne savent pas ce qui sera décidé dans les secondes qui vont suivre.

Nous restions plantés tous les deux devant le Sélect, lui plein d'espoir, moi hésitante. Comme la première fois. Ce n'était pas que je n'avais pas envie de suivre Gilbert chez lui, la perspective de connaître à nouveau ce que j'avais découvert dans ses bras deux semaines auparavant était des plus excitantes, mais sans trop me l'avouer, je voulais me laisser désirer. C'était nouveau pour moi et tout à fait enivrant.

Le ciel était rouge, c'est le cas dans toutes les grandes villes du monde depuis quelques années, semble-t-il. À cause de la lumière électrique qui se reflète dans le ciel, ou je ne sais plus trop quoi…

Ce n'était pas très joli et j'aurais préféré une énorme voûte bleu nuit, piquée d'étoiles ou trouée par une pleine lune pour fêter cette joie toute neuve dans ma vie : un homme qui me désirait. J'aurais aimé une nuit parfaite comme dans les romans ou les films, de la musique aussi, un grand orchestre qui aurait décrit mes sentiments en longues mélodies trop faciles à retenir et dont on aurait eu de la difficulté à se débarrasser. L'objet de toute cette excitation n'était pourtant qu'un grand flanc mou aux yeux trop bleus bien incapable, je le savais, de m'apporter le vrai bonheur... mais, après tout, ce n'était peut-être pas le vrai bonheur que je cherchais non plus...

J'ai fourré les mains dans mes poches quand est venu le temps de nous déplacer, de peur qu'il en saisisse une – c'était la même image qui me revenait : un papa qui veut aider sa petite fille à traverser la rue. Jamais nous n'aurions l'air de deux amoureux, en public, il fallait que j'accepte ça tout de suite même si c'était mortifiant.

Gilbert traînait un peu les pieds en traversant la rue Sainte-Catherine vers le sud. Il avait le caquet bas et ressemblait à un petit garçon puni.

« As-tu décidé quequ'chose ? »

Le feu était passé au rouge et nous avons dû presser le pas.

« T'as parlé de la Pharmacie Montréal, tout à l'heure... Y fallait que j'y aille, justement... À cause de mon début de grippe... J'vais t'accompagner un bout, comme j'te l'ai dit tout à l'heure... j'vais décider en chemin de ce que j'vais faire ensuite... »

Il a paru si déçu, il était si défait, tout à coup, que je me suis dit que c'était cruel de continuer à le faire marcher comme ça.

« C'est correct, niaiseux, j'avais décidé d'y aller, chez vous, de toute façon... Mais va falloir qu'on mette bien des choses au clair, par exemple... »

Le cri de triomphe qu'il a alors lancé a fait sursauter les quelques passants autour de nous. Ils semblaient loin de se douter que c'était cette naine bancale qui rendait si heureux ce beau grand garçon blond et j'avais juste envie de me tourner vers eux pour leur crier :

« Eh oui, que voulez-vous, c'est l'effet que j'ai sur les hommes ! »

Avant de nous diriger vers la rue Sainte-Rose, nous avons donc fait une courte visite à la pharmacie où je me suis procuré, en plus d'une petite fiole d'aspirine, le nécessaire pour « passer la nuit chez quelqu'un », ces babioles que les hommes jugent inutiles et ridicules mais dont les femmes, moi en tout cas, ont horreur de se passer. Il a beaucoup ri en voyant mon sac de papier qu'il trouvait encombrant et je lui ai répondu qu'il serait bien content, le matin venu, de me découvrir au creux de son lit fleurant bon le tilleul et l'haleine fraîche en plus d'être guérie de ma grippe naissante.

La rue Sainte-Catherine à l'est d'Amherst était vide et je me disais que je n'oserais sans doute pas y mettre les pieds toute seule tant ça sentait l'abandon, la tristesse et une certaine forme de danger latent que je n'aurais su décrire mais qui régnait sur tout. Une femme seule dans ce secteur, à cette heure tardive, ne serait pas en sécurité, j'en étais convaincue, même si nous n'étions qu'à quelques pâtés de maisons de mon lieu de travail. On la prendrait pour une prostituée ou alors pour une victime consentante. On a beau prétendre que Montréal n'est pas une ville dangereuse, l'atmosphère qui imprégnait ce bout de rue le démentait et je ne pouvais pas m'empêcher de regarder souvent par-dessus mon épaule pour vérifier si une quelconque fripouille mal intentionnée ne nous suivait pas, un couteau à viande à la main.

Gilbert s'en est rendu compte.

« Pourquoi tu regardes toujours en arrière, comme ça, t'as peur ?

— J'avoue que je me sens pas très brave... »

Il m'a fait un clin d'œil, a déposé mon sac par terre et s'est mis à sautiller comme un boxeur qui se pratique en vue d'un combat important.

« Chuis là pour te défendre... »

Je me suis arrêtée au milieu du trottoir.

« C'est bien pour ça que j'ai peur... »

Ce beau grand rire, encore. Si franc. Une drogue dont je craignais ne plus jamais pouvoir me passer.

L'odeur de houblon s'était accentuée depuis que nous avions dépassé la rue Wolfe, et je n'étais plus sûre qu'elle provenait de la brasserie Molson : chaque fois que nous passions devant une des nombreuses tavernes – c'était l'heure de la fermeture –, nos narines étaient assaillies par des odeurs mêlées de bière mal digérée et de sueur rance chassées vers le trottoir en gros bouillons d'air sec à travers de bruyants ventilateurs. Si jamais j'avais à revenir chez Gilbert, surtout si j'étais toute seule, je prendrais un taxi. De façon à éviter le danger... et les odeurs. Si ça sentait déjà si fort en avril, qu'est-ce que ce serait en pleine canicule de juillet !

Devinant mes réticences devant son quartier que de toute évidence il adorait, Gilbert a pris le parti de le défendre en me servant une deuxième fois la théorie qui veut que cette portion de la ville soit le futur cœur de la vie artistique de Montréal à cause des deux tours de Radio-Canada, dont on a pourtant interrompu les travaux depuis un an et demi, et de la proximité des studios du Canal 10. J'entendais parler de ça depuis que j'avais commencé à travailler au Sélect, quatre ans plus tôt, mais je ne voyais encore aucune différence marquante. On avait détruit un secteur complet de Montréal pour élever ces deux tours et on disait qu'une fois terminées, dans un an ou deux si les travaux reprenaient, elles seraient déjà trop petites et sans doute obsolètes, on avait chassé des dizaines de milliers de Montréalais parmi les plus démunis vers le nord de la ville où tout coûtait plus cher et où ils risquaient de crever de faim, on avait sans scrupule anéanti une des vies de quartier les plus colorées de la ville, mais « l'évolution vers le centre nerveux de la vie artistique de la métropole » se faisait toujours attendre, le tronçon de la rue Sainte-Catherine que nous parcourions, Gilbert et moi, abandonné, sale, puant, en faisait foi.

Je l'ai laissé à ses divagations en me disant qu'il finirait bien par se réveiller un jour pour se rendre compte que sa pauvre rue Sainte-Rose ne changerait jamais. La révolution culturelle n'avait pas eu lieu, on s'était juste contenté d'assassiner une partie de Montréal pour l'abandonner ensuite à son peu enviable sort.

« T'as bien l'air triste, Céline ? Ça te tente plus de venir chez moi ? »

Une vraie question de gars. Tout devait tourner autour de lui pour la seule raison qu'il était là. C'était presque rassurant, après tout, de voir qu'il n'était pas si différent des autres... J'ai répondu à côté de la question.

« J'voudrais pas te donner ma grippe...

— Ça me ferait rien d'attraper ta grippe... Si ça veut dire que tu vas passer ta nuit avec moi... »

Nous descendions la rue Champlain, noire et triste avec ses vieilles maisons qui donnaient l'impression qu'elles n'étaient pas habitées tant elles étaient laissées à la décrépitude. Il s'est mis à fredonner la chanson où il était question d'hélices et de compagnies aériennes qui faisait partie du spectacle auquel il participait.

J'en ai profité pour détourner la conversation.

« C'est quoi, au juste, le spectacle que tu répètes ? »

Il a recommencé à sautiller sur le trottoir, résultat, je suppose, de son taux d'adrénaline que ma question avait fait monter d'un cran. Je retrouvais sa fébrilité de plus tôt dans la soirée, on aurait dit qu'il avait soudain perdu le contrôle de lui-même, qu'il dérapait sans le vouloir et qu'il était incapable de se rattraper. Il parlait vite, s'enthousiasmait, ne finissait pas ses phrases.

« Ah ! Ça va être écœurant ! Écœurant ! Si tu savais... J'pense qu'on a jamais vu une chose pareille à Montréal... C'est des chansons... des sketches, aussi... des monologues... mais c'est pas une revue. Pas vraiment. En tout cas pas comme celles qu'on connaît... C'est tellement original qu'on n'est pas encore arrivé à lui trouver un titre, imagine... Pour le moment, on appelle ça juste « le show » parce qu'on trouve rien d'autre... Chuis très chanceux de m'être retrouvé là-dedans...

— Tu les connais depuis longtemps ?

— Non. Ben... tu comprends, c'est pas moi qui devais faire ce que je fais. C'est mon chum Chubby qui est tombé malade... Une mononucléose... Y avaient besoin de quelqu'un vite...

— C'est comme ça que tu t'es retrouvé guitariste dans l'orchestre du spectacle ?

— Ah, je fais toutes sortes de choses... chuis pas juste guitariste... J'fais partie d'un sketch avec Mouffe et Yvon... J'ai jamais fait ça, mais je fais de mon mieux... Des fois, y s'impatientent parce que chuis plus lent qu'eux autres... Mais Mouffe est plus patiente avec moi...

— Mouffe, c'est celle qui a les cheveux noirs raides ?

— Oui. C'est la blonde de Charlebois, aussi... Le connais-tu, lui ?

— Non, j'pense pas.

— Ses chansons son écœurantes, Céline ! On n'est plus dans le fin fond des bois avec la ceinture fléchée et le tapage de pieds, là, c'est des chansons tellement modernes... Tellement nouvelles... Les répétitions sont passionnantes... mais ça fait peur.

— Vous commencez quand ?

— Le mois prochain... si tout va bien.

— Êtes-vous prêts ?

— Non. Des fois, j'ai l'impression qu'on le sera jamais. Aïe, on n'a même pas de titre ! »

Nous avons tourné à gauche dans la rue Sainte-Rose. Une série de maisons à deux étages, sans balcons et plutôt miteuses, qui donnaient de plain-pied sur le trottoir. On montait deux marches et on se trouvait tout de suite devant la porte d'entrée. L'été, écrasés de chaleur, les habitants de la rue Sainte-Rose devaient sortir leurs chaises sur le trottoir et jaser en sirotant une liqueur douce tout en guettant les enfants pour les empêcher de trop courir entre les voitures. Mais au printemps, comme ça, en pleine nuit en plus, on aurait dit une ville fantôme dans un film américain : personne en vue, quelques vitres pétées, un petit vent coulis vu l'étroitesse de la rue...

« On est arrivé. C'est pas un palais, mais ça coûte pas cher et j'aime beaucoup ça... »

Moi qui me vante si souvent de ne pas avoir de préjugés, j'en ai eu pour mon rhume. J'avoue que je m'attendais à un fouillis inextricable, à des odeurs de cigarettes froides et de vieille bière rance, à des piles d'assiettes sales posées sur des boîtes de pizzas vides, à un lit défait depuis des mois d'où seraient montés des remugles peu appétissants et surtout décourageants, enfin, bref, à une piaule de gars bohème qui vit tout seul. Ce que j'ai trouvé était tout à fait différent. C'était joli, c'était propre, tout était rangé, la vaisselle faite et le plancher luisant. Le salon, meublé avec goût sinon beaucoup de moyens, baignait dans un éclairage indirect diffusé par un assortiment de vieilles lampes que Gilbert avait déguisées avec des mouchoirs de couleur. Quant à la chambre à coucher, elle aurait fait honte à une chambrée de soldats : on aurait pu faire rebondir une pièce de monnaie sur le lit tant le couvre-pieds était tendu, rien ne traînait sur le plancher et ça sentait le patchouli et les bâtons d'encens et non, comme je m'y étais attendue, le vieux drap sale et les sous-vêtements pas lavés depuis des lunes.

J'avais un peu honte de moi, et mon étonnement, que j'essayais de dissimuler sous une série de compliments peut-être un peu exagérés, n'a pas échappé à Gilbert qui souriait d'orgueil.

« Toi non plus t'en reviens pas que ce soit propre comme ça, hein ? Tous ceux qui entrent ici ont la même réaction… Chuis maniaque. Chuis pas maniaque de ma personne, y m'arrive même de me laisser un peu aller, mais y faut que j'évolue dans un environnement parfait. Quand je rentre ici et que je retrouve tout à sa place, ça me rassure. Je sais pas pourquoi. Chuis la seule affaire toute croche dans la maison, le reste est organisé. J'essaye pas de me l'expliquer… J'ai toujours été fait comme ça. »

J'ai accepté la bière qu'il m'offrait, même si je n'aime pas beaucoup ça et que j'avais envie qu'on passe vite à autre chose, et nous nous sommes installés sur le sofa du salon.

Je lui ai répété à quel point j'aimais son appartement, je lui ai même avoué ma surprise pour le goût qu'il avait montré dans sa décoration. Ce que je ne lui avouais pas, cependant, c'est que tout ça m'inquiétait un peu : le beatnik dégingandé qui vit dans un habitat qui lui ressemble si peu et où on s'attendrait à voir vivre une guidoune ou un travesti plutôt qu'un guitariste de spectacle d'avant-garde n'avait rien de très rassurant et je commençais à me demander dans quel genre d'univers j'étais tombée, sur quel genre d'énergumène. Gilbert était-il encore plus singulier que je l'avais d'abord cru ? Il n'était pas homosexuel – tiens, un autre préjugé ! –, il me l'avait prouvé, mais je m'inquiétais de la tournure que prendraient les surprises qui m'attendaient peut-être encore.

Notre deuxième partie de jambes en l'air, si la chose est possible, fut encore plus prodigieuse que la première. Dès le début de nos ébats, au moment même où nous abordions les préliminaires, j'ai laissé mon sens critique de côté, je n'ai pas une seule fois pensé à ce dont nous pouvions avoir l'air, lui le grand Viking blond aux membres sans fin et moi la petite bête affairée qui devait se démener sans compter pour arriver à suivre l'action, et, libre de toute inhibition, je me suis lancée dans la pure délectation des sensations et des odeurs. J'ai lu dans ses yeux et j'ai entendu dans sa voix le plaisir monter, durer, exploser en cris incohérents, je l'ai senti mollir dans mes bras après chaque jouissance puis reprendre vie après une séance de rires imbéciles et de caresses sans conséquences. Il a guetté, suivi, nourri mon plaisir à moi en grognements d'encouragement, son corps rompu depuis longtemps à ce qui était nouveau pour moi, ses mains partout à la fois, sa bouche fouineuse et savante. Nous avons roulé hors du lit et continué sur le plancher ce que nous avions commencé dans les draps ; il a fumé une cigarette étendu sur une carpette qui sentait le désinfectant pendant que j'enroulais les poils de son pubis autour de mes doigts poisseux. Les odeurs qui imprégnaient la chambre me rendaient folle d'excitation et je me voyais m'y tremper jusqu'à la fin de mes jours. Comme la première fois, j'aurais voulu que ça ne cesse jamais. Mais, aurait dit ma mère après un soupir d'exaspération en posant son verre vide sur sa table de chevet, « toute bonne chose a une fin » et je voyais avec appréhension venir le moment où il faudrait retourner à notre quotidien : pour lui les répétitions du spectacle qui n'avait pas encore de titre, pour moi le Sélect, les *hamburger platters*, le café infect. Et Janine. Avec, au bout du tunnel, l'espoir de remettre ça le plus souvent possible, le plus longtemps possible.

Vers la fin de nos jeux fous, cependant, au moment le plus noir de la nuit, juste avant que s'annonce l'aurore, j'ai senti chez lui un changement progressif que je n'arrivais pas à m'expliquer. Une absence s'est faite dans son regard, pas subite ni brusque mais désordonnée, par à-coups ; son corps était moins présent et son esprit, que j'avais senti à l'unisson du mien depuis plusieurs heures, s'est mis à vagabonder de curieuse façon hors de ce qui se passait entre nous. Je l'ai d'abord cru épuisé, puis je me suis dit que c'est sans doute vrai que l'ennui vient de la répétition, que nous avions bien profité et même un peu abusé de la nuit qui s'achevait et qu'il valait peut-être mieux garder notre intérêt l'un pour l'autre intact pour des séances ultérieures en évitant d'émousser trop tôt cette passion qui nous dévorait quand venait le temps de faire l'amour... Il a cessé de rire, peu à peu, esquissant à peine un sourire quand il repoussait, tout de même gentiment, mes amorces de caresses, et c'est plutôt inquiète que j'ai fini par m'endormir. Pas dans ses bras non plus, mais roulée en boule au bord du lit.

Quelques minutes plus tard – il faisait toujours noir –, il m'a réveillée d'une légère poussée. Sa voix s'était altérée d'étrange façon : son ton était plus grave, on l'aurait dit cassé, il ne finissait pas ses phrases, un peu comme la veille, mais toute excitation en avait été évacuée et il n'y restait plus que cette fébrilité incontrôlée qui m'avait tant étonnée.

« Excuse-moi de… J'voulais pas te réveiller, mais… Excuse-moi de te demander ça, Céline, mais y faudrait que tu t'en ailles… »

J'ai commencé par penser que je rêvais, que je transportais mon inquiétude dans mon sommeil dont je me servais pour l'évacuer, mais tout était vrai, sa main qui tremblait un peu, son corps qui ne sentait plus pareil, sa voix à peine reconnaissable. Je me suis frotté les yeux en bâillant. Il avait posé une main brûlante sur ma hanche.

« Gilbert, y est j'sais pas trop quelle heure du matin… Y fait encore noir ! On vient juste de s'endormir… »

Il s'est éloigné de moi ; je l'ai entendu sortir du lit, s'en extirper plutôt, parce qu'il s'est traîné jusqu'à l'autre bout avant de se lever, comme si son corps avait été tout à coup trop pesant alors qu'il avait montré tant d'agilité quelques minutes plus tôt.

« Je le sais… Mais… Y faudrait que tu t'en ailles…

— Pourquoi, qu'est-ce qui se passe, qu'est-ce qui est différent de tout à l'heure ?

— Moi. Moi, Céline. Moi, chuis différent de tout à l'heure… »

Je sais que c'est idiot, mais au milieu de cette scène si sérieuse, je me suis mise à penser à *Dr. Jekyll and Mr. Hyde*, un des films préférés de mon père, et j'ai souri dans le noir. Spencer Tracy allait-il se transformer en monstre sanguinaire pour assassiner Ingrid Bergman ou Lana Turner en gestes saccadés et grimaces ridicules ? Mais sa phrase suivante a tranché net ce fou rire nerveux que je sentais monter de façon presque irrésistible :

« Y a des parties de moi qu'y faudrait pas que tu connaisses, Céline, que je veux pas que tu saches… Pas tout de suite… S'il te plaît, fais ce que je dis… Tu pourrais le regretter… »

Soudain, je ne sais pas pourquoi, j'ai trouvé que tout ça sentait le prétexte, que ça cachait sans doute quelque chose de plus trivial qu'un simple accroc dans la personnalité de Gilbert, une autre femme, peut-être, une blonde officielle trop amoureuse pour ne pas être compréhensive et qui attendait quelque part en coulisse que je quitte les lieux pour reprendre la place qu'elle croyait être la sienne. Avait-il osé me mentir à ce point ? Je voulais en avoir le cœur net. Tout de suite.

« Mon Dieu, Gilbert, y a-tu une autre femme qui s'en vient profiter du lit que j'y aurais réchauffé sans le savoir ? »

Il a lancé ce qui aurait pu passer pour un ricanement mais qui n'était qu'une espèce de désagréable renâclement teinté d'ironie :

« Ben non. Si seulement c'était ça... Ça serait plus vivable... En tout cas, ça pourrait se régler. Ce que je veux pas que tu voies est pas réglable, Céline, et je t'expliquerai peut-être un jour ce que tu sais pas, mais là... Ce qu'on vient de vivre est trop beau pour le gâcher, Céline, va-t'en... S'il te plaît... »

Je n'avais pas l'intention de quitter la rue Sainte-Rose en indésirable, en favorite tombée en disgrâce. Même en taxi. J'ai refusé net de sortir du lit à cette heure pour le moins indue.

« Chuis une femme forte, Gilbert, chuis capable d'en prendre. Si t'as un secret inavouable, garde-le pour toi ; si t'as une histoire à me conter, fais-le tout de suite, mais j'irai pas me jeter dans l'ancien « faubourg à m'lasse » à cinq heures du matin comme une maîtresse bannie qui sait pas pourquoi on la sacre dehors ! »

Je lui ai tourné le dos et je me suis rendormie malgré ses protestations de plus en plus molles.

Quand je me suis réveillée, la place de Gilbert était vide à côté de moi. Et froide. J'ai pensé qu'il était peut-être parti répéter, l'avant-midi étant déjà avancé. Mais j'ai entendu du bruit en provenance de la cuisine, puis je me suis rendu compte que ça sentait le *pot* au lieu du café et des toasts. Je me suis habillée en hâte en pensant que je prendrais ma douche chez moi. Surtout si Gilbert fumait si tôt dans la journée. Était-ce là ce qu'il n'avait pas pu m'avouer ? Est-ce qu'il se droguait plus que je ne l'avais imaginé ? Dès le petit-déjeuner ? Ce qu'il igno-rait, cependant, c'est que je vivais depuis un bon bout de temps avec des travestis qui ne dédaignaient pas eux non plus un petit joint en se levant … Je m'arrangeais pour les éviter quand ils étaient hilares à l'excès ou que leurs propos me semblaient confus, et c'est ce que j'avais envie de faire avec Gilbert s'il se montrait trop « avancé » à mon goût. Je n'avais pas l'intention d'avoir une conversation embrouillée et difficile à suivre en préparant mon café, même avec lui. Je lui dirais que je ne lui en voulais pas, que je comprenais, et je le laisserais à son plaisir solitaire et à ses divagations. J'étais déçue mais j'ai pensé que c'était quand même moins terrible que de le trouver soûl au petit matin comme ça m'était si souvent arrivé avec ma mère…

Rien n'avait été déplacé dans la cuisine. Tout luisait encore de propreté. Gilbert n'avait donc pas encore mangé. Il était attablé devant ce que j'ai d'abord cru être l'attirail classique du drogué auquel le cinéma américain nous a habitués : le garrot de caoutchouc, la seringue, la petite cuiller, les allumettes, mais qui s'est avéré, à mon grand soulagement, n'être qu'un sac de *pot*, du papier et une machine à rouler des cigarettes. En m'approchant de la table, je me suis aperçue que Gilbert était plus prostré qu'assis et que sa tête penchait de dangereuse façon au-dessus de sa cigarette allumée, une vraie, celle-là, pas un joint. Était-il *parti* au point de ne plus être conscient ? Son dos était arrondi alors qu'il se tient toujours si droit, sa jambe gauche était prise d'une sorte de tremblement, ses épaules secouées par ce qui semblait être des sanglots irrépressibles.

Et quand il m'a entendue arriver, il a tourné vers moi un visage méconnaissable, rouge et bouffi, une tête de Méduse d'où tout charme avait disparu et où ne paraissaient plus que la souffrance et la peur. Ses cheveux étaient collés à son front, une sueur abondante coulait dans son cou. Je n'avais plus devant moi la personne que j'avais tant fait jouir à peine quelques heures plus tôt mais quelqu'un de différent que je n'avais pas envie de connaître. Ni même de savoir qu'il existait.

Il a essuyé ses larmes avant de me parler.

« J't'avais dit de pas rester... »

J'ai posé la main sur son bras moite.

« Mon Dieu, qu'est-ce que t'as ? Es-tu malade ? T'es-tu empoisonné avec de la mauvaise nourriture ? J'espère que c'est pas la viande du Sélect... »

Trop pragmatique, comme d'habitude. J'avais devant moi un homme de toute évidence démoli et je parlais d'intoxication alimentaire !

Il a repoussé ma main avec un geste d'une brusquerie étonnante chez lui et son rire, cynique, m'a fait peur.

« Chuis pas empoisonné... en tout cas, pas de cette façon-là ! J't'avais dit de pas rester... Je voulais pas que tu me voies dans cet état-là ! »

Il a pris le sac de *pot* et me l'a presque mis sous le nez.

« J'ai même essayé de fumer pour que ça paraisse moins, mais on dirait que c'est pire, que chuis encore plus *down* que quand j'me suis réveillé ! J'étouffe, Céline, je voudrais mourir là, tout de suite ! »

J'ai pris sa tête dans mes bras. Son odeur avait changé. C'était devenu un arôme désagréable. Ce n'était plus un parfum d'homme qui donne envie de caresser et d'embrasser, mais un remugle de maladie, une exhalaison malsaine que je ne reconnaissais pas et qui me soulevait le cœur. Je suis restée tout de même là, les bras autour de son cou, son nez appuyé contre ma poitrine, parce que je savais qu'il en avait besoin.

« Je voulais pas que tu me voies comme ça ! Je voulais pas que tu saches ça de moi ! Tu vas t'en aller, tu voudras pus me revoir ! Jamais ! Comme les autres. »

Et, le temps d'un battement de cœur chez moi et d'un long sanglot chez lui, j'ai eu une vision. Je ne sais pas si on peut parler de vision quand ce n'est pas la vue qui est concernée mais juste l'ouïe, je ne sais pas non plus si j'ai les mots pour exprimer ce que j'ai ressenti, ou plutôt entendu, de façon si rapide, si fugace, mais si claire. Était-ce parce que mon espoir d'être heureuse avec Gilbert s'effondrait tout d'un coup au milieu de cette cuisine trop propre ou parce que mon avenir, encore une fois, prenait sans prévenir un tournant auquel je ne m'attendais pas ? N'était-ce en fin de compte que mon propre désarroi que j'entendais ? Je l'ignore, mais toujours est-il que pendant une fraction de seconde, j'ai eu l'impression que tous les cris de détresse de la création résonnaient dans ma tête. Tous les hurlements de désespoir lancés à travers le monde au même moment que celui de Gilbert ont explosé en une seule note universelle de souffrance que j'ai reçue comme un coup de poignard. Un bouquet de malheurs intolérables venus des quatre coins de la planète qui m'a fait monter les larmes aux yeux. Une révélation ou un avertissement ? Ça n'a duré qu'un court instant, je l'ai pourtant reçu en brûlure indélébile, comme un autre coup soudain du destin qui se chargeait encore une fois, et malgré moi, de changer le cap de ma vie. Mais ce n'était peut-être que ma propre implosion qui se révélait à moi en un grand cri multiple. J'avais envie de partir en courant, de laisser Gilbert là, au milieu de sa cuisine, le sac de *pot* à la main et le genou gauche tremblant, et en même temps de rester à le consoler du mieux que je pouvais, en espérant l'aider à se sortir de ce marasme que j'espérais temporaire.

Mais quel était donc ce marasme ? Est-ce que ça avait un nom ? Ce n'était pas nouveau puisque Gilbert l'avait senti venir. D'où est-ce que ça venait ? Comment est-ce que ça se manifestait ?

« Qu'est-ce que t'as, Gilbert, qu'est-ce que t'as ? Si tu me dis rien, je pourrai pas comprendre, je pourrai pas t'aider... »

Il s'est redressé tout d'un coup, m'a repoussée, a ramassé son sac de drogue, son papier et sa machine à rouler et a quitté la table en la renversant presque.

« J'ai eu assez de monde dans ma vie qui ont essayé de m'aider, j'en ai *fucké* assez pour savoir que c'est pas possible. Chuis un incurable, Céline, et même ce qui se passe entre nous pourrait rien y changer ! Ce qui se passe ce matin en est la preuve. Même avec les meilleures intentions du monde, tu vas finir par t'en aller. Comme les autres. J'aurais pas dû laisser ça arriver. Je le savais, pourtant. Mais j'ai été faible... »

Il allait quitter la cuisine. J'ai couru derrière lui.

« Essaye, au moins. De m'expliquer. Gilbert, tu peux pas me laisser dans l'ignorance comme ça ! J'ai le droit de savoir ! Après ce qui s'est passé entre nous la nuit dernière, j'ai le droit de savoir ! Si tu me considères pas toi non plus comme une *one night stand*, tu vas me parler ! »

Il s'est appuyé contre le chambranle de la porte. Il ne s'est pas tourné tout de suite pour me parler. Il a commencé son récit de dos. Sa voix était aussi méconnaissable que son visage, brisée, presque neutre. Ce n'est qu'après quelques minutes, son histoire bien amorcée, sa confession assumée, qu'il est revenu s'asseoir à table à côté de moi.

« Ça s'appelle la folie circulaire... »

Intercalaire II

DÉBUT DE L'HISTOIRE DE GILBERT, LE FOU CIRCULAIRE

La mère s'était confessée à un travesti qui portait un nom d'homme ; le fils s'est confié à une naine compréhensive qui voulait l'aimer. Et qui, par hasard, se trouvait être une colocataire du même travesti. Plusieurs années plus tard. Longtemps après la mort de la mère et que le fils fut devenu un adulte à problèmes.

Pendant toute son enfance, Gilbert Forget avait été ballotté entre l'école et la *Main*, entre le savoir inculqué – l'éducation –, et le savoir acquis – l'expérience de la rue –, entre une grand-mère trop aimante et des travestis trop permissifs. Ce qui en avait résulté était un préadolescent agité, précoce, doté de l'assurance des galopins mais dépourvu de toute sérieuse concentration et aux connaissances plutôt échevelées. Il avait un vocabulaire de fond de cour et un sens de la boutade étonnant pour son âge, mais figeait devant une simple question posée par un professeur. Il déclenchait volontiers des batailles à la sortie des classes, mais éclatait en sanglots comme le dernier des froussards dans le bureau du directeur. Il faisait preuve d'une sensibilité à fleur de peau quand les guidounes du *redlight* se faisaient tapocher par les hommes de main de Maurice – il s'insurgeait, criait à l'injustice, il se risquait même parfois à leur lancer tout ce qui lui tombait sous la main –, il montrait pourtant une étonnante indifférence devant les merveilles de la langue française ou les méandres de l'histoire du

Canada. Il savait donc des tas de choses que les autres enfants ignoraient tout en étant dépourvu des bases mêmes d'une instruction normale.

Quant à sa mère folle avec qui il sillonnait parfois toute la journée les rues avoisinantes du *redlight*, la main tendue et la morve au nez, il croyait qu'elle était quêteuse, rien d'autre, et en avait honte. Il était fier de son père mort à la guerre, oui, c'était un héros, ils avaient même reçu à la maison une belle médaille rutilante toute neuve qu'il s'était empressé de montrer aux autres élèves de sa classe ; si on lui parlait de sa mère, toutefois, il se fermait comme une huître et changeait de sujet de conversation. Il ne pouvait quand même pas avouer que c'était une folle en guenilles qui quêtait son pain en racontant des malheurs pas toujours vérifiables à des passants pas souvent respectables.

Il se rappelait, mais c'était flou et très loin derrière, la première fois qu'elle l'avait traîné dans un de ces bars si peu éclairés, pourtant interdits aux enfants, où elle se déguisait de bizarre façon avant de le confier à une autre dame qui lui ressemblait, le temps, disait-elle, d'aller gagner leur vie sur la scène. Il croyait alors qu'elle quémandait de l'argent du haut de la scène, déguisée en gitane ou en Schéhérazade, et se demandait bien pourquoi elle était obligée de changer de personnalité, et surtout d'habillement, quand elle mendiait le soir.

Il était conscient que certains hommes étaient fous d'elle sans trop en comprendre les raisons. Il les voyait dans la loge, après le spectacle, les yeux écarquillés, un bouquet de fleurs à la main, et les trouvait grotesques avec leurs courbettes ridicules, leurs compliments exagérés. Elle était belle, oui, mais savaient-ils à quel point elle était folle quand elle se perdait dans ses divagations de veuve éplorée et, surtout, ses crises prolongées d'alcoolisme qui la rendaient la plupart du temps insupportable ? Mais c'était peut-être ça qui les excitait, après tout. Ils étaient aussi insensés qu'elle.

Elle envoyait sa tête par en arrière, sortait son grand rire de gorge qu'il détestait tant, et il savait qu'il aurait à attendre pendant de longues heures qu'elle daigne à nouveau se rappeler qu'il existait. Parce qu'elle était occupée ailleurs. À quêter, encore ? À gagner leur vie en récits incohérents qui s'éloignaient de plus en plus de la vérité pour se perdre en légendes sans queue ni tête où elle se voyait toujours en victime innocente et imaginait le reste du monde en bourreaux tortionnaires qui lui en voulaient d'avoir rencontré le grand amour et lui faisaient payer un prix abusif ?

L'arrivée de Greta dans sa vie – elle ne s'appellerait Greta-la-Vieille qu'après l'intronisation à Montréal de Greta-la-Jeune – fut donc une bénédiction pour Gilbert. Il aima cette drôle de femme à la voix si bizarre comme il ne pouvait pas aimer sa mère, avec un total abandon et une passion sans mélange : en plus de prendre volontiers la place de cette madame Veuve dans laquelle il avait de plus en plus de difficulté à reconnaître la femme si gentille qui l'avait élevé, elle lui permettait tout !

Elle le protégeait quand, en pleine canicule, enfant abandonné à lui-même et fou de désœuvrement et d'ennui, il achalait trop les filles de la *Main* pour qu'elles lui payent une crème glacée – si une main impatiente se levait pour le frapper parce qu'il devenait trop insistant, Greta surgissait on ne savait d'où et prenait sa défense –, elle le maternait pendant des heures lorsque madame Veuve, vers la fin, disparaissait longtemps avec n'importe qui pour ne rapporter que quelques billets de banque qu'elle froissait d'ailleurs comme des kleenex usagés. Elle allait même parfois jusqu'à les jeter au visage de Gilbert comme si tout ça, sa chute à elle, leur pauvreté, la mendicité, avait été de sa faute.

Greta interrompait son travail au risque de déplaire aux estafettes de Maurice-la-piasse qui avaient une idée au mieux nébuleuse de la compassion et veillaient avec un sérieux imperturbable à ce que leurs filles soient toujours au poste, le prenait par la main, l'amenait chez Ben Ash manger un *smoked meat* même s'il était trop tard et que la viande fumée et épicée allait sans doute leur rester sur l'estomac une partie de la nuit. Ou alors un hot dog *steamé* au Montreal Pool Room, bien sûr accompagné de l'inévitable patate frite graisseuse et molle. Elle l'occupait, le faisait rire, lui racontait le peu qu'elle se souvenait des contes de fées de son enfance. Elle mélangeait les contes de Perreault avec ceux de tante Lucille, introduisait des personnages québécois au milieu du Moyen-Âge européen, mimait les sorcières, imitait les dragons, sacrait comme les bûcherons. Tout en versant du vinaigre sur ses frites ou en étalant de la moutarde sur son *smoked meat*.

Lui, pourtant si jeune, la humait plus qu'il ne l'écoutait. Il n'avait jamais rencontré quelqu'un qui fleurait aussi bon, même pas sa mère qui n'avait pourtant jamais lésiné sur le parfum. Il se frottait le nez sur la peau ou les vêtements de Greta à la moindre occasion, il appuyait la tête contre sa poitrine généreuse, quoique un peu dure à côté de celle de sa mère, et prenait de longues goulées de cette odeur capiteuse, mélange de sueur, surtout en été, et de crème pour la peau qu'une vendeuse Avon livrait tous les mois aux guidounes du *redlight* et qui ne sentait pas sur elle la même chose que sur les autres. Sur les autres, c'était un quelconque parfum bon marché acheté auprès d'une vendeuse itinérante ; sur sa peau à elle, ça devenait l'exhalaison même de l'amour maternel, un baume qui entrait par le nez et qui donnait envie de continuer à vivre.

Parce que Gilbert pensait déjà à la mort. Pas au suicide, non, il ne savait pas encore que ça existait, mais sa grand-mère lui avait souvent parlé de cet endroit où toute bonne personne devait se rendre après sa mort, ce refuge pour les désespérés, cette ultime récompense après une vie de sacrifices et d'abnégation, et Gilbert se prenait à rêver de s'y rendre tout de suite parce qu'il se doutait, sans doute à cause de sa mère, que la vie n'était pas toujours un cadeau et que, de toute façon, le sacrifice et l'abnégation ne l'intéressaient pas beaucoup. Alors, pourquoi pas la récompense tout de suite ? Avant les souffrances ? Avant les grandes déceptions ? Mais sa grand-mère lui avait expliqué que ce n'était pas comme ça que ça marchait, que le bon Dieu – Gilbert voyait une sorte de père Noël sérieux et sévère, en robe de nuit blanche, étendu sur un nuage – s'attendait à plus de notre part avant de nous récompenser, que nous devions lui prouver que nous *méritions* le grand cadeau, le grand abri, avec ses chœurs d'anges et son éternel festin savouré en présence de tout ce que le monde a jamais connu de plus respectable et de plus catholique.

« On n'a rien pour rien, dans la vie, mon petit gars ! »

C'était là un leitmotiv qu'il entendait chaque jour, plusieurs fois, et qu'il apprit très jeune à nier. Si la chose s'avérait possible, il s'arrangerait, lui, pour tout avoir pour rien !

La mort avait donc continué à le hanter, mais plus comme une fuite dans l'inconnu, une consolation sans grand caractère, qu'une récompense méritée à force de sacrifices.

Et voilà que cette odeur, pourtant synthétique, de trop de fleurs différentes mélangées n'importe comment pour faire de l'argent et vendue trop cher sous forme de parfum à de pauvres créatures qui ne connaissaient pas mieux lui avait redonné le goût de continuer à vivre. Pour pouvoir humer le parfum de cette drôle de femme qui avait revêtu à son profit le manteau de l'amour maternel dont il avait tant besoin. Il conçut donc pour Greta la première grande passion de sa vie.

Il avait assez tôt perçu une différence marquée et bizarre entre les deux sortes de « madames » qui

sillonnaient tous les soirs la rue Saint-Laurent en
« attendant l'autobus ». Certaines, les plus massives,
celles à la voix cassée et à la démarche pas toujours
élégante, étaient de loin les plus gentilles. Elles
étaient folles de lui, le trouvaient drôle, l'encoura-
geaient presque dans ses incartades et se pâmaient
devant le développement si rapide de son sens de
la réplique appris d'elles. Les autres, au physique
plus délicat et à la voix qui ressemblait à celle de
sa mère, se montraient impatientes avec lui, lui
passaient moins de caprices et, allez savoir pourquoi, lui disaient souvent que la *Main* n'était pas un
endroit pour les enfants. Un soir qu'il lui avait posé
la question, Greta lui avait répondu que c'était parce
que certaines d'entre elles avaient un ou plusieurs
enfants et qu'elles avaient sans doute raison de
vouloir l'éloigner du *redlight*. Après tout, il n'était
pas normal qu'un tit-cul de son âge se promène sans
surveillance dans un quartier comme celui-ci. On
ne sait jamais ce qui peut arriver. Mais, en fin de
compte, le fait qu'il était le fils de madame Veuve
le protégeait peut-être des mauvaises rencontres.
Le fait, aussi, que toutes les madames qui attendaient l'autobus, surtout les plus massives, auraient
volontiers éviscéré quiconque oserait lever le petit
doigt sur lui.

Les madames qui le rabrouaient étaient de vraies
mamans, lui avait-elle dit, mais il n'avait pas compris
le sens de sa réponse. Il avait levé vers elle son
regard d'enfant intelligent mais encore ignorant de
la plupart des choses de la vie et lui avait demandé
avec une grande candeur, tout en crânant, pour faire
croire que ce n'était pas si important :

« Y a juste les petites madames délicates qui ont
des enfants ? Vous autres, les grosses, les bâties,
vous en avez pas ? »

Le rire de Greta, célèbre dans tout le quartier,
avait monté dans la nuit collante de juillet pour
aller se perdre quelque part dans le noir du ciel.
Un peu offensé, il lui avait demandé pourquoi elle

riait. Son rire s'était tu. Elle avait passé dans son cou gracile de poulet pas encore rendu à maturité sa main qui fleurait si bon la crème Avon et était redevenue sérieuse tout d'un coup.

« Tu le sais pas, hein ? Tu vois rien de tout ça ? »

Gilbert, qui se vantait de tout comprendre plus vite que les autres enfants, était resté figé devant cette réponse pour le moins sibylline. De quoi parlait-elle ? Qu'est-ce qu'il fallait voir ? Y avait-il un détail qu'il ne voyait pas et qui, pourtant, crevait les yeux ? Humilié, cette fois, il fit du boudin pendant tout le reste de la soirée et seul un club sandwich chez Ben Ash, servi, en plus, par Thérèse, sa serveuse favorite, eut raison de lui. Mais, tout en dévorant son sandwich à trois étages, il continuait à réfléchir. Et ne trouvait pas de réponse à la question qu'il se posait au sujet des madames qui attendaient l'autobus, celles qui étaient mères et celles qui ne l'étaient pas, les délicates et les massives.

Ce soir-là, Thérèse et Greta tinrent une messe basse près de la caisse, une de ces discussions entre adultes que Gilbert haïssait tant parce qu'il en était toujours exclu, et leurs éclats de rire – elles le montraient parfois du doigt, c'était donc bien de lui qu'il s'agissait – le rendirent fou de rage. Il fit au-dessus de son sundae au caramel une des premières vraies crises de sa vie que les deux femmes prirent pour une colère d'enfant gâté qui refuse qu'on lui résiste. Elles exagérèrent donc leur complicité, soi-disant pour lui faire la leçon, mais elles venaient d'ouvrir sans le vouloir une boîte de Pandore qui ne se refermerait plus jamais. Elles aussi passaient à côté d'une évidence : ce qui couvait chez Gilbert était plus que des caprices d'enfant mal élevé, c'était une véritable maladie.

Juste avant qu'ils ne quittent le restaurant – le dernier spectacle de madame Veuve achevait et Greta lui avait juré de lui ramener encore une fois Gilbert sain et sauf –, Thérèse s'était penchée sur le gamin et lui avait caressé le cou. Elle sentait plus fort que Greta, mais c'était loin d'être désagréable.

« T'as jamais remarqué, Gilbert, que ta grande amie Greta a un gorgoton ? »

Cette dernière avait pointé son index sous le nez de la serveuse.

« Mets-y pas des affaires dans la tête, toi, à soir ! »

Gilbert était déjà sur le bout des pieds, le nez à la hauteur du cou de Greta.

« Ben oui, elle a un gorgoton, pis, qu'est-ce que ça peut faire ? »

Thérèse avait répondu avant que la guidoune la somme de se la fermer.

« R'garde... Moi, j'en ai pas... »

Il était passé de la gorge de Greta à celle, plus douce et, surtout, plus tendre de la belle Thérèse.

« C'est pourtant vrai. Pis, qu'est-ce que ça veut dire ? »

Les deux femmes s'étaient regardées de curieuse façon. Y avait-il là encore un détail qu'il ne voyait pas ou qu'il voyait sans comprendre ? Leur réponse avait été loin d'être claire. Thérèse avait haussé les épaules en disant qu'un bon jour il allait subir tout un choc, alors que Greta se contentait de lui dire sur un ton de confidence :

« Quand tu vas l'apprendre, essaye de pas trop m'en vouloir... »

Apprendre quoi ? Lui en vouloir pour quoi ? Il n'était pas question qu'il lui en veuille pour quoi que ce soit, il l'aimait trop ! Il le lui dit et la vit fondre d'émotion au coin de la *Main* et de la Catherine.

Il s'endormit très tard, cette nuit-là, et son sommeil fut hanté par des gorges de madames qui s'offraient à lui non pas en s'abandonnant, comme lorsqu'on attend un baiser dans le cou, mais de façon agressive. Il se réveilla en pensant à un détail qu'il avait appris à l'école et qu'il avait oublié. Oui, il y avait un élément pourtant très simple se rapportant au corps, à la gorge de l'être humain, qui lui échappait... parce qu'il ne voulait pas voir ! Le choc fut terrible : il était convaincu, tout à coup, qu'il ne voulait pas voir ce qui sautait pourtant aux yeux parce que le jour où il comprendrait de quoi il s'agissait, sa vie en serait changée pour toujours.

À partir de ce moment-là, il se mit à guetter tous les gens qu'il croisait, à l'école autant que dans le *redlight*, pour vérifier qui avait une pomme d'Adam et qui n'en avait pas. Ce n'était pas évident parce que tous ceux qui en étaient pourvus ne l'arboraient pas toujours comme un trophée ou une preuve de beauté. Et les chemises, à l'école, devaient rester attachées jusqu'au cou. Il lui arrivait donc de détacher des cols de chemises de certains de ses compagnons de classe pour aller fouiner dans leur cou, ce qui lui donna une drôle de réputation, lui qu'on trouvait déjà bizarre. On se mit à l'appeler Forget la tapette, il en fut bien sûr humilié, même s'il n'avait qu'une vague idée de ce que pouvait signifier le mot tapette.

En attendant, après vérification, sa grand-mère n'avait pas de gorgoton. Sa mère non plus. Mais ses compagnons de classe, si. Et ses professeurs. Et le frère directeur. Par contre, les madames qui attendaient l'autobus se trouvaient moitié-moitié avec ou sans. Curieux. Tooth Pick, le bras droit de Maurice, en avait un énorme, presque aussi gros et pointu que celui, pourtant impressionnant, de Jean-le Décollé, un ami, une amie, plutôt, de Greta qui lui faisait peur parce qu'elle avait un nom d'homme malgré ses vêtements féminins.

Trop de questions, pas une seule réponse. Et toujours cette impression que ce qu'il cherchait tournait autour de la pomme d'Adam...

Et son déni fut pulvérisé d'un seul coup, beaucoup plus tard, lors d'une autre conversation avec sa grande amie Greta qu'il admirait tant et qu'il aurait voulu humer jusqu'à la fin de ses jours.

La loge des filles du Coconut Inn – séparée de celle, minuscule, de la vedette maison – était toujours remplie de costumes jamais rangés, de babioles de toutes les couleurs, accessoires pour les numéros de strip-tease ou colifichets inutiles achetés sur un coup de tête et jamais portés, de perruques, aussi, souvent blondes parce que les clients de l'établissement étaient friands de tout ce qui rappelait la nouvelle coqueluche de Hollywood, Marilyn Monroe. Ils aimaient se faire croire que c'était bien elle, en personne, sortie de *Niagara* ou de *Gentlemen Prefer Blondes,* qui venait les émoustiller sur la *Main*, en plein cœur de Montréal, autant dire au bout du monde, pendant qu'ils calaient leur bière tablette ou leur verre de fort coupé d'eau, sans remords, par le barman. Quant à son pendant français, Brigitte Bardot, elle n'avait pas l'air assez cochonne pour eux. Comme l'avait si bien répondu Willy Ouellette, le joueur de ruine-babines attitré du French Casino, à qui on avait demandé, à la fin d'une des plus grandes beuveries de sa vie, laquelle il amènerait sur une île déserte :

« Brigitte Bardot ? C'est l'assiette de soupe tiède avant le ragoût de boulettes ! Marilyn Monroe, elle, c'est le repas au grand complet ! Tu manges ça pas de pain, pas de beurre… Pis chus sûr que t'as pas besoin d'ajouter de poivre ! »

Les filles du Coconut Inn, au contraire des effeuilleuses des autres clubs de la rue Saint-Laurent, n'avaient pas de places assignées devant le grand miroir éclairé par des dizaines d'ampoules électriques et devant lequel on avait poussé une ancienne table de réfectoire que Tooth Pick avait dégotée à l'Armée du Salut, au coin de Notre-Dame et Guy. Ce qui avait d'ailleurs fait dire à Maurice :

« Des générations de religieuses ont mangé à c'te table-là pendant des siècles, dans le fin fond d'un couvent qui a jamais su que la *Main* existait. Là, ça va être des guidounes qui vont se plâtrer le *kisser* en se contant des histoires sales à faire dresser les cheveux sur la tête ! Après les bondieuseries, les blasphèmes ! Quel beau destin pour une table ! »

Chaque strip-teaseuse prenait donc la place qui se trouvait libre, empruntait le maquillage des autres, pigeait des kleenex un peu partout, sacrait si un rouge à lèvres qui traînait là n'était pas de la bonne couleur, hurlait si elle ratait un faux cil et criait à qui voulait l'entendre qu'elle allait arracher les yeux de l'écœurante de vache qui lui avait encore volé son plus beau pinceau.

Gilbert adorait l'impression de n'importe quoi et de n'importe comment qui se dégageait de tout ça. Et, amateur de parfums comme il l'était, il pouvait se vanter d'être servi ! Ce qui flottait en permanence dans la loge s'avérait très différent de ce qui se dégageait du corps de Greta, de celui de sa mère ou encore du giron, beaucoup moins intéressant, de sa grand-mère qui, de toute évidence, ne croyait pas aux vertus des crèmes pour la peau Avon et se contentait du bon vieux savon Barsalou. Quand il poussait la porte de cette pièce trop petite pour contenir autant de femmes qui prenaient autant de place, un véritable bloc d'odeurs lui sautait dessus, un mur compact d'émanations de toutes sortes, et il avait l'impression d'entrer dans une énorme fiole où l'on aurait enfermé tout ce qui sentait le plus fort sur le marché : un point d'orgue, indivisible et pourtant composé de centaines de notes trop différentes pour aller ensemble, lui entrait par les narines et, parfois, il éternuait, trois fois, comme quand il passait trop vite de l'ombre au soleil, l'été. Nulle part ailleurs il n'avait retrouvé cette fragrance capiteuse de corps surchauffés par les *spot lights* mêlée aux effluves entêtants de tout ce qui pouvait s'acheter comme eau de toilette bon marché, de Dupuis Frères à Ogilvy's, de L. N. Messier, sur la rue Mont-Royal, aux quinze cennes de la rue Sainte-Catherine. Une symphonie sans fin composée d'une seule note qui jamais ne s'arrêterait. C'était unique et, chaque fois, il se disait, depuis qu'il était tout petit, que ça puait bon.

Ce soir-là, sa mère l'avait encore confié aux bons soins des madames qui attendaient l'autobus, en particulier Greta, sa gardienne officielle et adorée, surtout que la journée avait été éprouvante et qu'elle s'était mise à boire plus tôt. Elle affichait sa tête des nuits à problèmes et Gilbert ne voulait pas être présent quand tout allait éclater.

Juste avant de quitter le Coconut Inn pour se lancer dans le trafic de la rue Sainte-Catherine, Gilbert avait entendu les autres filles se plaindre du manque de professionnalisme de madame Veuve qui, à leur avis, commençait à pousser un peu fort... Elle avait désormais de la difficulté à se rendre au bout de ses numéros, cachait des bouteilles de gin Bols sous le système d'éclairage, insultait les clients qui osaient jaser à voix haute au lieu de la regarder se déshabiller... Il les avait traitées de tous les noms et s'était sauvé avant que pleuvent sur lui les tapes bien placées et les souliers à talons aiguilles.

Il avait tout raconté à Greta qui lui avait dit de ne pas s'en faire, de ne pas écouter les autres filles, qu'elles étaient toutes et chacune jalouses de sa mère, trop belle à leur goût malgré ses nombreux malheurs et, surtout, trop populaire auprès de la clientèle pourtant reconnue difficile du Coconut Inn. Malgré sa grande jeunesse de préadolescent pas même encore monté en graine, Gilbert savait très bien que Greta mentait, que les filles n'étaient pas du tout jalouses de sa mère qu'elles méprisaient sans le cacher et que la clientèle du Coconut Inn était tout sauf difficile ! En effet, comment peut-on faire le difficile quand on sait à peine où l'on est et qu'on se trouve trop soûl pour voir avec précision ce qui se passe sur la scène ? Et qu'on doit se contenter, pour le peu de sous qu'on a à dépenser, d'une veuve éplorée, aussi belle soit-elle, en lieu et place de Marilyn Monroe, la femme la plus sexy du monde ? On prend ce qu'on vous donne et on ferme sa gueule. Et on ne se montre surtout pas difficile.

Il se vengea en volant un paquet de gommes Thrills au restaurant du coin et quitta le Montreal Pool Room sans payer son hot-dog quotidien, sachant très bien que Greta le couvrirait quand elle y passerait, à la fin de sa vigie qui durerait encore des heures et des heures. Il avait été de mauvaise humeur toute la soirée. Rien ne l'intéressait plus, soudain. Ni le va-et-vient pourtant si excitant des badauds du *redlight,* ni les néons qui coloraient sa peau de couleurs invraisemblables, ni les madames qui, pour une fois, attendaient en vain l'autobus puisqu'elles étaient plus nombreuses que d'habitude parce que le transport en commun, on l'aurait juré, se faisait rare.

Il entendit Jean-le-Décollé, celle qui lui faisait si peur – et pourquoi, au fait, pourquoi, portait-elle un nom d'homme, celle-là ? –, vilipender les maudites putes de Toronto qui venaient leur voler leurs clients mais il ne comprit pas ce qu'elle voulait dire et se contenta de lui faire la grimace en passant à côté d'elle.

Jean-le-Décollé l'avait rattrapé par la peau du cou et l'avait un peu secoué.

« T'es un peu trop fanfaron, toi, à soir, mon petit gars… C'est pas parce que ta mère fait pitié que tout t'est permis, tu sais ! »

Greta avait aussitôt surgi de nulle part, comme d'habitude, mais, cette fois, c'était à lui qu'elle s'en était prise :

« Joue pas avec mes nerfs, à soir, Gilbert, c'est pas le temps !

— Je joue pas avec tes nerfs.

— Tu joues avec mes nerfs et tu le sais très bien !

— J'sais pas quoi faire, à soir, c'est plate !

— Va aux vues, en face !

— J'ai pas l'âge !

— Essaye pas ! Roméo te laisse entrer au Midway au moins deux fois par semaine, penses-tu que je le sais pas ? Va voir Mylène Demongeot, au Français, ça va peut-être t'enseigner des choses que tu sais pas…

— J'ai pas le goût !

— Ben, tiens-toi tranquille !

— Chus tanné de me tenir tranquille !

— Va manger un hot-dog !

— J'en ai déjà mangé un !

— Avec quoi tu l'as payé ?

— J'ai dit à Gordon que tu passerais… »

N'y tenant plus, elle lui avait donné une légère claque derrière la tête.

« En plus, tu fais des dettes à mon nom ! Pour qui tu te prends, donc, toi ? Mon souteneur ? »

Il s'était aussitôt mis à beugler. Les filles qui s'étaient approchées avaient applaudi le geste de Greta – depuis le temps qu'il les énervait, le petit fatigant, tant pis pour lui ! – et le tout faillit se terminer dans le drame. Greta le renvoya au Coconut Inn, prétextant la fin prochaine du numéro de sa mère. Mais il traîna quand même avec elle jusqu'à la fin de son *shift*.

Et c'est ce soir-là – par exaspération ? parce qu'elle en avait assez de le garder dans l'ignorance ? pour se venger de son impolitesse ? – qu'eut lieu l'incident qui allait changer à tout jamais la vie de Gilbert et mettre le point final à leur si belle relation.

Greta ne sut jamais pourquoi elle avait fait ce geste qui aurait pourtant eu besoin d'une explication, elle ne pouvait pas l'ignorer, ni pour quelle raison elle avait révélé à Gilbert ce qu'elle était sans le préparer, sur un coup de tête, elle qui se vantait si souvent d'être pondérée et réfléchie. Elle le fit de bonne foi, elle en fut toujours convaincue, sans doute pour mettre fin à un malentendu qui avait duré trop longtemps, pour l'éducation de cet enfant à la fois déluré pour son âge et au fond très naïf, mais elle le regretta pour le reste de sa vie, cependant, et disait parfois à des clients qu'elle trouvait sympathiques, ou lorsque la prenait un coup de cafard, qu'elle avait perdu un enfant, quelque part dans les années cinquante, parce qu'elle avait trop parlé.

Comme par exprès, le spectacle n'était pas terminé lorsque Greta et Gilbert entrèrent au Coconut Inn, en fin de soirée. Le portier – un énorme taupin qui portait bien mal son nom de Gaspard Petit – leur dit que madame Veuve était en forme, ce soir-là, et qu'elle avait en plus décidé de faire durer le plaisir en bissant tous ses numéros qu'elle exécutait d'ailleurs dans leur version *intégrale*, surveillance policière ou non. Il avait souligné le mot intégral d'un énorme clin d'œil dont seule Greta comprit la signification.

Il fallait à tout prix éviter que Gilbert voie sa mère toute nue sur la scène du Coconut Inn, Greta décida donc d'aller vérifier où la strip-teaseuse en était avant de traverser le club en compagnie d'un enfant si jeune qui ne manquerait pas d'attirer l'attention des buveurs écrasés dans les vapeurs d'alcool et la fumée de cigarettes. Ou du policier en faction – sans doute acheté par Maurice – qui pourrait peut-être les empêcher de passer, par bravade, pour bien montrer à Maurice qu'il lui restait un peu d'indépendance même s'il se retrouvait, comme plusieurs autres de ses confrères, sur son *payroll*.

Madame Veuve, comme frappée par un moment de nostalgie, avait ressorti tous ses vieux numéros, elle qui les reniait depuis si longtemps, et se trouvait à ce moment-là au milieu de « Paris, reine du monde », mais sans la robe à paniers ni la perruque poudrée. Greta fronça les sourcils. Elle faisait donc tout son vieux répertoire avec son seul costume de veuve ? Quand elle avait fini de se déshabiller, l'effeuilleuse sortait de scène, remettait son deux-pièces noir, son chapeau, sa voilette, ses gants, et recommençait en ne changeant que la musique d'accompagnement, ces vieux disques rayés qu'elle traînait avec elle depuis toujours ? Et le public ne manifestait pas son mécontentement ? Mais, après tout, ce n'était pas tant le costume qui importait, c'était la femme flambant nue, à la fin, malgré et à cause des interdictions, le fruit défendu dans toute sa splendeur, ce fantasme jamais assouvi et toujours renouvelé qui faisait battre le cœur et monter le sang à la tête, peu importait ce qui venait avant. Nue, madame Veuve, autrefois Peach Blossom, restait la même, quel que soit le costume qu'elle venait d'enlever, et les hommes réunis dans le Coconut Inn se foutaient pas mal qu'elle vienne de retirer son attirail de veuve plutôt que les oripeaux de Marie-Antoinette. C'est ce qu'ils avaient sous les yeux pendant de trop courtes secondes, la plus belle chose du monde, la plus excitante, la plus inaccessible, aussi, qui comptait. Ils contemplaient la grande tache rose qui évoluait sur la scène, le triangle plus foncé, surtout, et étaient frappés, chaque fois, par leur propre insignifiance. Jamais ils ne posséderaient une telle beauté, ils le savaient, et ils noyaient leur désespoir dans l'alcool qui coûtait le moins cher tout en frappant le plus fort. Pour oublier leur impuissance.

Greta fit donc passer l'enfant avant le moment crucial. Gilbert envoya la main à sa mère qui ne le vit pas. Il tordit un peu le cou pour regarder tous ces hommes qui étaient venus voir sa mère leur quêter de l'argent. Et elle, là-haut. C'était tout de même curieux à quel point elle était différente lorsqu'elle se retrouvait sur la scène. Dans la rue, main tendue et l'insulte au bord des lèvres, c'était un démon impossible à contrôler ; là, sous les projecteurs roses, elle se transformait en un ange couvert de tulle vaporeux qu'on aurait voulu serrer contre son cœur. Sa vraie mère, celle dont il rêvait, c'était celle-là, la quêteuse améliorée. Mais celle qui allait venir les rejoindre en coulisse, tout à l'heure, qui entrerait dans la loge en trombe, comme d'habitude, à la recherche d'une cigarette ou d'une bouteille de Bols, serait bien différente : sans le miracle de l'éclairage flatteur, elle redevenait la veuve éplorée qu'il avait à subir chaque jour depuis si longtemps et qui lui pesait de plus en plus.

Il n'y avait personne dans la loge. Celui de madame Veuve étant le dernier de la soirée – ce qu'on appelait en anglais, sur l'affiche, *the special feature*, et en français *la vedette principale* –, les autres filles s'étaient éclipsées aussitôt leur numéro terminé pour aller fêter ailleurs en compagnie d'amis du quartier ou de clients du Coconut Inn qui les avaient remarquées, soupesées, puis levées comme une simple marchandise monnayable au plus bas prix possible.

Par pur désœuvrement – elle avait peur que cette soirée s'éternise –, Greta s'installa à la table de maquillage des autres filles plutôt que dans l'étroite loge de madame Veuve, et se mit à jouer avec tout ce qui s'y trouvait, bâtons de rouge à lèvres, pots de crème, tubes de maquillage, pinces à épiler et flacons d'eau de toilette de toutes formes et de toutes couleurs. Elle s'aspergea d'un peu de *Moment suprême* de Jean Patou qui lui rappelait ses débuts dans le *redlight*, pendant la Deuxième Guerre, à l'époque où Camilien Houde, le maire de Montréal, avait été jeté en prison parce qu'il osait s'afficher en public contre la conscription. À l'arrivée de Greta, la ville venait de se vider de ses hommes, partis à la guerre dans les vieux pays. Tout ce que les guidounes, hommes ou femmes, pouvaient se payer alors comme clients, et ça avait duré des années, étaient des soldats en permission ou des curés honteux au point d'en être parfois impuissants, et la vie, déjà, si tôt, s'était montrée chienne et pas facile.

Aujourd'hui encore, lorsqu'elle raconte cette histoire, une bière à la main et un sourire triste aux lèvres, elle prétend que c'est Gilbert qui a tout déclenché, que c'est sa faute à lui, en fin de compte, si elle a fait ce geste qu'elle jure non prémédité, plus né d'une exaspération étirée sur une trop longue période de temps que de la volonté d'instruire un enfant ignorant des choses de la vie.

Pendant qu'elle se parfumait, c'est elle qui le dit, elle avait vu son reflet à lui dans le miroir à travers le nuage de poudre de riz qu'elle venait de soulever avec une houppette rose bonbon et qui lui donnait envie d'éternuer.

Gilbert avait porté sa main à sa gorge et avait dit tout bas, comme s'il s'était parlé à lui-même :

« Moi aussi, j'en ai un gorgoton. »

Puis il l'avait regardée, les sourcils en accent circonflexe, le front plissé. Elle avait compris qu'il l'appelait à son aide et s'était aussitôt jetée, sans plus réfléchir, dans une démonstration muette, sans doute par peur de manquer de mots pour lui expliquer avec clarté la différence entre ceux qui étaient dotés d'une pomme d'Adam et ceux qui en étaient dépourvus et, par le fait même, ce qu'elle était.

Elle avait dit juste une chose avant de commencer. Elle le regardait dans le miroir où, elle s'en souvient encore, s'étoilait une craquelure parce qu'une des filles avait lancé un soir un accessoire ou un flacon de parfum pendant une colère, et elle avait murmuré :

« R'garde ben ça, Gilbert, tu vas tout comprendre, après… »

Et sous le regard effaré de l'enfant, elle avait effacé toute trace de cette femme qu'elle jouait comme un rôle au théâtre depuis des années, pour gagner sa vie, oui, mais aussi parce qu'elle en avait besoin et qu'elle aimait le masque qu'elle se peignait chaque jour sur le visage dans l'espoir d'oublier l'homme qu'elle ne voulait pas être : d'abord, après avoir enlevé ses faux cils, le gros du maquillage qu'elle essuyait avec une crème qui sentait le concombre, puis le fard à paupières, la colle qui cachait ses vrais sourcils, le rouge à lèvres qui débordait sur ses joues. Elle frottait vite, en personne habituée. Son front s'en trouva allongé, ses joues plus rondes, sa bouche presque inexistante, son menton mou et pendant. Quelque chose entre un homme qui ne prend pas assez soin de lui et une femme poupine qui a abandonné tout espoir d'être belle.

Elle ne se ressemblait plus. Du tout. Elle n'était déjà plus la Greta que Gilbert aimait tant et il ouvrait de grands yeux étonnés. Presque effrayés. Il avait souvent vu sa mère démaquillée, mais jamais un travesti – il ignorait d'ailleurs jusqu'à leur existence, même s'il en fréquentait tout un groupe depuis des années. Son maquillage effacé, sa mère restait pareille, en moins belle, mais Greta, elle, se transformait en quelque chose qu'il n'avait jamais vu et qu'il aurait préféré ignorer. Une autre personne. Il ne voulait pas qu'elle soit une autre personne que celle qu'il connaissait. Il ne voulait pas qu'elles soient deux. Il voulait juste Greta. Sa deuxième mère. Sa mère élue.

Elle l'avait regardé dans les yeux un long moment, cependant, avant de lui donner son coup de grâce, secouée par le doute, par la pensée, soudain, que tout ça ne servirait peut-être à rien. Et qu'elle allait le perdre à jamais.

Puis, dans un geste hésitant, avec une main tremblante, elle avait enlevé sa perruque et le bas de nylon avec lequel elle retenait ses cheveux.

Elle s'était ensuite tournée vers lui, s'était penchée, avait étiré le bras pour lui caresser la joue.

Il ne comprenait toujours pas.

Des larmes incontrôlables étaient montées aux yeux de Greta. Des larmes de regret. Déjà.

« Gilbert… T'as dû l'apprendre à l'école mais tu l'as peut-être oublié… Les femmes ont pas de gorgoton. C'est les hommes qui en ont un. Pis si j'en ai un, c'est que chuis un homme. Comme toi. Comprends-tu ? »

Gilbert ne répondait pas, figé dans une grimace qui pouvait s'interpréter de diverses façons : peur, dégoût, effroi. Mais pas encore tout à fait compréhension.

« J'm'appelle Roger, Gilbert. Roger Beausoleil. C'est mon vrai nom. Greta, c'est juste pour ici, quand je travaille… Non, c'est pas vrai. C'est plus jamais Roger. J'm'appelle toujours Greta, à c't'heure, Gilbert, plus jamais Roger. Y est temps que tu le saches et que t'apprennes à l'accepter… T'es assez grand. T'es assez vieux. Dis-moi que t'es assez grand, que t'es assez vieux et que tu comprends… »

Et les mots étaient venus. Avec une facilité déconcertante. Les mots justes, les plus efficaces, les plus clairs, placés aux bons endroits et utilisés avec une maîtrise qu'elle ne se soupçonnait pas. Elle avait tout expliqué, les guidounes, les travestis, ce qu'ils faisaient alors que Gilbert croyait qu'ils attendaient l'autobus, pourquoi ils le faisaient mais pas comment parce qu'il était tout de même trop tôt pour ce genre de détails. Elle avait mis de longues minutes à tout expliquer, les mains sur les genoux de l'enfant ou caressant sa joue tout en lui frottant le front du bout du pouce. Et il avait tout écouté sans broncher.

Lui disait-elle des choses qu'il savait déjà mais qu'il n'avait jamais voulu voir ou bien le faisait-elle tomber des nues ? Elle était incapable de le lire sur son visage et se maudissait déjà d'avoir été l'élément révélateur, celle qui aurait pété sa baloune maintenant qu'il savait ou qu'il ne pouvait plus prétendre tout ignorer. Elle aurait voulu tout effacer, tout à coup, faire en sorte que les minutes qu'elle avait consacrées à ses maudites explications n'aient jamais existé, repeindre son faux visage, remettre sa perruque, faire une grimace comique et dire à Gilbert. Viens, mon trésor, on va se payer le plus gros hot-dog de la *Main*. Et partir à l'aventure avec lui en se promettant de le garder dans l'ignorance le plus longtemps possible.

Trop tard.

Quand madame Veuve était revenue, elle les avait trouvés immobiles et silencieux l'un en face de l'autre. Elle avait tout de suite su que quelque chose d'irrémédiable venait de se produire et, sans même prendre la peine de passer par sa loge pour aller se changer, elle avait saisi Gilbert par le col de chemise et l'avait sorti du Coconut Inn.

Il n'avait plus jamais reparlé à Greta.

Par choix.

La trahison.

Pendant toutes ces années, on lui avait menti. Sur tout. On s'était moqué de lui. Des hommes habillés en femmes pour gagner leur vie et drôles comme des matantes pour le plaisir de tromper lui avaient fait croire toutes sortes de choses au sujet d'eux-mêmes, de leur métier, de leur vie, et il les avait crus. Il s'était abandonné à eux, il les avait aimés, surtout Greta, le plus menteur de tous – il refusait désormais de penser à Greta comme à une femme –, le plus dangereux, surtout, qu'il avait adopté comme sa deuxième mère, à qui il avait confié son cœur, avec qui il avait tant ri et tant mangé de hot-dogs steamés et de *smoked meats,* en compagnie de qui il avait passé des étés complets à le regarder arpenter les trottoirs de la rue Saint-Laurent sans jamais savoir à qui il avait affaire, sans jamais se douter de la conspiration. Pourquoi n'avait-il rien vu ? Maintenant qu'il savait, tout devenait évident, pourtant : ils s'étaient tous ligués contre lui pour le retenir dans l'enfance, dans l'ignorance de l'enfance. Il s'était cru intelligent et n'avait été, en fin de compte, qu'un bébé attardé se laissant mener en bateau par une gang de chipies masculines qui voulaient le garder auprès d'elles, lui si naïf, proie trop facile, pour rire de lui. Un jouet sans défense.

Il avait bel et bien été dupé. Ces femmes-là n'étaient pourtant pas comme les autres : elles avaient un gorgoton alors qu'il savait très bien que les femmes n'en ont pas, il l'avait appris à l'école en première année ! Quand il les revoyait, dans sa tête, plus grandes, plus carrées, la voix rauque et le geste souvent brusque, il se traitait d'imbécile et voulait mourir de honte.

Tout ce temps-là, il aurait pu se tourner vers les vraies femmes... En fait, il avait essayé, mais elles l'avaient repoussé. Greta lui avait dit que c'était parce que ces madames-là en avaient assez de leurs propres enfants, qu'elles ne voulaient pas s'occuper de celui de quelqu'un d'autre. Elles aussi l'avaient donc trahi. En ne le prévenant pas. Contre les fausses femmes. Qui sait, elles avaient peut-être toutes été de connivence.

Tout le monde. Tout le monde l'avait trahi.

Un trou se creusait, une fosse de rancœur là où avait régné tant d'amour. Contre elles. Contre eux. Comme ils avaient dû rire dans son dos. Même sa mère, qui n'hésitait jamais à le laisser entre les mains d'un menteur de profession pour aller quêter les miettes qui leur permettraient de survivre.

C'est donc la honte plus que la douleur qui l'avait cloué au lit pendant des semaines, fiévreux, fielleux, hurlant de rage et jurant vengeance. Au milieu de son délire, il échafaudait des pièges mortels, des plans insensés, il détruisait un à un tous ceux qui avaient ri de lui, sa mère y compris, et surtout Greta, il les ressuscitait ensuite pour pouvoir les re-tuer et imaginait d'autres façons de les faire souffrir et de les humilier avant de leur redonner encore une fois la mort... Il connut l'exaltation des représailles imaginées et le soulagement des injures sans fin.

Sorti de sa torpeur, épuisé et mélancolique, il refusa à jamais de retourner sur la *Main* avec sa mère et se réfugia dans les jupes de sa grand-mère, la seule personne qu'il lui restait et qui, il le savait, ne le trahirait jamais. Et il se laissa sombrer dans cet amour collant, conscient de son état de totale dépendance mais incapable de lutter. Pendant des années. À l'école, il était l'enfant solitaire qu'on n'osait pas affronter parce qu'on avait peur de ses colères, soudaines et dévastatrices ; chez lui, il se réfugiait devant la télévision naissante, le parfait asile des délaissés volontaires comme lui. Adolescent, il commença à souffrir d'exaltations incompréhensibles, brutales et toujours trop courtes – il était Néron et mettait le feu à Montréal en chantant un air d'opéra comique –, et de dépressions de plus en plus fréquentes et prolongées – personne n'est plus malheureux que moi, je vais leur montrer ce que c'est qu'un personnage tragique. Il passait de l'une à l'autre, parfois sans transition, sans avertissement, et s'y complaisait. La folie circulaire commençait à creuser son nid pour y déposer ses œufs empoisonnés.

À la mort de sa mère, la plus belle mort qui soit – un ange sans ailes qui s'envole en pleine nuit d'hiver pour s'écraser sur une congère toute blanche ! –, il ferma toutes les portes pour se réfugier dans une douleur constante qui le rendait presque heureux. Il serait resté là, au fond de son trou, sans cesse louvoyant entre des *highs* trop hauts et des *downs* trop bas, si la musique, la drogue et le cul n'étaient pas intervenus dans sa vie au moment même où il devenait un adulte.

Mais ça, c'est une autre histoire…

Pour écrire le début de l'histoire du fou circulaire, elle s'est servie de deux sources différentes : d'abord le récit détaillé que lui avait fait Gilbert lui-même ce fameux matin, au lever, alors qu'elle avait trouvé à la cuisine un homme différent de celui qu'elle avait aimé une partie de la nuit, puis des bribes d'information qu'elle a puisées ici et là chez les travestis assez âgés pour se souvenir de ces événements quand même vieux de presque quinze ans, la Duchesse, Jean-le-Décollé, quelques autres. Elle n'a pas osé questionner Greta-la-Vieille elle-même, cependant. Par délicatesse, de peur de voir se rouvrir d'anciennes plaies, de faire remonter à la surface des douleurs, des rancœurs ou des frustrations qui auraient mis du temps à cicatriser.

La Duchesse en particulier lui a été d'une grande utilité dans ses recherches : restée très proche de Greta-la-Vieille et de Greta-la-Jeune après la fermeture du Boudoir, elle est bien placée pour rapporter ce que raconte la vieille guidoune pendant ses beuveries de plus en plus fréquentes et prolongées. Et, la chose n'est pas étonnante, Gilbert tient une place importante dans ses divagations de fins de nuits trop arrosées.

Elle est plutôt contente de ce texte. Elle y a consacré toute une semaine. Par honnêteté envers Gilbert. Elle ne veut pas que son cahier bleu donne de lui une image trop sombre, elle refuse d'en faire un écœurant, un sans-cœur, alors qu'il fait souffrir les autres sans bien s'en apercevoir, parce que sa souffrance à lui est trop cuisante et qu'il ne voit pas le mal qu'il fait. Gilbert ne voit pas le mal qu'il lui fait, à elle, avec son amour si envahissant qu'il donne le vertige et ses sautes d'humeur incontrôlables qui le font passer sans transition du bon gars trop charmant, de bonne humeur à l'excès, à la pathétique chiffe molle, incapable de lutter, ce sont les docteurs qui le lui ont dit, contre ce dérèglement d'un quelconque liquide de son cerveau dont il n'a pas retenu le nom. Les quelques remèdes qu'il a essayés l'assommaient à un point tel qu'il n'arrivait plus à fonctionner, alors il les a abandonnés. Et, il le jure, il avait décidé de rester seul pour un bon bout de temps au moment où il l'avait rencontrée, elle, il le jure aussi, le grand amour de sa vie.

Il lui a offert son cœur, elle l'a accepté. Même si elle se doutait que c'était une offrande empoisonnée.

C'est l'heure d'aller travailler. Le train-train quotidien l'attend. Elle devra patienter encore quelques heures avant de se réfugier une fois de plus dans la version qu'elle s'en fait par écrit. Son train-train quotidien revu et corrigé. Depuis maintenant deux ans elle se donne un point de vue qu'elle espère plus objectif sur ce qui se passe dans sa vie. Mais peut-être se leurre-t-elle... Est-il possible qu'elle se fasse des accroires et que ce qu'elle vit, en fin de compte, et surtout ce qu'elle en fait dans ses cahiers, est et restera d'une grande banalité ?

Elle pousse le cahier bleu sous la lampe. Les dernières pages sont pleines de ratures, de renvois, de taches d'encre. Les marges sont barbouillées de corrections qu'elle a ensuite rayées parce qu'elle préférait sa première version. Si jamais quelqu'un met la main sur ses cahiers, surtout celui-ci, le plus travaillé, le plus corrigé, ils resteront des énigmes impossibles à défricher et c'est tant mieux. Elle écrit pour elle seule, elle ne veut pas que quiconque la lise.

La nuit prochaine, au retour du Sélect, ou demain matin, elle va attaquer sa descente à elle dans le monde de Gilbert. Elle ne prétend pas tout comprendre et surtout pas connaître ce qu'il vit, mais ce qu'elle frôle depuis maintenant des mois la remplit à la fois d'horreur et d'admiration envers Gilbert.

Troisième partie

...SI TU NE M'AIMES PAS, JE T'AIME...

C'était sorti tout croche, à gros bouillons informes, parfois murmuré, parfois craché comme un chat dans la gorge dont on a de la difficulté à se débarrasser, le récit de sa vie mêlé aux effets de sa maladie, son ennui de Greta qui ne s'était jamais apaisé en même temps que cette impression inaltérable et si cuisante d'avoir été trahi et d'être incapable de pardonner, ses dépressions insupportables suivies d'exaltations tout aussi difficiles à vivre, l'impuissance des docteurs devant sa maladie faute de remèdes efficaces.

Il m'avait expliqué entre deux hoquets qu'on lui promettait sans cesse un traitement miracle, une panacée qu'on préparait depuis des années, semblait-il, au fin fond des laboratoires pharmaceutiques, mais qu'il attendait toujours, se contentant des antidépresseurs existants qui s'avéraient, bien sûr, de moins en moins efficaces parce que trop fréquentés. On avait beau augmenter la dose, l'effet se faisait la plupart du temps attendre en vain, d'où son incapacité, la nuit précédente, à freiner sa descente vertigineuse dans cet état sombre et piteux qu'il aurait pourtant voulu m'épargner. Sa folie circulaire devenait avec les années plus prononcée, plus dévastatrice, et il ne savait pas jusqu'où ça le mènerait. L'incarcération dans un hôpital psychiatrique l'attendait peut-être, dans un avenir plus ou moins rapproché, même s'il n'était pas à vrai dire fou ni dangereux, et il vivait dans la terreur.

« C'est comme une traîne sauvage, cette maladie-là. Quand je déprime, c'est comme si je descendais une côte à pic et glacée en traîne sauvage et je sais que je pourrai pas m'arrêter avant d'avoir atteint le fond. Et quand je sens un *high* venir, chuis en ascenseur ! Le plus rapide du monde et celui qui monte le plus haut ! Tout est possible ! *The sky is the limit !* Chuis pas malade, dans ce temps-là, chuis un surhomme ! Circulaire, ça veut dire que ça tourne, mais moi j'ai toujours l'impression de me trouver dans un perpétuel mouvement ascendant ou descendant et je sais qu'y a pas de fin à mon cercle vicieux infernal qui est pas du tout un cercle mais une ligne droite ! Et que cette ligne droite là, c'est fatal, mène à une petite cellule capitonnée avec un présumé fou circulaire dedans. »

Que répondre à une confession aussi bouleversante ? Des généralités, des niaiseries, et, à mon grand dam, je n'ai pas réussi à y échapper. J'ai réagi à ses confidences pourtant déchirantes avec une des répliques les plus imbéciles de ma vie :

« Tu prends pas assez soin de toi. Et tes années de drogue ont pas dû t'aider. »

Il m'a regardée comme s'il croyait que je ne l'avais pas écouté depuis plus d'une heure qu'il essayait de m'expliquer ses malheurs. Ou alors que je n'avais rien compris à sa détresse.

« Les drogues, c'est commode, Céline. Au moins, ça gèle... »

Je me serais giflée. Et je me suis excusée de mon manque de sensibilité. Il m'a répondu qu'il comprenait et qu'il mettait tout ça sur le compte de l'étonnement devant un fait inattendu pour moi et qui menaçait déjà notre relation.

Il m'a ensuite juré – avait-il lu un début d'inquiétude dans mes yeux ? –, qu'il n'était dangereux que pour lui-même, qu'il n'avait jamais violenté qui que ce soit, qu'il s'arrêtait toujours à temps, parfois le poing levé, oui, c'est vrai, mais qu'il se jetterait par la fenêtre plutôt que de frapper quelqu'un.

Surtout moi.

Il avait dû sentir ma réticence grandissante pendant son récit, même si ma tendresse pour lui, ma compassion, aussi, s'en trouvaient décuplées, et il voulait me rassurer. C'était à la fois touchant et pathétique. Et d'une grande justesse.

J'avais d'abord commencé par douter qu'un si beau gars puisse m'aimer, j'avais ensuite failli le croire, et voilà que cette nouvelle donne, plus qu'imprévue, indésirable, changeait tout. Mes soupçons avaient-ils été fondés ? Il n'avait peut-être pas besoin d'une maîtresse, en fin de compte, mais d'une âme compatissante, d'une sœur compréhensive, d'une mère dévouée... une seconde Greta. Je ne voulais pas devenir pour lui une seconde Greta, je voulais être aimée comme la première fois, à l'appartement de la place Jacques-Cartier, comme la nuit dernière, à hurler de plaisir et de bonheur sans avoir à me poser de questions ! Je refusais d'avoir à soupçonner derrière cette relation pourtant inespérée pour moi des raisons autres que la passion, l'envie de tout foutre en l'air pour une nuit de plaisir, le besoin irrépressible de retrouver l'autre, ses odeurs, ses humeurs, son corps crucifié dans les draps par une joie bestiale ou déployant toutes ses possibilités dans le seul but de faire jouir ; de faire marche arrière, de retrouver ce maudit doute qui me taraude depuis toujours et qui mine tout ce que j'entreprends ; d'être la naine qu'on prend en pitié ! Je voulais être Céline, celle qu'on aime pour elle-même !

Sa crise semblait se calmer. Le récit qu'il m'en avait fait avait-il suffi pour l'éloigner ou, du moins, l'alléger ? Sans doute pas. Il dépendait plus de ce liquide qui se déréglait dans son cerveau, j'en avais maintenant conscience, que d'une explication claire ou d'une discussion passionnée. Le soulagement qu'il pouvait ressentir était temporaire – nous étions revenus dans sa chambre, je l'avais pris dans mes bras et je le berçais au milieu des draps salis et froissés par notre amour ; nous formions une étrange pietà dont la mère était une naine et le fils un grand beatnik –, et, c'était si neuf pour moi que j'en tremblais presque de peur, je savais que je pouvais le voir d'une seconde à l'autre se transformer tout d'un coup sous mes yeux pour redevenir quelqu'un que je ne connaissais pas.

« Fais pas comme les autres, Céline, va-t'en pas. Abandonne-moi pas. »

Je jouais avec ses cheveux frisés que lui auraient enviés bien des femmes que je fréquentais, des femmes des deux sexes, les travestis de la *Main* et les serveuses du Sélect. La couleur autant que le luisant. C'était à la fois touffu et soyeux mais, au contraire de la nuit précédente, l'odeur qui s'en dégageait n'était pas agréable, loin de là. Ça sentait la maladie et la fièvre.

« J'ai pas parlé de partir...

— Je t'entends penser...

— C'est de la paranoïa...

— Ben non... Chaque fois que j'me suis confié à quelqu'un, chaque fois, Céline, cette personne-là m'a abandonné à la fin de la conversation. Et même avant, des fois. Surtout mes blondes. Merci, bonsoir. T'es ben beau, t'es ben fin, mais j'ai pas envie de m'embarquer là-dedans... trop compliqué.

— J'ai pas envie de m'embarquer là-dedans moi non plus, Gilbert. C'est vrai que c'est trop compliqué. Pour moi, pour tout le monde... mais j'ai pas non plus l'intention de m'en aller. Enfin, pas pour cette raison-là...

— Tu vois, tu veux t'en aller !

— C'est pas ce que j'ai dit !

— T'as dit « pas pour cette raison-là »... Quelle autre raison tu pourrais avoir ? T'as pas aimé la nuit qu'on vient de passer ensemble ?

— Y a autre chose que le cul dans la vie, Gilbert... »

Il s'est redressé dans le lit, s'est enveloppé dans le drap.

« Si tu veux parler des sentiments, allons-y, j'ai pas peur... Ma crise achève, chuis capable d'en parler...

— Et si c'était moi qui avais de la misère à en parler, des sentiments ? »

Il a esquissé un sourire si beau, si candide que j'aurais été capable, là, sur place, de lui jurer amour et fidélité jusqu'à la fin de mes jours. J'étais prête à tout pour revoir ce sourire le plus souvent possible, m'en nourrir, le transporter avec moi pour passer à travers tout, le meilleur, le pire, et tout ce qui vient entre les deux. Mais, ça aussi je le savais, il fallait que je m'en méfie, de ce sourire, que je sois sûre que cette relation qui commençait, avec ses bons côtés et ses complications inattendues, ne cachait pas un agenda secret qui pourrait à tout moment m'exploser en pleine face. C'était moi, en fin de compte, qui étais paranoïaque, je le voyais bien. Et depuis le tout début de notre rencontre.

Il a pris mon visage entre ses mains. Ma tête a beau être grosse, j'ai toujours l'impression qu'elle est toute petite entre ses doigts, qu'il pourrait sans problème l'écraser comme un fruit mûr s'il le voulait. Une de ces belles fraises du mois de juin, si rouges et si succulentes. J'aime la pensée d'être un fruit prêt à éclater entre ses mains.

« Si je te disais que chuis en train de tomber en amour avec toi, Céline, qu'est-ce que tu dirais ? »

Je me suis aussitôt dégagée de son étreinte. Je ne m'étais pas attendue à ça. Et surtout, je n'étais pas prête à y faire face.

« Y est trop tôt pour parler d'amour, Gilbert, on s'est vus trois fois... »

Il a couru après moi dans le lit. C'était presque comique. Un grand jeune homme dégingandé enveloppé dans un drap sale qui poursuit dans un lit défait une toute petite femme, lourdaude mais agile.

Il m'a plaquée sur le dos, retenant mes deux mains dans les siennes. Ses yeux étaient si bleus

que je les aurais mangés. Après la fraise, le bleuet ?
Je me sentais tout à fait ridicule.

« T'as peur, hein ?

— Peur de quoi ?

— De parler d'amour… »

Je l'ai regardé très longtemps avant de lui
répondre. Le temps de me dire plusieurs fois mon
Dieu qu'il est beau, pourquoi il est beau comme
ça, pourquoi il me ressemble pas plus… ce serait
plus facile.

« J'ai jamais parlé d'amour avec personne,
Gilbert. »

Il a relâché son étreinte, s'est assis dans la
position du lotus au milieu du lit après s'être défait
du drap.

« J'ai quand même pas eu ta virginité, je m'en
serais rendu compte ! »

Je n'ai pas pu m'empêcher de rire malgré le
sérieux de la situation. Cette responsabilité macho
devant la défloration existait donc encore malgré la
libération des mœurs et l'amour libre !

« J'ai pas dit que j'avais jamais baisé, Gilbert, j'ai
dit que j'avais jamais aimé.

— Et je suppose que tu vas me dire que t'en es
pas capable ? »

Cette fois, je l'aurais frappé. Je lui aurais volontiers flanqué une claque bien placée qui aurait rougi
sa joue gauche pour une partie de la journée.

« J'ai-tu l'air de quelqu'un qui est pas capable
d'aimer ? Je serais plutôt du genre incapable d'imaginer qu'on l'aime !

— Pourquoi ? »

Le plus étonnant est que sa question semblait
honnête. Et je l'ai reçue comme un coup de poing
au plexus solaire.

Je me suis levée debout dans le lit, j'ai écarté
les bras.

« R'garde… R'garde de quoi j'ai l'air… »

Il a passé ses mains un peu partout sur mon
corps – je ne portais qu'un de ses vieux T-shirts

que j'avais enfilé à toute vitesse en sortant du lit –, il a embrassé mon ventre pourtant un peu trop rebondi à mon goût.

« Y a rien de ce que je vois devant moi que j'aime pas, Céline... »

J'ai fondu. Je me suis liquéfiée. J'ai coulé hors du lit pour disparaître entre les lattes du plancher de bois franc. Je suis surtout restée muette sous ses baisers de plus en plus précis.

Puis la question idiote :

« Pourquoi ? »

Il a redressé la tête.

« Pourquoi quoi ?

— Qu'est-ce que... je sais pas comment dire ça... qu'est-ce qui peut bien te plaire en moi ? J'ai pourtant rien pour plaire à un gars comme toi... »

Il a baissé les bras, s'est assis sur ses talons comme s'il voulait tout arrêter.

« C'est moi qui suis en crise et c'est toi qui as besoin de te faire rassurer ? »

Il s'est penché au-dessus de moi.

« La crise à laquelle tu viens d'assister était rien à côté de celles qu'il m'arrive de faire de temps en temps... Alors chuis la dernière personne qui pourrait te rassurer... J'te fais une déclaration d'amour, Céline, prends-la pour ce qu'elle est... Je peux pas te l'expliquer, ce que j'aime en toi, c'est des choses qui s'expriment pas en mots, c'est des choses qui se disent pas... parce qu'y a pas de mots pour les décrire... Demande-moi n'importe quand de te le démontrer, mais demande-moi pas de te l'exprimer en mots ! Parce que j'en serai probablement jamais capable ! »

Je me suis réfugiée dans ses bras, je voulais y rester à tout jamais, mais je n'étais pas rassurée ! *Je n'étais pas rassurée !*

« J'ai peur...

— Moi aussi, j'ai peur, Céline...

— Non, non, c'est pas ça que je veux dire... J'ai peur... que t'aies juste besoin de compagnie...

Gilbert... Je refuse d'être une nouvelle Greta pour toi... si c'est ça que tu veux... »

Ses épaules se sont arrondies, il a baissé la tête, j'ai vu avec horreur venir le moment où il me dirait que j'avais raison, qu'il avait juste besoin de compagnie, et je me suis dit ça y est, je viens de tout gâcher avec une seule phrase, mais c'est quand même mieux que je sache la vérité tout de suite que trop tard. Je vais moins souffrir maintenant que j'aurais souffert plus tard.

J'ai aussi craint que sa crise revienne en force et le terrasse, là sous mes yeux, au milieu du lit.

Il s'est contenté de s'envelopper une fois de plus dans le grand drap taché de nos ébats et de sortir du lit.

« Si t'es impossible à convaincre, Céline, j'y peux rien. Si ton estime de soi est aussi basse que la mienne, on pourra jamais se convaincre de rien ni l'un ni l'autre. J'veux pas être obligé de m'expliquer tout le temps, c'est du gaspillage d'énergie et de salive. Si tu me crois pas maintenant, tu me croiras pas davantage après les explications les plus compliquées ou les plus précises. C'est pas moi que tu croiras pas, Céline, c'est en toi que tu crois pas. »

Il se dirigeait vers la salle de bains, tête basse, un bonze tout blanc qui se retire après un sermon dont il n'est pas très fier.

« J'vais aller prendre une douche. Ma crise est définitivement passée, je pense. Merci de m'avoir écouté. »

Il me congédiait – avec politesse, c'est vrai, mais c'était quand même un congédiement –, et je le méritais. En me rhabillant, je m'empêchais de réfléchir à ce qui venait de se dire, je voulais attendre d'être rendue chez moi, dans mon monde, dans mes affaires, dans mon lit, avant de me traiter de tous les noms et de me condamner à tout jamais au célibat parce que j'étais incapable d'accepter cette déclaration d'amour en bonne et due forme, sans aucun doute honnête, et dont j'avais pourtant si longtemps rêvé.

« Maudite folle. Tu changeras jamais. »

En sortant de chez Gilbert – avril dans ce que ça peut contenir de plus magnifique, avec les oiseaux qui chantent, la neige qui fond, le ciel bleu ardoise qu'on aurait dit lavé à grande eau –, j'étais convaincue de ne plus avoir de chum et, surtout, d'avoir couru après.

J'ai bien sûr passé l'après-midi à ruminer tout ça, à y chercher – et y trouver –, un sens que ça n'avait pas, à interpréter ce qui s'était dit à son avantage à lui et à mon propre détriment. Il avait raison sur toute la ligne et moi tort. Je me retrouvais seule une fois de plus par ma faute. Comme toujours. Comme la fois d'avant. Comme la fois suivante. J'avais été incapable de me livrer pieds et poings liés à sa si belle déclaration, j'avais résisté aux séduisants pièges et dangers de l'amour en prenant sans doute prétexte de la maladie de Gilbert pour m'esquiver…

Par chance, j'étais seule à la maison, mes trois colocataires étant sortis faire des courses ou profiter de la belle journée de printemps, alors j'ai pu jouer les pleureuses tant que j'ai voulu, et je dois avouer que j'en ai bien profité. Et sans que ça dérange qui que ce soit.

C'est donc à peu près persuadée de ne plus jamais revoir Gilbert que je me suis présentée au travail, ce soir-là.

Sans doute pour me narguer, il faisait encore un temps superbe. Ce n'était plus avril, tout à coup, c'était déjà mai et je n'aurais pas été étonnée de sentir en tournant un coin de rue l'odeur du premier muguet. Je savais que c'était impossible, le muguet, à Montréal, sort début juin et même parfois plus tard, mais rêver ne coûte rien. J'aurais aimé sauter les semaines qui venaient, me retrouver sans transition au temps du muguet ou à celui du lilas qui embaume Montréal pendant quinze courtes journées et redonne l'envie de vivre quand on l'a perdue. Je savais que les semaines qui allaient suivre se passeraient en reproches et en regrets et je m'en serais bien passée. En attendant, je humais l'air de cette belle fin d'après-midi pleine d'espoir pour tout le monde sauf moi. Je guettais les bourgeons dans les arbres et j'étais ravie quand j'en trouvais, même minuscules.

Il y a de ces jours où le hasard produit des moments uniques, parfois frisant l'absurde, qui resteront gravés dans votre mémoire pendant toute votre existence, des rencontres privilégiées ou des événements bizarres qui vous laissent étonnés et impuissants à vous expliquer ce qui les a déclenchés. Ou leur signification.

C'est l'impression que me donna la soirée qui m'attendait au Sélect.

Le souper se passa en courses folles à travers le restaurant, les bras remplis de victuailles qui, ce soir-là, me donnaient mal au cœur au lieu de me faire saliver. Je voyais à peine mes clients, ils formaient des ombres imprécises, sans visage et sans personnalité, à qui j'avais pourtant à parler et qui me répondaient des choses que je comprenais puisque personne ne se plaignait du service. Alors je plongeais dans le travail en essayant de mettre mes sentiments au neutre et j'y arrivais presque.

Le cœur de la soirée fut des plus ennuyants. Personne à servir, Janine plongée dans un rhume de cerveau et un roman Harlequin, ce qui, à mon avis, revient à peu près au même, Nick et Lucien qui, pour une fois, n'avaient pas envie de jaser, la caissière enfermée dans son cubicule. J'ai plié des serviettes de papier pour au moins le reste du printemps, je crois bien, j'ai bu un nombre incalculable de tasses de thé, j'ai essayé, en vain, de m'intéresser à ce que disaient les journaux du jour. J'espérais, allez savoir pourquoi, voir entrer mes anciennes amies du Boudoir, gaies et bavardes, venues comme par miracle me tirer de mon début de dépression en farces plates et commérages vides. Rire aux facéties réchauffées de la Duchesse ou bien discuter de la couleur à la mode ce printemps avec Babalu, tout plutôt que de rester sur mon derrière à bayer aux corneilles.

J'ai bien sûr beaucoup pensé à Gilbert, à son genre de dépression à lui, à cet enfer qui le tiendrait peut-être prisonnier toute sa vie entre deux pôles tout aussi insupportables l'un que l'autre si on ne trouvait pas un remède pour le soulager. À mon propre égoïsme, aussi, qui m'empêchait de m'impliquer, à l'aube du premier amour de ma vie, par peur de souffrir. Je savais pourtant très bien que Gilbert valait quelques souffrances sporadiques, si cuisantes soient-elles, et j'étais consciente de mon intérêt pour lui qui grandissait sans cesse, mais ce besoin de me protéger devant l'adversité que j'avais fini par développer au cours des années était plus fort que tout et je devais me fier à mes instincts.

Au détriment du bonheur ?

Mais quel bonheur, au fait ?

Les deux nuits que nous avions passées ensemble, Gilbert et moi, avaient été formidables, oui, c'est vrai, plus même, parfaites, mais le réveil de la deuxième, ce que j'avais vécu le matin même, avait été trop brusque pour moi, je n'étais pas prête à faire face à ce genre de responsabilité. Parce que c'en était toute une. Prendre soin d'un dépressif, guetter chacune de ses humeurs et chacun de ses comportements, seconder chacun de ses faits et gestes était au-dessus de mes forces et je m'y refusais malgré tout ce que m'avait fait vivre Gilbert d'excitant et d'exaltant.

Mais, mon Dieu, sa gentillesse, sa sensibilité, son corps, ses yeux, son odeur, comment m'en passer ? Je déversais ma rage et mon impuissance dans le geste répétitif et dérisoire de plier des serviettes de papier et de les empiler avant de les fourrer dans une armoire qui débordait déjà.

Vers les dix heures, la porte du Sélect fut poussée pour laisser passer deux jeunes hommes, l'un dans la vingtaine, l'autre dans le début de la trentaine. Je connaissais le plus vieux, Yvan, qui vient souvent manger au restaurant sur le pouce. C'est un metteur en scène de théâtre et un comédien, l'un de ceux que peut supporter Janine parce qu'ils sont plus tranquilles, moins fous que les autres et qu'elle accepte de bonne grâce de servir. Il vient parfois avec sa femme, actrice elle aussi, souvent seul, avale son club sandwich ou son *hamburger platter* en silence ou en plaisantant gentiment avec nous, et repart sans qu'on en sache beaucoup plus à son sujet, alors que certains de ses confrères artistes nous donnent l'impression de venir manger au Sélect dans le seul but de nous informer des derniers développements de leurs florissantes carrières. Qui, dois-je l'ajouter, ne nous intéressent que de façon très médiocre.

L'autre, je ne l'avais jamais vu. C'était un garçon à la tête sympathique, de toute évidence timide. Je me dis que c'était sans doute un acteur – les acteurs, c'est curieux, sont assez souvent timorés –, avec qui Yvan travaillait ces temps-ci, et je suis allée leur porter des menus puisqu'ils s'étaient installés dans ma section.

Les deux hommes m'ont saluée, puis se sont plongés dans leurs menus après avoir commandé une bière. Comme tous les clients réguliers du Sélect, Yvan connaît la carte par cœur, j'étais donc étonnée de le voir tourner et parcourir les pages comme si c'était la première fois. Il m'a répondu avant que j'aie à lui poser la question :

« Tu dois te demander pourquoi je ne commande pas la même chose que d'habitude, Céline... C'est qu'on a quelque chose à fêter... »

Il s'est arrêté au milieu de sa phrase.

« Au fait, excusez-moi, tous les deux, je ne vous ai pas présentés. Céline, je te présente Réjean Ducharme. C'est un écrivain. Je suis en train de monter deux de ses pièces pour mon théâtre dans les Laurentides et je crois que les deux spectacles seront... sans trop nous vanter... disons... au bas mot passionnants... Je me permets de dire ça parce que les textes sont absolument fabuleux... »

L'autre a rougi d'un seul coup à l'énoncé de son nom. Il a même porté sa main à son cœur comme si Yvan venait de trahir un secret de très haute importance. Mais il semblait ravi de ce que le metteur en scène avait dit au sujet de ses pièces.

Quant à moi, j'étais soufflée. On avait salué cet auteur partout depuis quelque temps, parlé de l'importance de son génie, de son originalité, aussi, parce qu'il restait dans l'ombre et n'acceptait jamais d'interviews, on avait même prétendu qu'il n'existait pas, qu'il n'était que le nom de plume de quelqu'un de très connu qui voulait rester anonyme.

« Vous existez vraiment ! Tant mieux ! Y a tellement de choses qui vont mal, ça, au moins, c'est une bonne nouvelle ! J'vous paye votre bière ! »

Ils m'ont tous les deux regardée, un peu surpris.

« J'ai pas encore lu *L'avalée des avalés* parce que j'ai pas eu le temps, mais j'attendais mes vacances, cet été... »

Ce n'était pas tout à fait vrai. Le roman trônait depuis des mois sur ma table de chevet et j'attendais le moment propice pour l'attaquer, sans doute quand j'aurais terminé la lecture des Rougon-Macquart.

Pour fêter tout ça, ils voulaient commander ce que nous avions de plus cher au menu mais je leur ai suggéré de s'en tenir au plus simple, Nick et Lucien n'étant jamais meilleurs que dans l'ordinaire, la base de ce qui fait la réputation des restaurants comme le nôtre, dits « continentaux ».

« C'est pas pour rien qu'on a des spécialités. C'est ça qu'y faut choisir, sinon on sait pas toujours dans quoi on s'embarque... »

Ils m'ont remerciée. Yvan a fait l'apologie du *hamburger platter* et l'écrivain s'est laissé tenter. J'allais servir un *hamburger platter* à Réjean Ducharme ! Mais je n'avais personne avec qui partager cette joie inattendue.

Je sortais de la cuisine en portant mes plats, quelques minutes plus tard, lorsqu'un nouveau groupe de trois personnes est entré dans le restaurant. C'était le jeune metteur en scène avec qui j'avais failli travailler deux ans plus tôt et qui commençait à se faire une sérieuse réputation dans le milieu théâtral de Montréal, accompagné de son amie actrice, Rita, qui avait joué le rôle d'Andromaque dans les fameuses *Troyennes* au théâtre des Saltimbanques, et d'un chum à eux, un jeune auteur de théâtre, trop barbu et trop chevelu à mon goût, qui travaillait dans une imprimerie pas loin et venait souvent manger pendant sa demi-heure de lunch. (Ai-je besoin d'ajouter que je n'avais jamais vu un être humain manger aussi vite de toute ma vie ?)

Ils semblaient excités tous les trois, ils arrivaient peut-être d'un spectacle à la Comédie-Canadienne ou au Gesù. Ou au Théâtre du Nouveau Monde...

Ils s'installèrent assez loin de mes deux clients, mais tout de même dans ma section. Janine leva les yeux de son Harlequin, sembla soulagée de ne pas avoir à s'occuper d'eux et replongea le nez dans sa lecture. En venant chercher les menus, je lui ai glissé avec un sourire ironique :

« Si tu les veux, Janine, j'peux te les laisser... J'ai déjà deux clients, c'est à ton tour... »

Elle n'a même pas daigné sortir la tête de son livre pour me répondre.

« Ces pouilleux-là ? Tu peux les garder. T'es capable de dealer avec eux autres, toi, pas moi... C'est impoli, c'est mal embouché, ça se prend pour la fin du monde pis c'est pauvre comme Job ! »

C'est donc en riant que je suis allée porter les menus à mes trois nouveaux clients, même si je savais d'avance ce qu'ils allaient commander. Du moins dans le cas des deux hommes. Certains clients sont réglés comme des horloges : ils arrivent à la même heure, commandent la même chose et repartent en vous laissant le même pourboire. Le jeune metteur en scène et son ami l'imprimeur étaient de ceux-là. Vite commandé, vite mangé, vite payé. Tout ça entrecoupé de commentaires sur tout ce qu'ils avaient vu ou lu depuis leur dernière visite (parfois la veille). Ils me donnaient l'impression de dévorer tout ce qui était culturel à Montréal et je me demandais comment ils pouvaient se payer tout ça. Janine avait dit pauvres comme Job, moi je pensais pauvres comme des artistes au début de leur carrière et prêts à tout sacrifier pour se payer un livre ou un billet de théâtre. L'actrice, elle, je la connaissais moins, je n'aurais pas pu dire avec exactitude ce qu'elle allait commander et je me vis dans l'obligation de lui faire la même suggestion qu'aux deux autres clients, plus tôt, lorsqu'elle a voulu s'intéresser au filet mignon sans doute au-dessus de ses moyens. Va pour un autre *hamburger platter*. Celui du metteur en scène avait une particularité, je le savais, et il n'a pas eu besoin de le spécifier : trois sauces, pas de *cole slaw*.

J'ai tout de suite su la raison de leur excitation, ils étaient trop contents tous les trois pour se retenir et voulaient le répéter à qui voulait l'entendre : ils venaient de signer leur premier contrat avec un théâtre professionnel, le metteur en scène allait monter la première pièce du barbu au Rideau-Vert et Rita allait jouer dedans. Faute de leur payer une bière, aucun des trois n'en buvait, je leur offris le Coke et ils me remercièrent avec effusion. Le jeune metteur en scène venait d'apercevoir Yvan et lui envoyait la main. Je n'ai pas osé leur dire avec qui il était, je ne voulais pas trahir l'incognito de l'autre écrivain. Mais ce fut difficile.

Deux auteurs de théâtre qui fêtaient à peu près la même chose le même soir dans le même restaurant, c'était tout de même curieux !

De toute façon, le jeune metteur en scène – il s'appelle André Brassard, je devrais commencer à l'appeler par son nom –, André, donc, se dirigeait vers la table d'Yvan et de Réjean, le cas allait se régler de lui-même. Mais je n'ai jamais su si les présentations avaient été faites, j'étais déjà de retour à la cuisine où Nick avait commencé les plats des deux nouveaux arrivés.

« Qu'est-ce que tu ferais, Nick, si y avaient commandé autre chose ? »

Il sortit le panier de frites de sa graisse bouillante avec une main experte et d'un revers du poignet le vida dans deux assiettes.

« Ça se peut pas !

— Mais si y ont quelque chose à fêter ?

— Y vont fêter avec ce qu'y connaissent, sinon y seraient allés ailleurs ! »

Lorsque je suis revenue dans la salle – les choses se répétaient en série, ce soir-là –, un vent de folie s'emparait du Sélect : la bande de jeunes fous qui préparaient un spectacle au Quat'Sous et dont faisait partie Gilbert venait d'investir le restaurant en quelques secondes et se répandit un peu partout en riant et en chantant. Ils semblaient ravis. Eux aussi. Ils avaient dû faire une répétition réussie. Ils étaient plus nombreux que d'habitude, – les gars avaient amené leurs blondes –, et beaucoup plus bruyants. Nick avait déjà passé la tête dans la porte de la cuisine pour les compter pendant que Janine faisait comme si elle n'était pas là. C'était sans doute là le roman Harlequin le plus intéressant de tous les temps !

Quelques-uns connaissaient André de vue et Yvan pour avoir travaillé avec lui, des salutations montaient donc dans le restaurant. Louise, la chanteuse du groupe, embrassait Rita, tout un chacun félicitait ceux qui venaient de signer leur premier contrat professionnel, le jeune auteur rosissait de plaisir. Je vis Yvan et Réjean échanger quelques mots, se lever en essayant de se faire oublier et quitter le restaurant au milieu des effusions, des rires et des cris de joie.

Quant à moi, j'étais allée rejoindre Janine dans le coin réservé aux serveuses.

« Tu vas quand même pas me laisser toute seule sur le plancher, Janine !

— Pourquoi pas ? Tu les aimes, toi, ben, occupe-toi-z'en !

— Y sont quasiment quinze !

— T'as connu pire !

— Quand c'est un *rush*, je veux bien, mais on est en fin de soirée, essaye d'avoir un peu de cœur, moi aussi chuis fatiguée !

— Tu vas faire plus d'argent !

— C'est pas une question d'argent, tu le sais très bien… Ah, laisse donc faire, reste donc avec tes princesses blondes et tes héros bâtis comme des Tarzan… Continue donc à rêver au lieu de gagner ta vie ! »

Ce que je venais de lui dire n'a pas eu l'air de la déranger, elle s'est replongée avec délice dans sa sirupeuse prose. J'aurais pu aller me plaindre à Nick qui aurait sans doute obligé Janine à servir une partie des nouveaux clients, mais ç'aurait été l'enfer pendant une semaine, alors j'ai décidé de tout faire toute seule.

Vers le milieu du repas – tout allait bien, personne ne se plaignait du service, les apéritifs avaient été bus, un peu vite, dans l'euphorie générale, les soupes servies chaudes et chacun des nombreux plats principaux livré à la bonne personne –, Nick est sorti de la cuisine pour aller faire une scène, discrète mais assez évidente pour que tout le monde s'en rende compte, à Janine qui n'avait toujours pas quitté son livre et faisait comme si elle se trouvait dans une salle de lecture de la bibliothèque municipale. Personne n'entendait ce qu'il lui disait, pas même moi qui avais pourtant à passer souvent près d'eux pour rapporter des plats sales à la cuisine, mais à la mine que faisait Janine, ce ne devait pas être très agréable. Il aurait pu l'appeler à la cuisine pour l'engueuler, mais il avait préféré, c'était assez évident, le faire devant tout le monde pour que la leçon porte, dérogeant par le fait même à l'une des règles fondamentales que doit suivre tout bon patron : ne jamais engueuler un employé devant les clients.

Il arrive à Nick de me surprotéger, c'est vrai, sans toutefois jamais se rendre jusqu'à l'injustice, du moins je l'espère, et les autres employés du Sélect, même s'ils m'aiment beaucoup, s'en trouvent parfois frustrés. Janine avait dépassé la mesure, ce soir-là, et Nick avait raison de la rabrouer – on ne laisse pas une serveuse se démener seule sur le plancher si on peut l'aider, c'est une règle tacite que toutes les waitresses du monde suivent sans jamais discuter –, mais pas devant tout le monde.

Puis, tout à coup, alors que je retirais à Louise son club sandwich à demi entamé pendant qu'elle fredonnait une chanson plutôt absurde au sujet d'une certaine Dolorès, la raison des agissements de Janine à mon égard depuis le début de la soirée m'a sauté aux yeux et je me suis rendu compte que tout ça, une fois de plus, était de ma faute : je ne lui avais pas raconté ma soirée de la veille ni, surtout, la nuit qui avait suivi et elle m'en voulait.

Elle ne pouvait pas savoir, la pauvre, ce que j'avais vécu le matin au réveil et s'était attendue à ce que je lui décrive dans leurs moindres détails mes ébats dans les bras de Gilbert, mes émois, les siens, leur durée et leur chance de se reproduire dans un avenir plus ou moins rapproché. Elle avait donc décidé de me faire payer ma trop grande discrétion par une séance de boudin tout à fait enfantine. Elle n'avait peut-être même pas lu une seule ligne de son maudit roman !

Pendant ce temps, la fête continuait dans le restaurant. Une guitare avait été retirée de son étui de cuir – Gilbert n'était donc pas le seul guitariste du spectacle – et nous avions droit à une avant-première de ce qui attendrait les spectateurs qui se présenteraient au théâtre de Quat'Sous le mois suivant. Les chansons, rythmées, swingantes, colorées, allaient sans doute séduire un public jeune qui s'adonnait plus aux Beatles qu'à Gilles Vigneault. J'aurais laissé tomber les blasphèmes, cependant – j'avais entendu Louise lancer : « ... une chute, une Christ de chute en parachute... » et j'avais quelque peu sursauté. C'était peut-être le tout premier sacre dans une chanson écrite au Québec et ça n'allait pas plaire à tout le monde. Mais je supposais qu'ils me répondraient, si je leur en faisais la remarque, qu'ils n'étaient pas là pour plaire, mais pour provoquer...

Pendant un court instant, je les ai enviés, encore une fois. Ils se servaient de leur talent pour exprimer ce qu'ils ressentaient devant la vie et ses turpitudes. Si ça donnait « une chute, une Christ de chute en parachute », après tout, pourquoi pas ? Puis j'ai pensé à mon échappatoire à moi, mes deux cahiers, le noir si triste, le rouge si festif, dans lesquels j'avais

205

versé tout ce qu'avait contenu mon âme depuis deux ans, et je me suis sentie plus près d'eux. La seule différence entre nous, en fin de compte, était que moi je tenais à ce que mes écritures restent secrètes, que mes « Christ de chutes en parachute » à moi demeurent à tout jamais prisonnières entre les pages d'un journal personnel plutôt que de ressentir le besoin d'aller les hurler sur une scène devant tout le monde.

Si j'allais voir le jeune auteur de théâtre, à l'autre table, si je lui disais que je jette moi aussi sur du papier blanc les choses que je n'oserais jamais partager avec mon entourage, tout ce qui me fait mal, tout ce qui me fait du bien, comment réagirait-il ? Lèverait-il le nez sur moi ? Refuserait-il de croire, par pur snobisme, par pure ignorance crasse, qu'une simple waitress comme moi puisse s'exprimer dans un style clair et surtout avec une certaine pertinence, pour la simple raison qu'elle vient du peuple et qu'elle n'est pas passée par les grandes écoles où on vous *montre* à écrire ? Existait-il un mur, un vrai mur, entre les gens que je servais et moi, juste parce que je les servais et que les gens qui servent, c'est fatal, n'ont aucun droit à faire partie de la culture ?

Je n'ai pas eu le temps de développer ma pensée bien longtemps parce que tous les regards se sont soudain tournés vers l'entrée du restaurant.

Piteux, le dos courbé, le visage blanc comme un linge et les vêtements tout fripés, Gilbert se tenait à peine debout dans la porte du Sélect. Il essayait d'esquisser ce qui pourrait passer pour un sourire, mais sa tentative était pitoyable et il n'arrivait à produire qu'une sorte de rictus triste qui l'enlaidissait. Il faisait pitié – oui, pitié, même si je déteste ce mot – et si je ne m'étais pas retenue, je serais allée me jeter dans ses bras pour lui apporter quelque réconfort. Je n'ai pas bougé de ma place parce que je savais que ce n'était pas moi qu'il était venu rencontrer au Sélect, mais ses compagnons de travail.

Yvon, l'aîné de la troupe du Quat'Sous, s'est aussitôt levé pour aller à sa rencontre. Il n'avait pas l'air de bonne humeur et Gilbert le regarda s'approcher en courbant encore plus le dos.

« Où est-ce que t'étais toute la journée, toi ? On t'a attendu...

— J'étais malade...

— T'aurais pu appeler pour nous prévenir...

— J'étais trop malade...

— On t'a appelé à peu près vingt fois, nous autres, et t'as jamais répondu ! Es-tu sûr que t'étais chez vous ?

— Oui, oui. Tout ça, c'est à cause de ma migraine. Ma migraine était trop forte... »

Il a regardé dans ma direction. J'étais donc la seule à connaître la vérité.

Yvon continuait.

« Une simple migraine t'empêche de téléphoner pour dire que tu vas manquer une répétition importante ? »

Gilbert s'est appuyé contre la cage de la caissière et Françoise a aussitôt eu un haut-le-corps comme si un pestiféré avait osé toucher à sa précieuse caisse.

« Si tu connaissais le genre de migraine que j'ai, tu comprendrais...

— Ça risque-tu d'arriver pendant qu'on va jouer, ça ?

— Pas si je bois pas. J'te promets que je boirai pus jusqu'à la fin du spectacle...

— On connaît ça, des promesses d'ivrogne, Gilbert...

— C'est pas des promesses d'ivrogne... J'veux pus être malade, Yvon... J'veux pus être malade... »

Moi, je savais que c'était vrai mais aussi, hélas, que Gilbert n'avait aucun contrôle sur sa maladie, beaucoup plus grave et dévastatrice qu'une simple migraine.

Yvon a toussé dans son poing.

« Ça va mieux, là ?

— C'est moins pire que ce matin... J'voulais juste... J'voulais juste que vous sachiez que je tiens absolument à rester avec vous autres et que j'vais tout faire, tout faire en mon pouvoir pour que ça se reproduise pas...

— T'es venu manger avec nous autres ?

— Non, non, chuis pas assez bien pour ça... Demain, ça va aller beaucoup mieux, j'vais être à la répète... j'te le promets... »

Après avoir jeté un coup d'œil aux autres – j'ai tout de suite senti que le cas de Gilbert avait déjà été discuté et qu'il avait été très près d'être expulsé du groupe –, Yvon lui a posé une main sur l'épaule.

« Une chance. On te donne encore une chance. Une seule. »

Et il est retourné à sa place dans un silence pesant.

Au lieu de sortir, Gilbert a traversé tout le restaurant pour venir me rejoindre à la table des serveuses où Janine avait enfin abandonné sa lecture. Et pour cause. Quelque chose de juteux couvait, elle devait en frémir d'expectative.

Il s'est planté devant moi, le plus droit possible, mais sa tentative était pathétique, on pouvait lire la douleur dans chacune des fibres de son corps.

« J't'aime, Céline Poulin, et je t'en supplie, aide-moi ! »

Comment résister ?

Juste avant de quitter le restaurant, André s'est tourné vers la gang du Quat'Sous et leur a lancé :

« Avez-vous fini par lui trouver un nom, à votre spectacle ? »

Et les autres de lui répondre, en chœur et de toute évidence frustrés :

« Ben non ! Pas encore ! »

Une nuit d'amour sans amour physique est une chose possible et peut s'avérer des plus satisfaisantes, je l'ai appris ce soir-là. Nous n'avons pas baisé mais c'était tout comme : ses confidences m'ont comblée, les miennes ont eu l'air de l'enchanter, ce sont nos paroles qui ont fait l'amour. Ce que nous avons échangé, ce sont des idées, mais essentielles. Nous avons tous les deux mis cartes sur tables une fois pour toutes, parfois en riant comme des fous, ou alors les larmes aux yeux, nos attouchements étaient sans arrière-pensée, nos baisers de simples preuves d'attachement. Quand nous roulions dans son lit, c'était pour changer de position, et si un cri nous échappait, c'était d'étonnement devant ce que l'autre venait de dire ou une gentille moquerie provoquée par un aveu quelque peu honteux. J'avais décidé de laisser mes doutes de côté et d'essayer de croire tout ce qu'il dirait. Ça marchait. Je buvais ses paroles, ses déclarations, ses promesses, j'en faisais des cataplasmes que je posais sur mon cœur meurtri. Ça faisait du bien au point d'en oublier toute méfiance. J'en étais consciente et, pour une fois, ça m'était bien égal. Je n'allais même pas jusqu'à me demander s'il y aurait un prix à payer.

Je lui ai raconté toute ma vie en détail, mon enfance difficile et surtout complexée, ma mère alcoolique, ma première crise d'indépendance – le Sélect –, puis le Boudoir, l'Expo, mon retour au restaurant. J'ai résumé en quelques minutes ce que j'avais mis deux ans à écrire. Et son arrivée à lui, enfin, véritable cadeau empoisonné. Il n'a pas apprécié le mot empoisonné, mais il avait l'air de comprendre ce que je voulais dire.

Je me fondais dans ses bras, on aurait dit que j'y avais ma place depuis toujours : ma personne au complet s'imbriquait entre sa tête et son torse, ses bras me berçaient comme on berce un toutou – je me foutais, tout à coup, d'être le toutou de quelqu'un. Et même d'en avoir l'air. Mes bras à moi, trop courts, ne pouvaient que s'enrouler autour de sa nuque, mes doigts se perdaient dans les cheveux qui pendaient dans son cou, je jouais dans l'humidité de son cuir chevelu. Et je frottais ma joue contre sa barbe naissante qui me piquait la peau.

Les heures ont passé sans qu'on les sente fuir. Je crois bien que nous étions heureux.

De sa folie circulaire, de ses crises, de ce qu'elles pouvaient provoquer entre nous dans l'avenir, il n'a pas été question. Pas cette fois. Nous étions là pour jouir du moment présent, le moment présent était merveilleux et nous en profitions sans remords aucun. Le reste viendrait bien assez tôt.

Un vent frisquet entrait par la fenêtre grande ouverte, ça sentait le bourgeon qui explose, du moins je l'aurais juré, mais c'était peut-être juste ma tête qui voulait que mai soit déjà là. S'il faisait trop froid, nous nous couvrions du drap que Gilbert n'avait pas encore lavé – lui pourtant si propre – et si nous avions chaud, nous le repoussions du pied. Quand j'avais vu en arrivant que le lit était dans le même état que je l'avais laissé le matin, j'avais offert à Gilbert de le changer, mais il m'avait répondu qu'il n'avait qu'une seule paire de draps qu'il allait laver de temps en temps au coin de la rue Ontario. Tout était propre d'une façon presque maniaque dans sa maison, il dormait pourtant dans des draps sales ? Il m'avait alors fait une confidence assez étonnante : il aimait l'odeur de son corps et ne détestait pas l'idée de se coucher chaque soir dans ses propres relents de la nuit précédente.

« La maison est tellement propre que j'ai le goût, quand je me couche, le soir, de retrouver un peu l'original que je suis censé être… Je fais mon lit chaque matin mais je lave pas souvent mes draps…

— Tu l'as pas fait, aujourd'hui, ton lit…

— J'étais pas moi-même, aujourd'hui, Céline, j'étais le dernier des hommes et faire mon lit ne faisait pas partie de mes priorités… »

Cet homme-là n'avait pas fini de m'étonner ! Je lui avais cependant dit que s'il voulait me revoir dans son lit, il faudrait qu'il aille acheter d'autres draps et qu'il tienne sa couche aussi immaculée que le reste de son appartement. Premier grand rire de la soirée. Mais aucune promesse. Allais-je apprendre à mon âge à dormir dans des draps sales ? Après tout, pourquoi pas, s'ils sentaient Gilbert Forget !

Surtout que le Gilbert Forget déprimé et défait que j'avais connu la veille avait disparu pour faire place une fois de plus à l'être adorable, prévenant, aimant qu'il avait été avec moi jusqu'à sa première crise. Comme l'été précédent sur la rue Sainte-Catherine. Ou lorsque je l'avais retrouvé au Sélect quelques semaines plus tôt. J'étais habituée aux personnalités changeantes, j'avais si souvent vu ma mère devenir un monstre en quelques heures, mais j'en avais toujours su la cause : les bouteilles qu'elle cachait partout dans la maison, que nous faisions semblant de ne pas voir et qui la rendaient folle ; mais Gilbert, lui, portait son mal dans sa tête, il était une bombe à retardement qui pouvait exploser à tout moment et je ne pouvais pas, comme avec ma mère, prétendre que rien de tout ça n'existait… Non, ne pas y penser, se concentrer sur ce qu'il disait, sur son amour pour moi qui, à ce qu'il prétendait en riant, était digne des plus grands de l'histoire, Roméo et Juliette, Tristan et Yseult, Donalda Laloge et Alexis Labranche. Quand je lui ai fait remarquer que toutes ces histoires d'amour-là avaient fini de façon tragique, il m'avait fait taire d'un baiser prolongé qui avait failli nous lancer dans une séance de ce que nous voulions éviter cette nuit-là et je l'avais repoussé en protestations plutôt faibles, mais qu'il avait eu la galanterie de respecter.

Les yeux rivés à la fenêtre où un carré de ciel commençait tout juste à pâlir, je me disais : quelqu'un me parle d'amour, quelqu'un me parle d'amour à moi, Céline Poulin, et j'en tremblais de plaisir. Si Gilbert me demandait pourquoi je frissonnais, je lui répondais que j'avais un peu froid et le toutou que j'avais toujours refusé d'être allait se blottir dans son cou qui sentait la même chose que ses draps.

Nous avons regardé le ciel pâlir, bleuir, le soleil se lever, devenir aveuglant. Spectacle toujours pareil mais toujours renouvelé au dire des amoureux de toutes couleurs et de toutes provenances, chose que j'espérais expérimenter et vérifier le plus souvent possible.

Gilbert venait de faire installer une douche dans sa salle de bains vétuste qui n'avait connu jusque-là que la traditionnelle baignoire haute sur pattes et s'y jeta avec un évident plaisir vers les sept heures du matin. Étendue sur le dos, la jambe gauche croisée sur l'autre, j'ai eu droit à un concert gratuit : le spectacle presque complet qui se préparait au théâtre de Quat'Sous. Mais assassinées par une voix éraillée à cause du manque de sommeil et d'une fla- grante absence de talent de chanteur, ces chansons, si nouvelles fussent-elles, et peut-être pour cette raison même, perdaient beaucoup de leur charme et je me demandais encore une fois comment elles allaient être reçues.

Il est ressorti tout propre, frais rasé, plus sexy que jamais dans sa nudité sans pudeur, et je me suis permis de lui parler une fois de plus de ses draps dégueulasses. Il a haussé les épaules en riant et m'a déposé un rapide baiser sur le nez qui sentait le dentifrice Colgate et le gargarisme trop puissant.

« Faut que j'me sauve. La répète est à dix heures…
T'as entendu ce que j'me suis fait dire hier soir ?
Faut que je file doux… Tu peux rester ici tant que
tu voudras… Tu peux même aller laver les draps,
si tu veux ! »

Il est sorti de la chambre, sourire goguenard aux
lèvres et guitare sur l'épaule. Le jeune Félix Leclerc
sur ses photos de Paris. Je me suis rendu compte
que la guitare avait passé la nuit dans un coin de la
pièce comme une espèce de chaperon indulgent qui
veillait au grain tout en protégeant les amoureux.
Qui aurait dit que je serais un jour surveillée par une
vieille guitare, propriété d'un bohème atteint d'une
folie que personne ne comprenait et qui porterait
un nom poétique faute d'un vrai patronyme ?

En ouvrant la porte de l'appartement, Gilbert a
hurlé :

« J't'aime, Céline Poulin ! »

Et comme aurait si bien dit ma mère : on a dû
l'entendre jusque chez le septième voisin.

Mais je ne lui ai pas répondu.

Pas une seule fois je ne lui avais dit que je
l'aimais.

Toute la question n'était-elle pas là, d'ailleurs ?

Comme au restaurant, et chez mes parents pendant toute ma jeunesse, on a installé un petit banc devant l'évier de la salle de bains de l'appartement de la place Jacques-Cartier pour me faciliter l'accès à l'eau courante, au miroir et à l'armoire à pharmacie. Mes colocataires sacrent quand par mégarde je le laisse traîner et qu'ils s'enfargent dedans, mais la plupart du temps je pense à le ranger dans un coin ou à le pousser sous l'évier pour éviter d'éventuels accidents. Quand on partage un appartement avec trois travestis plus souvent soûls ou drogués qu'à leur tour, qui traversent un difficile lendemain de veille presque chaque matin et se réfugient à la salle de bains en se cachant les yeux dans des gestes mélodramatiques exagérés parce que la lumière du jour blesse et que la réalité tue, mieux vaut prendre ses précautions.

En arrivant chez moi, ce matin-là – il était trop tôt pour qu'un semblant de vie se fasse sentir dans la maison –, je me suis dirigée tout droit vers la salle de bains, j'ai poussé mon petit banc à sa place, j'ai grimpé dessus en me tenant à l'évier à deux mains et je me suis regardée droit dans les yeux. J'ai toujours fait ça en temps de crise, quand je voulais me retrouver avec moi-même. Chez mes parents, au restaurant, ici, à l'appartement de la place Jacques-Cartier. Il me semble qu'on ne peut pas se mentir quand on se regarde dans une glace.

J'avais rêvé pendant des années à ce qui se passait en ce moment dans ma vie sans oser croire

215

que ça se produirait jamais, c'était là, bien réel, bien tangible, la beauté de Gilbert dépassait même mes espérances les plus folles, moi qui m'étais toujours sentie indigne d'être aimée. Et voilà que quelque chose restait bloqué en moi, comme s'il manquait une dernière clé à une dernière serrure ou qu'un battant de mon cœur refusait de façon obstinée de s'ouvrir. Je savais qu'il ne servirait à rien de mettre ça sur le compte de la maladie de Gilbert, l'amour, le vrai, du moins l'idée que je m'en faisais, ne se préoccupait pas de ce genre de détails et frappait sans se soucier de ses victimes et quel que soit le prix qu'ils auraient à payer. Ce n'était donc pas par prudence que je me retenais.

Alors quoi ?

De deux choses l'une : ou bien j'étais incapable de me laisser aller, de m'abandonner à l'amour quelles qu'en soient les conséquences, ou bien, et c'était beaucoup plus grave, j'étais incapable d'aimer. Avais-je été échaudée dans mon enfance, frustrée de l'amour de ma famille et de celui de ceux qui auraient dû être mes amis mais qui s'étaient vite transformés en tortionnaires, au point de fermer à jamais mon cœur à toute forme d'amour véritable, à tout ce qui dépassait l'amitié et exigeait qu'on s'abandonne sans réticence ? Si je trouvais la clé de l'abandon, quelque part au fond de mon cœur, si je me laissais aller à l'utiliser, ma vie en serait-elle transformée du tout au tout ? Deviendrais-je folle d'amour, tout d'un coup, prête à tout laisser tomber pour un joueur de guitare à l'avenir incertain ?

Et j'ai lu au fond de mes yeux – je pourrais jurer que c'est une voix que je n'ai pas entendue mais bien *lue* au fond de mes yeux –, une toute petite voix, une voix de couleur verte avec des paillettes d'or, qui me disait : Pauvre folle, t'es à deux pas de le faire, laisse-toi aller, un peu, saute dans le vide, arrête de tout analyser, sinon tu vas finir toute seule dans ton coin comme un rat parce que t'auras jamais connu l'abandon…

J'aurais voulu écouter cette voix en couleur, me jeter cul par-dessus tête dans la passion irraisonnée, courir au théâtre de Quat'Sous et crier devant tout le monde : « Gilbert Forget, moi aussi je t'aime ! » Mais, à mon grand désespoir, j'en étais incapable. La clé restait introuvable et le battant de mon cœur bien fermé.

Et pourtant, pourtant, au fond, loin, creux, je savais que j'aimais Gilbert. Pas juste pour son physique, qui me ravissait, et ses qualités, qui étaient nombreuses, c'était trop facile, trop évident, c'était la base même de l'amour et tout un chacun peut y succomber, mais aussi pour ses faiblesses et sa vulnérabilité. J'avais vu Gilbert capable de tout, se croyant invincible, je l'avais vu si faible qu'il pouvait casser d'un moment à l'autre, j'avais aussi deviné l'enfant si touchant qui ne s'était jamais remis d'une peine immense qu'il considérait comme une trahison, et il m'avait bouleversée au point que j'avais envie de lui faire du bien, de devenir un soulagement à son multiple mal. S'il m'aimait comme il le disait, j'allais donc le laisser faire, j'allais, pour une fois, me laisser aimer !

Et c'est peut-être en fin de compte à ce moment-là que mon plan a commencé à germer dans ma tête.

Le moins qu'on puisse dire est que le début du mois de mai s'est déroulé en dents de scie. Gilbert et moi étions plutôt prudents dans nos relations, sauf au lit où tout était permis, tenté et souvent réussi. Nos nuits rachetaient donc parfois ce que nous avions raté le jour.

De mon côté, j'essayais de prévoir ses crises, de deviner dans ses agissements ou ce qu'il disait le détail qui annoncerait un *high* ou un *down*, de façon à m'y préparer, mais c'était plus subtil que je l'avais d'abord cru et ses sautes d'humeur, rapides, dévastatrices, s'avéraient la plupart du temps impossibles à voir venir ou, si j'y arrivais, il était trop tard pour m'esquiver, le mal était déjà fait : un géant tout-puissant naissait sous mes yeux en quelques minutes, ou alors une loque humaine me tombait dans les bras en hurlant sa douleur. Il revenait de ses répétitions soit enthousiasmé, soit déprimé, m'annonçait qu'il était un excellent musicien ou le dernier des trous de cul. Quand il se trouvait entre les deux, et je supposais qu'il s'agissait là du vrai Gilbert Forget, il était charmant, empressé, il faisait comme si ses deux extrêmes n'existaient pas et nous passions des moments formidables.

Le personnel du Sélect continuait cependant de le regarder avec des yeux soupçonneux. Janine ne se gênait pas pour l'appeler le pouilleux devant moi, en fronçant le nez. Nick lui battait froid et semblait même refuser de croire que nous étions vraiment amants. Madeleine, quant à elle, qui le voyait peu parce qu'elle travaillait le jour, secouait la tête chaque fois qu'elle l'apercevait, peut-être parce qu'il ressemblait trop à son plus vieux, sa bête noire, le désespoir de sa vie, lui aussi soi-disant musicien et à peu près du même âge. Françoise, la caissière, paraissait avoir peur de lui, allez savoir pourquoi. Et Lucien se moquait de lui dans son dos en mimant les gratteux de guitares. Pour une fois que j'avais un chum, c'était loin d'être un triomphe. Mais je leur tenais tête, j'allais même jusqu'à prétendre que j'étais plus heureuse que je ne l'étais en réalité juste pour leur prouver qu'ils avaient tort et les faire taire.

Un bon soir, vers l'heure de la fermeture, une délégation de la *Main* – mes trois colocataires plus la Duchesse elle-même en personne – est venue me rendre visite et j'ai cru qu'on allait me mettre au pied du mur, m'annoncer au sujet de Gilbert des choses que je ne voulais pas savoir – d'autres femmes, d'autres vices, d'autres défaillances –, essayer de me prouver une fois pour toutes qu'il n'en valait pas la peine, qu'il me ferait souffrir, que j'allais regretter tout ça le reste de mes jours, et j'ai eu envie de me sauver en catastrophe. Pourquoi venaient-ils me rencontrer au Sélect ? Pourquoi n'avaient-ils pas organisé tout ça à la maison autour d'un café fort ou d'un énorme pétard ? Pour rendre la chose plus officielle ? Pour me faire encore plus peur ? Parce que j'étais plus vulnérable au restaurant qu'à l'appartement de la place Jacques-Cartier ? Quelles qu'en soient les raisons, je n'avais pas envie de les voir si leur intention était de me faire subir un procès et je le leur ai fait savoir.

Dans un grand geste dramatique, la Duchesse a sorti de son réticule – un bien petit sac pour une si grosse personne –, un mouchoir à ce point parfumé que j'ai pensé que le Sélect allait sentir *Tulipe noire* pour une longue semaine.

« J'oublie toujours à quel point ça sent le graillon, ici… »

Cette agressivité sans humour de femme snob m'étonna chez une personne qui s'était toujours fait un point d'honneur d'efficacité dans la critique et, surtout, de drôlerie dans n'importe quelle situation. C'était la première fois que je surprenais le gros Édouard à ne pas être drôle et ça a dû paraître sur mon visage parce qu'il a aussitôt baissé le caquet en replaçant le mouchoir dans son sac. Et je me suis rendu compte à quel point c'était vrai qu'il avait vieilli depuis son retour d'Acapulco. Sa grosse face s'était ridée en se dégonflant trop vite, son double menton pendait plus qu'auparavant sur ses colliers de verroterie, les poches sous ses yeux étaient mal dissimulées sous une couche de maquillage d'un brun excessif qui ne faisait pas du tout illusion dans sa pathétique tentative de suggérer un *tan* rapporté du Mexique. On disait qu'il avait été victime d'un certain Peter – là-bas, dans le Sud – qu'il n'arrivait pas à s'en remettre, qu'il avait vieilli tout d'un coup et que son cerveau ramollissait à une vitesse étonnante.

C'est Jean-le-Décollé qui a pris d'abord la parole. Il semblait hésitant, surtout mal à l'aise, comme si cette rencontre avec moi n'était pas une idée à lui et qu'il s'y était plié de mauvaise grâce. J'étais convaincue qu'il avait conscience de mon ressentiment et qu'il le partageait : cette visite éclair était inutile et ne donnerait rien. Et ce qui est sorti de sa bouche était si banal que j'ai failli lui éclater de rire en pleine face.

« On te voit plus, Céline… »

Nous étions installés dans une grande banquette pour six, au fond du restaurant, des sacs à main de couleurs invraisemblables avaient été posés à côté de tasses de café que personne ne buvait, le cendrier se remplissait à une vitesse folle. Une drôle de nervosité planait sur tout ça, aussi, comme si la réunion avait été mal préparée et que tout le monde s'en trouvait un peu honteux.

« C'est tout ? C'est tout ce que vous avez à me dire ? Vous êtes venus en délégation depuis le fin fond de la *Main* pour me dire qu'on se voit plus alors que vous auriez pu me le dire en vous réveillant demain après-midi devant un café que je vous aurais préparé moi-même ? »

Ils se sont regardés comme pour se donner du courage avant de se lancer dans le vide.

Les minutes qui ont suivi sont difficiles à décrire : un chœur à quatre voix improvisé et sans organisation ni structure, un pan de mur de reproches, de conseils, d'avis contraires qui s'entrechoquaient et s'éparpillaient comme une pluie de confettis, des mains qui serraient mon bras à le faire rougir ou qui se posaient sur des cœurs pour prouver la bonne foi de ce qui était avancé, des cigarettes écrasées dans un geste rageur et qui continuaient d'empuantir l'atmosphère en écœurantes volutes grises, des rires faux quand on s'essayait à l'ironie, des index pointés sur mon nez, quelques larmes, aussi, toutes vraies parce que mon bien-être et mon bonheur étaient en cause, que je ne semblais pas m'en rendre compte et que mon inconscience inquiétait tout le monde. C'était magnifique d'absolue sincérité et j'écoutais tout ça comme un morceau de musique moderne composé exprès pour moi et exécuté à mon unique intention dans l'intimité du restaurant au bord de fermer ses portes pour la nuit. J'attrapais des bribes de phrases, des mots prononcés plus fort que d'autres, j'imaginais le reste, je reconstituais le puzzle mental qui se défaisait devant moi en me disant que j'étais tout de même chanceuse d'avoir de si bons amis. Tout ce qui manquait, c'était le camaïeu lilas ou jaune citron de Fine Dumas. Elle les aurait fait taire, elle, cependant, elle aurait pris le crachoir sans demander la permission de qui que ce soit et ce qu'elle m'aurait dit aurait été clair, contrôlé, efficace. Je n'aurais pas pu faire autrement que de l'écouter et de réfléchir. Mais sans chef pour les tenir et les guider, mes amis redevenaient de simples travestis bavards qu'on ne pouvait pas prendre au sérieux parce qu'ils visaient n'importe comment, et ce que je recevais d'eux n'était qu'une douche de paroles informes d'une grande inefficacité malgré leur grande beauté et qui n'aurait aucune influence ni sur ma façon de penser ni sur mes agissements.

Le centre de tout ça, bien sûr, n'était pas tant mon absence de leur vie depuis quelque temps que la présence dans la mienne de Gilbert, qu'ils avaient tant aimé quinze ans plus tôt et qu'ils fuyaient maintenant comme la peste à cause de ce qu'ils appelaient son ingratitude. Ils connaissaient pourtant son histoire mieux que moi, la Duchesse m'avait même parlé de la dévotion qu'elle vouait à ce qu'elle considérait comme sa grande histoire d'amour avec Greta-la-Vieille qu'elle plaçait parmi les plus belles et les plus émouvantes. Mais leur sympathie était de mon côté et ils exigeaient presque que je leur jure sur-le-champ d'abandonner Gilbert à son sort, à sa musique, à sa maladie. Leurs avertissements étaient péremptoires, ils jouaient les Cassandre la veille de la chute de Troie, mais il y en avait trop en même temps et ils s'annulaient les uns les autres sans s'en apercevoir.

Quand ils ont eu terminé leur si beau numéro, quand le calme et le silence sont retombés sur le Sélect, j'ai pris une grande respiration, sans réfléchir, et je leur ai donné leur coup de grâce.

J'ai commencé, bien sûr, par les remercier de leur amitié, du souci qu'ils se faisaient pour moi et même de leur visite inattendue. Mais j'ai vite ajouté qu'au lieu de me convaincre de laisser tomber Gilbert, ils m'avaient au contraire confortée dans un projet que je mijotais depuis quelque temps. Ils ont aussitôt senti que quelque chose de désagréable allait leur sauter dessus et, tous les quatre à l'unisson, ils ont reculé sur les banquettes de faux cuir. La Duchesse a sorti une pilule jaune d'un petit flacon puisé au fond de son sac à main et l'a avalée avec un reste de café qui l'a fait grimacer.

« Si t'étais gentille, Céline, t'attendrais que mon valium fasse effet avant de parler, ça prend à peu près vingt minutes, mais je sais que t'es trop pressée de nous assommer. Vas-y, shoote, tire-nous à bout portant. »

C'est alors que je leur ai fait part de mon intention de réunir et, si possible, de *réconcilie*r Greta-la-Vieille et Gilbert Forget.

Ils n'ont pas lancé les hauts cris auxquels je me serais attendue. Ils étaient sans doute trop soufflés.

La Duchesse a pigé un deuxième cachet et se l'est fourré dans la bouche sans liquide.

« Y vont s'entretuer ! »

J'ai posé ma main sur la sienne. C'était dur, froid, comme si la Duchesse était morte pendant leur numéro de haute voltige et que la *rigor mortis* avait déjà commencé à s'installer.

« T'es bien froide, Duchesse ! »

Elle a esquissé le sourire le plus triste que j'avais vu depuis longtemps et lancé un soupir qui n'en finissait plus.

« Toutes mes extrémités sont froides, ma petite fille. Ma tête, mes pieds, mes mains. Mon membre honoraire aussi ! On dirait que mon sang se rend pus jusque-là ! J'm'en vais par les extrémités, Céline, tue-moi pas avant le temps ! »

J'ai croisé les mains sur la table d'arborite. J'étais à genoux sur la banquette pour être à peu près à la hauteur de leurs visages.

« Y s'entretueront pas. Y ont beaucoup de choses à régler, c'est vrai, mais y s'entretueront pas. J'ai pensé qu'on pourrait faire ça chez nous, à l'appartement de la place Jacques-Cartier. Sans les prévenir, bien sûr, parce qu'y refuseraient probablement tous les deux si on les prévenait. Je pense que c'est important. Pour eux deux. Y ont jamais eu l'occasion de s'expliquer... »

Jean-le-Décollé a frappé la table du poing.

« C'est de sa faute à lui. Y s'est sauvé comme un lâche !

— Y s'est senti trahi, Jean, et y a jamais eu l'occasion de le dire à Greta. »

La Duchesse jouait avec ses trop nombreux colliers, je craignais même qu'elle les casse à force de les triturer comme elle le faisait.

« Pourquoi tu te mêles de ça, Céline ? »

C'est sorti sans que je m'en rende compte et je crois bien que j'ai rougi comme jamais auparavant dans ma vie :

« Parce que j'aime Gilbert Forget. Parce qu'y vaut la peine qu'on s'occupe de lui. Parce que ça lui ferait du bien. »

Jean-le-Décollé a allongé la main vers la mienne.

« Greta-la-Vieille, elle, penses-tu que ça lui ferait du bien ? »

Je l'ai regardé droit dans les yeux. Et j'y ai lu que, quelle que soit la sympathie qu'il éprouvait pour moi, son allégeance irait toujours vers ses semblables, que Greta, le vieux travesti, serait toujours plus important pour lui que Céline-la-Naine. Et mon admiration s'en est trouvée renforcée.

« As-tu jamais rendu un enfant à sa mère après quinze ans de séparation, Jean ? Hein ? Non ? Ben moi non plus ! On sait pas ce que ça peut donner, c'est vrai, mais on peut toujours essayer ! Et espérer ! »

Ils se sont fait tirer l'oreille pendant une longue semaine. Ils résistaient à tous mes arguments, prétendaient qu'elle allait mourir sur place ou lui la tuer, arguaient qu'il était trop tard, que le mal était fait depuis si longtemps qu'il était inutile d'essayer de le réparer, que ça pourrait même s'avérer néfaste pour les deux protagonistes. En fait, ils me disaient surtout et en d'autres termes de me mêler de mes affaires. Et, sans doute, en un sens, avaient-ils raison.

Mais j'aimais Greta-la-Vieille, avec qui j'avais travaillé pendant plus d'un an au Boudoir, comme une matante gentille qu'on a beaucoup fréquentée un temps et qui vous manque ; Gilbert, quant à lui, prenait de plus en plus dans ma vie une place importante, celle de l'amant qu'on fait plus qu'aimer, qu'on respecte et à qui on voudrait donner une preuve irréfutable d'attachement. Et leur histoire m'était allée droit au cœur. Je voulais les sauver, peut-être même malgré eux, je m'en sentais capable et j'étais plutôt fière de mon idée.

J'étais persuadée d'avoir raison : Gilbert avait été privé très jeune de la mère folle qu'il n'avait pas choisie et de sa mère élue, lui rendre l'une des deux ne pouvait quand même pas lui faire de tort ! Et, je le savais pour bien la connaître, Greta-la-Vieille ne demandait pas mieux que de le serrer dans ses bras après quinze longues années de séparation. Eux-mêmes clichés sentimentaux – tout ce qu'on dit au sujet des guidounes au cœur d'or est exact –, c'est en fin de compte ce genre de cliché qui est venu à bout de mes amis. De la Duchesse, la première, qui, je suppose, imaginait déjà une espèce d'image d'Épinal, un tableau vivant, une fresque pour les âges intitulée en toute simplicité *Le retour de l'enfant prodigue entouré de ses muses et de sa naine favorite*. Elle devait se voir au premier plan, au centre exact du tableau, duègne vénérable et digne, à peine dissimulée par une mantille de dentelle noire et de toute évidence à l'origine de cette belle rencontre. Une œuvre majeure à accrocher au panthéon de la *Main*. Elle se chargea donc de convaincre les trois autres et réussit après, semble-t-il, quelques séances plutôt houleuses au cours desquelles des choses plus que désagréables furent échangées à mon sujet. Mais je me disais que la réussite certaine de mon projet allait me donner raison, me racheter à leurs yeux. J'attendais donc avec grande impatience le moment où j'aurais enfin réuni – et pour toujours – Greta-la-Vieille et Gilbert Forget.

Nous étions convenus de donner rendez-vous à Greta et à Gilbert pour un souper entre amis à l'appartement de la place Jacques-Cartier un soir où j'aurais pris congé du Sélect. Mais se présenta un problème majeur : que faire de Greta-la-Jeune, la dauphine, l'héritière, l'apôtre dévouée et inséparable de l'autre, que nous ne voulions pas mêler à notre entreprise parce qu'elle risquait de la faire foirer par pure jalousie ou par peur de perdre sa place pré-pondérante dans le cœur de Greta-la-Vieille ? Après de longues discussions, nous en sommes venus à la conclusion que Greta-la-Jeune était incontournable, que nous ne pouvions pas l'éloigner sans attirer les soupçons de Greta-la-Vieille, qu'il fallait donc com-poser avec sa présence. La Duchesse avait même offert de la soûler dès son arrivée pour l'empêcher de comprendre ce qui se passait. Greta-la-Jeune aimait un peu trop le dry martini et la Duchesse savait en concocter des doubles et des triples pas piqués des vers, j'en avais souvent fait les frais moi-même.

Ce fut encore plus compliqué de convaincre Gilbert de venir manger à la maison en compagnie de mes amis. Il prétendit m'avoir tout dit de ce qu'il pensait des travestis, je lui répondis qu'il avait tort, qu'il était plein de préjugés, de rancœur mal placée, et que par amour pour moi – je me sentais menteuse, hypocrite, manipulatrice, mais je me disais que c'était pour son bien – il se devait de leur donner une chance : c'étaient des amis précieux, des êtres très chers à mon cœur, il ne pouvait quand même pas feindre d'ignorer leur existence tout le temps que durerait notre liaison. Il finit par céder, mais en me regardant d'une drôle de façon. Sentait-il quelque chose, soupçonnait-il sous mes paroles un sens caché qu'il ne comprenait pas et dont il se méfiait ? Toujours est-il que c'est bourrée de remords et le cœur serré que je lui ai donné rendez-vous à la maison pour le jour fatidique.

Le grand soir arriva donc, mon poulet rôti aux olives et au citron mijotait tout en douceur dans son jus depuis des heures – le secret de ma grand-mère Poulin : le four à 200 °F pendant tout l'après-midi –, l'appartement embaumait le sud de la France parfumé au romarin et cinq personnes nerveuses attendaient l'arrivée de trois invités qui ne savaient pas qu'ils allaient se rencontrer.

Nous les avions convoqués à une demi-heure d'intervalle. D'abord les deux Greta pour avoir le temps de soûler la plus jeune, puis – surprise ! surprise ! –, Gilbert lui-même, victime innocente des machinations de sa blonde.

La veille, nous avions fait l'amour comme jamais. Voulais-je me faire pardonner d'avance si jamais mon plan ne fonctionnait pas ? Toujours est-il que c'est moi, cette fois, qui me montrai la plus experte, la plus forcenée et Gilbert se laissa faire avec un vif plaisir mêlé d'étonnement. J'étais devenue une véritable tornade, tout à coup, mes caresses, alambiquées, professionnelles, s'avéraient d'un savant et d'un compliqué que je me découvrais, j'étais partout à la fois, je passais sans transition du succube à l'incube, je me nourrissais des cris de goret et des halètements de l'homme-objet que Gilbert était devenu entre mes mains, enfin bref, et grâce à lui, je prenais de l'expérience et j'en faisais profiter mon professeur. Nos ébats, plusieurs fois répétés, furent couronnés par l'enfournement effréné, vers quatre heures du matin, d'un énorme bol de céréales gonflées par l'humidité parce que la boîte n'avait pas été bien fermée, suivie d'une séance de chatouilles qui nous mena tous les deux au bord de l'hystérie.

Greta-la-Jeune nous a quelque peu facilité la tâche en se présentant à la maison déjà pompette. Ses problèmes de boisson commençaient déjà à faire jaser à la fermeture du Boudoir et son retour obligé au trottoir, ces derniers mois, lui avait été néfaste. Je la voyais de loin en loin, elle venait manger une patate frite ou un *fish and chips* au restaurant quand elle réussissait à échapper à la vigilance de Greta-la-Vieille qui surveillait leur poids à toutes les deux d'une façon presque maniaque, et, chaque fois, son évidente déchéance, graduelle, inéluctable, me fendait le cœur.

(Les deux plus jeunes « filles » de Fine Dumas avaient été les plus touchées par la fermeture de son établissement, l'année précédente : Greta-la-Jeune qui, malgré les soins et la patience d'ange de Greta-la-Vieille, sombrait dans l'alcool et le junk food pour engourdir son désespoir, et Babalu, déjà dépressive et fragile, qui s'enfonçait sans lutter dans une espèce de neurasthénie débilitante d'où il était désormais impossible de la tirer. Elle arpentait son bout de trottoir soir après soir, le nez sur le ciment, les mains dans les poches, absente à tout et très peu présente à ses clients. Les menaces des hommes de main de Maurice-la-piasse, pourtant nombreuses et très explicites, étaient restées inutiles : de notre Brigitte Bardot à nous, de sa fraîcheur, de son museau mutin, de sa confondante naïveté, ne restait plus que le pitoyable petit foulard attaché sous le menton qui ne faisait plus illusion depuis longtemps et qui était en passe de devenir la risée de la *Main*. Mais Babalu rapportait encore assez d'argent pour qu'on finisse par la laisser tranquille et les émissaires de Maurice se contentaient désormais de lui rire en pleine face quand ils allaient toucher leur dû.

Greta-la-Jeune grossissait donc à vue d'œil, imbibée d'alcool, confite, ce qui ne dérangeait en rien son travail puisque certains clients argentés étaient férus de sa chair abondante et rose, pendant que Babalu fondait comme une adolescente ano-rexique, et aucune des deux, nous en avions bien peur, n'était récupérable.)

Je ne crois pas avoir besoin d'ajouter que Greta-la-Vieille n'était pas de très bonne humeur à leur arrivée... Elle lançait à sa compagne des regards furibonds. En toute autre circonstance, ils auraient cloué Greta-la-Jeune sur place mais, cette fois, ils semblaient juste l'amuser parce qu'elle s'en moquait sans se cacher. Je jugeais que la tâche serait facile avec elle, il suffirait en effet de la faire boire un peu plus, elle n'aurait sans doute même pas conscience de ce qui se passerait, mais pas avec Greta-la-Vieille, toute hérissée d'épines et préoccupée par l'état lamentable de son amie, qui refuserait peut-être de se laisser attendrir par mon traquenard. Et m'en voudrait jusqu'à la fin de mes jours, j'en étais maintenant persuadée, et je commençais à maudire ma trop grande mansuétude.

Mes quatre complices jugeaient déjà la situation désespérée, je le sentais, et aussi étais-je la seule dans le grand salon aux couleurs criardes à montrer un peu d'animation et un tantinet de joie de vivre, même fausse. Catastrophés, mes trois colocataires se tenaient raides comme des piquets de clôture, le *drink* vissé à la main et pour une fois muettes. La Duchesse, de son côté, n'arrêtait pas de regarder en direction de la porte d'entrée, au point même que Greta-la-Vieille lança entre deux remarques désobligeantes destinées à l'autre Greta :

« Coudonc, Duchesse, attends-tu un *prospect* ? T'arrêtes pas de regarder la porte ! On a-tu été réunis ici, à soir, pour apprendre tes fiançailles ? Ton fameux Peter du Mexique est-tu venu te rejoindre à Montréal ? »

Greta-la-Jeune leva son verre en bêlant d'une façon imbécile :

« *I'll drink to that !* »

Greta-la-Vieille haussa les épaules, exaspérée :

« T'as pas besoin de nous le dire ! Tu boirais à n'importe quoi ! »

Et la pauvre Greta-la-Jeune faillit mettre le feu aux poudres en osant répliquer du tac au tac :

« Oui, surtout à ton enterrement ! »

Il fallut toute notre diplomatie – nous n'étions pourtant pas reconnus pour en avoir des masses – et la grande drôlerie de la Duchesse pour rétablir un peu de vie, sinon de calme, dans la pièce. Greta-la-Vieille, drapée dans sa dignité offensée, voulait partir sur-le-champ avant que l'autre ne commette une gaffe irréparable, Greta-la-Jeune se faisait toute molle et toute pesante dans le sofa des années quarante et menaçait à tout moment de vomir dans le giron de sa protectrice, mes trois colocataires se contentaient de replacer les plats de chips et de grenailles sur la grande table à café tout en me fusillant du regard. Quant à moi, je commençais à prier pour que Gilbert nous fausse compagnie. Nos efforts de réconciliation restaient lettre morte, nos tentatives de conversations se révélaient de pitoyables culs-de-sac, lorsque la Duchesse, prise d'une inspiration soudaine, eut l'idée de mettre sur le vieux tourne-disque de Mae East le morceau favori de Greta-la-Jeune, *In the Mood* de Glen Miller, et se mit à nous interpréter sa version personnelle du *jitterbug* qui nous fait toujours rire par sa grande absurdité. Mais ce n'est pas tant ses clowneries, je crois, qui ramenèrent la bonne humeur dans le salon que le grotesque de la situation : malgré tout ce qu'on peut dire à leur sujet, les travestis ont un sens du ridicule acéré comme une lame de couteau, et voir cette grosse baleine de Duchesse se démener telle une démente sur le faux tapis de Perse usé jusqu'à la corde, pour sauver une jeune soirée sans aucun doute vouée à l'échec suffit à titiller leur sens de l'humour. Vers le milieu du morceau, tout le monde, sauf Greta-la-Jeune qui était restée vautrée sur le velours tapé et rêche du sofa, dansait en gestes exagérés et chantait trop fort. Il y avait quelque chose de désespéré et d'hystérique dans cette ronde forcée exécutée par six personnes qui, de toute évidence, n'en avaient pas envie mais se sentaient obligées de la suivre pour tenter de racheter une situation pourtant perdue d'avance.

Et c'est au moment où la Duchesse nous menaçait de remettre le soixante-dix-huit tours au début que la sonnette d'entrée se fit entendre.

Cinq personnes figèrent dans le salon, pétrifiées, pendant qu'une sixième, sous un regard de reproche de la septième et dernière, se mettait à crier en brandissant une bouteille de Beefeater :

« Duchesse ! Duchesse ! Ton *prospect* ! »

J'aurais voulu être ailleurs, aux antipodes, sur une autre planète, dans un système solaire différent et à jamais inaccessible. Ou au Sélect en train de servir des *hamburger platters* à des quidams sans visage.

Mais Greta-la-Vieille, tout en l'ignorant, sauva la mise en prenant Greta-la-Jeune à bras-le-corps et en lui disant :

« Qui que ce soit, faut pas qu'y te voient dans cet état-là, tu me fais trop honte ! Viens, on va aller dans la salle de bains essayer de te rendre figure humaine... Si la chose est encore possible... »

J'allai moi-même répondre à la porte.

Gilbert fut accueilli par un silence pesant comme un paletot d'hiver mouillé. On aurait dit que quelqu'un avait coupé le son pour n'étudier que le langage corporel des personnages en présence dans le salon. Jean-le-Décollé, Mae East et Nicole Odéon, avec une froideur plutôt étrange chez eux, se contentèrent de hocher la tête à son arrivée pendant que la Duchesse, qui ne le connaissait que de réputation, l'inspectait en vulgaire marchandise, de haut en bas, de bas en haut, s'arrêtant, mais à peine, sur les parties qui semblaient l'intéresser, l'air plus ahuri que séduit. Je les aurais tués ! Ils auraient pu se forcer un peu, me venir en aide, au moins mettre fin à ce maudit silence qui nous nouait la gorge ! Je savais qu'ils ne le tenaient pas en grande estime, mais tout de même, un peu de décorum n'aurait fait de mal à personne ! Je me suis entendue demander d'une voix hésitante si quelqu'un voulait boire quelque chose. Quelqu'un, sans doute Gilbert, a parlé d'une bière. Les autres ont décliné mon offre en montrant leurs *drinks* qu'ils venaient tout juste de rafraîchir avant de se lancer dans la ronde folle qu'avait provoquée la musique de Glen Miller.

Gilbert semblait être dans un de ses bons jours. Aucune nervosité ne transparaissait sur son visage, aucun signe de déprime non plus. C'était toujours ça de pris, mais avec lui on ne savait jamais... J'avais essayé toute la journée de me persuader qu'il allait bien prendre la surprise que je lui avais préparée, mais maintenant qu'il était là, même en forme, et que personne ne semblait vouloir me seconder, je n'étais plus sûre de rien et j'aurais eu envie de tout annuler, de mettre Gilbert à la porte avant que Greta-la-Vieille ne revienne de la salle de bains et d'aller me cacher sous mes couvertures les plus chaudes avec l'intention de ne pas en ressortir avant l'automne.

Pendant que je lui servais sa boisson – avant l'arrivée des invités, j'avais plongé quelques bières dans un seau à champagne parce que je savais que Gilbert ne buvait à peu près rien d'autre –, du bruit nous parvenait du fond de l'appartement, des portes claquaient, des voix s'élevaient, rageuses, un verre fut brisé et je crus discerner quelques mots : honte, maudite boisson, plus jamais... Mes trois colocataires gardaient les yeux ronds sans essayer de couvrir le vacarme. La Duchesse semblait même s'en délecter. Gilbert me demanda s'il y avait d'autres invités alors que je lui avais assuré que nous ne serions que six. Bien sûr, la Duchesse n'a pas pu se retenir :

« Oui, ta surprise ! »

Gilbert s'est à demi levé en fronçant les sourcils.

« Une surprise ? Quelle surprise ? »

Le regard déçu qu'il me jeta alors était déjà teinté de reproche.

« Je devrais-tu sentir un piège, là, Céline ? »

Je suis restée muette, le verre levé, un sourire coupable aux lèvres.

« Si tu me réponds pas tout de suite, Céline, j'me lève et je sacre mon camp... »

Je n'ai pas eu besoin de répondre, Greta-la-Vieille revenait de la cuisine en s'essuyant les mains avec un torchon :

« Si a' dort pas dans dix minutes, j'vas aller l'assommer moi-même ! »

Le silence est une denrée rare chez les travestis et lorsque Greta-la-Vieille ne vit pas venir de réplique malicieuse ni de remarque ironique en réponse à ce qu'elle venait de dire, elle sentit tout de suite que quelque chose n'allait pas et s'appuya contre le vieux tourne-disque en portant la main à son cœur.

« Mon Dieu, les filles, Marlon Brando est-tu mort pendant que j'étais aux toilettes ? »

Personne n'a ri. On ne semblait même pas avoir entendu ce qu'elle disait. On aurait dit que le salon avait été coulé dans un moule de plastique comme les animaux chez les nouveaux taxidermistes qui ne se donnent plus la peine de vider leurs victimes pour les remonter sur un support de métal mais les plongent dans des blocs d'acrylique transparent, bien taillés, bien symétriques, qu'on peut exposer n'importe où dans la maison en prétendant que ce sont des œuvres d'art au lieu de simples animaux empaillés de façon plus moderne. Un bon jour, qui sait, un fou plein aux as allait peut-être acheter notre salon pétrifié qui porterait désormais un titre – *Cinq travestis accompagnés d'une naine draguant un beatnik*, plastique et chair humaine, 16 pieds cubes, 1968 – et l'exhiber comme un reliquat de la fameuse décadence de la deuxième moitié du vingtième siècle.

L'immobilité qui s'était installée dans le salon à l'arrivée de Greta-la-Vieille était d'autant plus étonnante qu'il bourdonnait d'habitude d'activité inutile parce que ses habitants se méfiaient comme de la peste bubonique du calme et de la tranquillité.

C'est alors que, seul mouvement dans la pièce paralysée, Gilbert s'est tourné pour voir qui venait d'entrer. Avait-il reconnu sa voix ? Et pendant le quart de seconde que prit la torsion de son cou, le monde tel que je le connaissais s'est écroulé. Le plancher s'est ouvert sous mes pieds, un trou béant me montrant les entrailles de la Terre, et le bouillonnement de l'Enfer s'est creusé là où se trouvait un moment plus tôt le faux tapis de Perse, le salon et tout ce qu'il contenait y a glissé avec une lenteur insupportable et je me suis dit que si c'était là que menait ma vie, à ce flop retentissant – je ne doutais plus que c'en soit un –, que je ne devais qu'à moi-même parce que j'en avais été l'unique instigatrice, ça n'avait vraiment pas valu la peine de vivre.

Ils ne mirent même pas un millième de seconde à se reconnaître.

Et le choc fut terrible.

On voit ça au cinéma, parfois, des gens qui se retrouvent tout d'un coup, par hasard, après une longue séparation, et, selon qu'on a affaire à une comédie ou à un drame, on rit ou on pleure parce qu'on est manipulé par un cinéaste, par des acteurs, par une musique d'accompagnement plus ou moins efficace ; mais dans la vraie vie, chez soi, en pleine place Jacques-Cartier, dans son propre salon, en compagnie d'amis qui ne jouent pas la comédie et sans musique d'accompagnement pour dicter sa réaction, on reste stupéfait, on se sent de trop, voyeur, coupable, on voudrait disparaître dans le néant pour ne jamais revenir, surtout si on est à l'origine de cet événement dont on ne peut pas savoir sur quoi il va déboucher, un grand malheur ou une joie sans borne. Et que tout ça se passe sur les décombres fumants du monde tel qu'on l'a connu.

Je dis que le choc fut terrible, mais je l'ai deviné plus que je ne l'ai vu.

Parce qu'ils n'ont pas bougé. Ils ont pâli tous les deux, leurs yeux se sont arrondis, une énergie d'une incalculable force a explosé entre eux, illuminant le salon et ses occupants comme le flash d'un appareil photo, mais ils n'ont pas bougé.

Et si je n'étais pas intervenue, je crois qu'ils seraient restés là, interdits, confondus, jusqu'à ce qu'on vienne les chercher pour les ramener chez eux. Au bout d'un assez long moment et voyant que rien ne se produirait si je ne faisais pas quelque chose, j'ai eu le courage d'enjamber le gouffre qui s'était ouvert sous mes pieds, me séparant de Gilbert, pour aller poser mes mains sur ses épaules. Il n'a fait aucun geste pour se dégager, il n'a pas repoussé mes mains et je me suis dit que tout n'était peut-être pas perdu, après tout.

Je me suis tournée vers les quatre autres témoins toujours vissés à leurs sièges et je leur ai fait signe de nous laisser. J'avais peur que la Duchesse, si peu subtile, lance une farce plate, inutile et déplacée, mais pour une fois elle semblait comprendre le sérieux de la situation et s'est contentée de quitter le salon comme une grande actrice après une scène réussie.

Restés seuls avec moi au salon, Greta-la-Vieille et Gilbert n'ont pas esquissé un seul geste l'un vers l'autre, n'ont échangé aucune parole. Ils se sont juste regardés pendant de longues minutes, pétrifiés, galvanisés, et ils ont pleuré. En silence. Des bouillons de larmes ont ruisselé sur leurs visages, des sanglots ont secoué leurs corps, ils se sont pliés en deux quand la douleur, ou la joie, ou les deux, étaient trop fortes, ils se sont mouchés à grand bruit et se sont raclé la gorge pour étouffer les cris qui voulaient leur échapper. Ils ne pouvaient pas se quitter du regard mais n'arrivaient pas non plus à se parler. Ils se buvaient des yeux sans pouvoir exprimer en mots ce qu'ils ressentaient.

Greta-la-Vieille était restée appuyée contre le vieux tourne-disque et dessinait de grands gestes avec ses mains. On aurait dit une chanteuse française réaliste des années trente qui s'apprêtait à entamer son répertoire de filles à matelots ou de midinettes abandonnées par leur séducteur, mais que l'émotion rendait muette. Gilbert, lui, se tenait penché comme s'il avait voulu bondir de son fauteuil pour aller se réfugier dans les bras de sa mère adoptive, mais quelque chose, la pudeur, la honte, la timidité, l'empêchait d'accomplir son geste et il restait là, écrasé par une lourdeur contre laquelle il se trouvait impuissant et qui l'immobilisait. Et, comme elle, il pleurait. En silence. Ils se regardaient, tous les deux, et ne pouvaient que pleurer. Comme s'ils avaient ressenti le besoin de se vider d'un trop-plein d'émotion avant de repartir à zéro. Ou de se quitter à tout jamais sans avoir échangé une seule parole.

Moi, j'essayais de me faire oublier. Mais je me doutais que de toute façon ils n'avaient aucune conscience de ma présence, que je n'existais plus, que rien, en fait, n'avait plus d'importance pour eux que l'apparition de l'autre dans leur vie après tant d'années de sevrage. Mais pourquoi ne se levaient-ils pas, pourquoi ne s'embrassaient-ils pas, quitte à se couvrir ensuite d'injures ou de coups si le besoin s'en faisait ressentir, pourquoi cette immobilité-là où, du moins me semblait-il, il aurait fallu des cris de fous, de la musique hystérique, de la danse folle et débridée, les imitations de la Duchesse ou les reparties lapidaires de Jean-le-Décollé pour fêter ça ? Ça, quoi, au fait ? On ne pouvait pas appeler ça des retrouvailles, des retrouvailles ce n'étaient pas ces sanglots sans fin, ces hoquets de douleur, ces regards silencieux, des retrouvailles, c'étaient des cris de joie, des tapes sur les cuisses, des promesses impossibles, et ça se fêtait ! Allaient-ils se contenter de se faire une longue scène muette avant de se tourner le dos une fois pour toutes et à tout jamais ? Sans se réconcilier ? Sans même se maudire ? Les avais-je mis en présence pour que rien ne se passe ? Mais je savais bien, au fond, que des millions de choses se passaient, étaient exprimées, criées, au cœur de ce silence, des aveux, des déclarations dont je n'avais été que le maître d'œuvre sans avoir le droit de les expérimenter et que ma tâche, en fin de compte, ne consisterait, et jusqu'au bout, qu'à assumer le rôle ingrat du témoin muet et complice que je m'étais dévolu.

Puis, aux seules deux répliques, courtes mais si pleines de sens, qui furent échangées au bout de quelques minutes, j'ai compris que lorsque la maudite pudeur tomberait et que le flot de paroles jaillirait enfin, l'atmosphère serait plus aux confidences murmurées, aux aveux échangés à voix basse qu'aux effusions débordantes et aux éclats de rire. J'avais eu la naïveté d'organiser un party alors qu'un simple rendez-vous informel aurait suffi, imbécile que j'étais, et je me retrouvais de trop, indésirable dans mon propre scénario trop compliqué.

Après s'être bien mouché et tamponné les yeux, de toute évidence épuisé par la violence inarticulée de ce qui venait de se produire entre eux, Gilbert a regardé Greta-la-Vielle et lui a dit d'une voix enrouée que je n'avais jamais entendue :

« Toutes ces années-là, j'ai espionnée… »

Elle a esquissé le sourire le plus triste que j'avais jamais vu pour lui répondre :

« Je le savais. »

Et pendant le long récit entrecroisé qu'ils se firent des quinze dernières années, j'imaginais les quatre autres convives de la soirée abandonnés à la cuisine, inutiles et le sachant, l'oreille tendue pour surprendre des bribes de conversation et sacrant parce qu'ils avaient laissé l'alcool au salon et étaient condamnés pour le reste de la soirée au thé, au Seven-Up et au Pepsi.

Intercalaire III

SUITE ET FIN DE L'HISTOIRE DE GILBERT, LE FOU CIRCULAIRE : L'ESPION

Après une adolescence sans intérêt – le visage bourgeonnant, comme tous les garçons de son âge, mal à l'aise partout où il allait, presque étranger dans son corps élancé aux membres trop longs qui poussaient trop vite, timide de façon maladive avec les filles –, Gilbert s'était révélé, vers dix-huit ans et sans avertissement, un magnifique jeune homme qui, sans être déluré, ça viendrait plus tard avec l'expérience, s'était tout d'un coup éloigné de l'enfant attardé qu'il avait longtemps été pour devenir un être indépendant et assez débrouillard.

Il avait abandonné les études aussitôt son secondaire terminé, dans le but, c'est du moins ce qu'il prétendait, de remettre à sa grand-mère un peu de ce qu'elle avait fait pour lui depuis la mort de madame Veuve, mais en fait parce qu'il s'ennuyait à mourir sur les bancs d'école où il n'apprenait rien pour la simple raison qu'il n'écoutait pas. Il travaillait ici et là, acceptait des jobines qu'il trouvait indignes de lui mais qui lui permettaient de mettre un peu de pain sur la table et un peu de beurre sur le pain, il apprenait les rudiments de la séduction dans les bras de femmes mariées chez qui il allait livrer l'épicerie et ceux du larcin dans la caisse de ses patrons. Il devenait petit à petit un bum sympathique dont on se méfiait peu : on savait qu'au fond il n'était pas dangereux, on fermait les yeux sur ses incartades parce qu'on le trouvait beau. Ou drôle. Il apprenait à être drôle depuis qu'il s'était rendu compte que ça pouvait être payant.

Quand sa grand-mère lui parlait de son avenir, pour le moins nébuleux étant donné le peu de cas qu'il en faisait, il répondait par une plaisanterie ou bien détournait la conversation. Il lui disait même parfois, avec un grand sourire narquois, qu'il allait consacrer son avenir à l'insouciance et à la fainéantise. Elle lui donnait alors une claque derrière la tête comme quand il était petit et le menaçait de l'envoyer réfléchir dans sa chambre. Il la prenait par la taille, tâche plutôt difficile vu la corpulence de la vieille femme, la soulevait dans une valse-minute exécutée autour de la salle à manger, et tout était oublié dans les rires et les embrassades. Elle n'était pas dupe, mais faisait comme si parce qu'elle l'aimait.

Le fait est que l'avenir effrayait Gilbert. Pour la simple raison qu'à l'aube de la vingtaine, rien ne l'intéressait assez pour qu'il sente l'envie d'y consacrer la totalité de son existence. Des passions, toutes inatteignables parce qu'elles auraient exigé des années d'études qu'il ne pouvait se payer et un genre d'intelligence qu'il n'avait pas, le captivaient pendant un temps – la médecine nucléaire, l'astronomie, la microbiologie, rêves impossibles sans doute choisis en raison de leur inaccessibilité même –, mais il se remettait vite à glisser vers la paresse qui n'était pourtant pas chez lui un trait de caractère mais un simple refuge contre son impuissance et son indécision devant la vie.

Quand ses premières vraies crises de folie circulaire se manifestèrent – il avait toujours eu un penchant naturel à la déprime et à la mélancolie qu'il mettait sur le compte de sa vie trop oisive et ne s'en souciait pas trop –, il fut terrorisé et tenta de les cacher à sa grand-mère qu'il ne voulait pas inquiéter outre mesure. Mais elles revenaient de plus en plus souvent, s'avérant parfois d'une telle violence, surtout dans les *downs*, qu'il ne se souvenait pas, après, de ce qui s'était passé ou alors de façon très vague. Il se réveillait comme d'un mauvais rêve, entrevoyait quelques images furtives, désagréables, et se demandait ce qu'il avait fait, où il était allé et, par-dessus tout, comment tout ça avait bien pu finir. L'alcool aidait un peu, la drogue douce parfois beaucoup – un joint partagé avec des amis de passage, par exemple, adoucissait ses plongées dans la déprime et ses montées vers des sommets trop abrupts –, mais n'empêchaient pas les crises elles-mêmes de fermenter en lui en attendant d'exploser comme des fontaines de poison ou des rêves de grandeur, et lorsqu'elles se présentaient, inévitables, plus fortes que tout, il avait envie de mourir.

C'est alors que son enfance de broche à foin à travers les rues de la *Main* en compagnie de sa mère folle et, surtout, la présence si enveloppante et si rassurante de Greta, sa mère adoptive et si aimante, lui revinrent en mémoire et que la nostalgie d'une époque qu'il avait pourtant choisi d'oublier et enfouie très loin au fond des replis de sa mémoire s'insinua en lui et qu'il partit, sur un coup de tête et pour détourner le cours de ses idées de plus en plus noires, à la recherche de son passé. D'une consolation qu'il pourrait y puiser à cette maladie qui transformait sa vie en cauchemar et à laquelle il ne comprenait rien.

Pendant tout ce temps-là, en tout cas au début, Greta pensait à lui, elle aussi. Chaque jour. Elle savait, on le lui avait dit, qu'il refusait de la revoir, qu'il avait pris son péché d'omission – pourtant bien naïf, après tout elle avait juste voulu qu'il la considère comme sa seconde mère et non pas comme un homme habillé en femme – pour une trahison impardonnable, et ceux à qui elle demandait de ses nouvelles, surtout après la mort de madame Veuve, lui répondaient qu'il grandissait en mécréant dans les jupes de sa grand-mère et qu'il ne ferait sans doute rien de bon de sa vie comme tous les enfants trop gâtés. Quand elle avait appris qu'il avait laissé l'école, elle en avait été chagrinée, mais lorsque la Duchesse lui avait dit que c'était pour prendre sa grand-mère en charge, pour la gâter un peu sur ses vieux jours, elle qui s'était si longtemps sacrifiée, elle avait couru partout sur la *Main* répéter à qui voulait l'entendre qu'elle avait eu raison, et qu'on ne s'y trompe pas : Gilbert était quelqu'un de bien. Si on riait un peu d'elle, c'était avec une certaine affection parce qu'on connaissait son grand amour pour Gilbert, cet enfant qu'elle n'avait pas eu, qu'elle avait en partie élevé dans des conditions pour le moins particulières, et qui était parti en la maudissant.

Son besoin de jouer à la mère inassouvi, Greta se mit donc à la recherche d'un second Gilbert. Pas pour le remplacer, personne n'y arriverait jamais, elle en était bien consciente, mais pour tromper son désœuvrement et déverser son trop-plein de tendresse sur quelqu'un d'autre que ses clients de passage. (Jean-le-Décollé, qui avait formé une grande partie des travestis de la *Main*, disait souvent que le jour où les guidounes commençaient à avoir des sentiments pour leurs clients, c'était un signe que quelque chose allait mal...) Les enfants traînés à travers les rues du *redlight* par une mère folle qui les prend en otages pour quêter sa pitance sont plutôt rares, cependant, et les efforts de Greta pour trouver un semblant de successeur, un simulacre, au fils de madame Veuve, dont elle n'avait été tout d'abord que le chaperon avant de trop s'attacher à lui, furent vains.

Jusqu'au jour où se présenta rue Sainte-Catherine un dénommé Michel Nadeau, débarqué la veille du fin fond d'un quelconque petit village de province qui s'adonnait à être aussi la terre natale de Greta, beau comme un cœur mais de toute évidence terrorisé par ce qu'il trouvait dans cette métropole qui se révélait bien différente de l'idée qu'il s'en était faite. Il avait besoin de quelqu'un pour le protéger, désarmé qu'il était dans sa grande naïveté devant les pièges que lui tendraient bientôt les hommes de Maurice-la-piasse s'il ne se méfiait pas.

Il était déjà tout élevé, il portait même la robe et la perruque avec une certaine allure, mais il était un peu vert et, l'orgueil de Greta s'en était trouvé flatté, il l'avait tout de suite admirée. Et, qualité supplémentaire, il s'était vite mis à la copier. Elle l'avait laissé faire comme on laisse un chiot un peu trop enamouré vous suivre partout pour l'empêcher de gémir.

C'est ainsi que la deuxième Greta était née, par mimétisme, par osmose : Marilyn Monroe jeune – *Niagara* ou *All About Eve* – quand Greta, plus mûre, n'avait plus que l'espoir de ressembler à l'idole américaine à la fin de sa carrière – *The Misfits* ou *Some Like It Hot* –, Shirley Temple quand l'aînée, pour un party d'Halloween, se déguisait en Bette Davis dans *What Ever Happened to Baby Jane ?*, ce qui revenait à peu près au même et faisait toujours rire parce que les deux travestis s'étaient confectionné des costumes jumeaux et tricoté une chorégraphie assez drôle. Shirley-la-Vieille, Shirley-la-Jeune. Elles étaient donc devenues inséparables, elles arpentaient le trottoir ensemble, mangeaient de compagnie chez Ben Ash ou au Sélect, faisaient souvent des clients à deux, partageaient un appartement, rue Sanguinet, que leur enviaient les autres travestis parce qu'il était décoré avec goût et sentait toujours propre.

Leurs deux noms étaient venus tout seuls, comme si ça allait de soi, et elles les avaient acceptés sans protester. Greta, dite désormais « la vieille », Michel devenu la jeune jumelle de l'autre. On avait chuchoté longtemps qu'elles formaient un couple mais c'était faux, leurs goûts à toutes deux les portant plus vers le débardeur velu et le trucker musclé que vers quelqu'un qui leur ressemblait.

C'est ainsi aussi que Gilbert s'était peu à peu effacé de la mémoire de Greta-la-Vieille pour ne devenir, les années passant, qu'un souvenir agréable mais confus, une faiblesse passagère, un grand amour de jeunesse qui a fini par guérir et cesser de vous faire souffrir. Elle continuait à penser à lui, souvent, parfois chaque jour, mais le visage du garçon s'était peu à peu effacé et, de toute façon, se disait-elle, il avait dû à ce point changer, depuis le temps, qu'elle ne le reconnaîtrait sans doute plus si jamais il se pointait sur la *Main :* c'était un adulte, maintenant, l'enfant qu'elle avait chéri avait depuis longtemps disparu. Et, d'après ce qu'on disait de lui, elle doutait fort que l'adulte qu'il était devenu soit digne de l'enfant intelligent, ouvert, débrouillard qu'elle avait élevé pour une autre, et peut-être trop aimé.

Elle se trompait.

Gilbert, lui, avait retrouvé Greta-la-Vieille en quelques minutes et l'avait reconnue tout de suite. C'était si facile. Il avait oublié à quel point la *Main*, qu'il évitait depuis des années, n'était jamais loin, sise au cœur même de la ville, un coup de couteau éraflé qui tranchait Montréal en deux, une blessure qui ne guérissait jamais, et il apprit en y remettant les pieds qu'elle était aussi immuable. Il la retrouva identique à elle-même, comme il l'avait laissée quinze ans plus tôt : mêmes guidounes, plus quelques nouvelles, bien sûr, il fallait bien de temps en temps renouveler le stock, mêmes travestis, avec quelques ajouts ici et là comme Greta-la-Jeune et Babalu, mêmes *pimps* prétentieux et portant beau, mêmes clients qui rasent les murs. Les clubs de nuit n'avaient pas changé et annonçaient leurs sempiternelles *novelty acts* et leurs incontournables strip-teaseuses aux noms évocateurs, Bosoms, ou Mama Mia, ou Lady Lollipop. Ça sentait toujours l'alcool mal digéré, surtout la bière, le hot-dog *steamé* et la patate frite, nourritures de base des laissés-pour-compte qui la fréquentaient. Il crut aussi reconnaître quelques policiers véreux qui sillonnaient déjà les trottoirs quand il était enfant, dans les années cinquante ; d'autres, les honnêtes, qui avaient vieilli plus vite parce qu'ils devaient sans cesse surveiller leurs arrières s'ils ne voulaient pas finir au fond d'une poubelle, une balle dans le front ou un couteau entre les omoplates. Cadeau de Maurice-la-piasse. Ou de leurs collègues moins scrupuleux.

Et quand Greta se pointa à son poste, toujours le même bout de trottoir en face du Coconut Inn, accompagnée d'une espèce de fausse jumelle qui la suivait comme une ombre pitoyable, le choc fut si violent qu'il crut ne pas pouvoir s'en remettre. Si la *Main* était immuable, ce n'était hélas pas le cas de ses créatures. Greta n'avait pas juste vieilli, elle s'était défaite, elle donnait l'impression d'avoir rétréci, de s'être tassée sur elle-même, elle autrefois si royale, presque hautaine avec ses clients et toujours péremptoire quand il s'agissait de faire connaître ses opinions. Elle avait troqué son personnage de pitoune en santé et de bonne humeur, amicale et maternelle, contre celui d'une vieille femme de mauvaise vie qui n'a plus beaucoup d'illusions et qui a abandonné depuis longtemps l'idée même de plaire. Au grand étonnement de Gilbert, cependant, elle faisait encore beaucoup de clients – il crut retrouver quelques têtes, vieillies elles aussi, de l'époque où il croyait que les filles attendaient l'autobus – et devait rapporter chaque semaine une petite fortune à Maurice. Qui, lui, était plus arrogant et plus « prospère » que jamais quand il daignait gratifier les trottoirs de la *Main* de sa présence en descendant la rue Saint-Laurent entouré de ses sbires.

Avec le temps, Gilbert avait sans doute à la fois idéalisé et noirci Greta, ne gardant d'elle, mémoire sélective oblige, que le souvenir de son côté maternel, sa gentillesse, exagérant sa beauté, sa bonté, pour mieux ressentir le trou qu'avait creusé son inexplicable trahison et mieux la haïr. L'être pathétique, démoli, qu'il retrouvait n'avait plus rien à voir avec la Greta qu'il avait connue et il avait failli quitter la *Main* une seconde fois pour ne plus jamais y remettre les pieds. Mais un geste qu'elle eut, une façon de remonter une mèche de cheveux qui lui était tombée sur l'œil, un sourire triste qu'elle fit à sa jeune jumelle qui essayait de la faire rire et qui lui ressemblait plus qu'elle ne se ressemblait elle-même, la main qu'elle portait à son cœur, aussi, comme si elle venait de voir un fantôme, ressuscitèrent pendant un court instant la femme qu'il avait tant aimée et il eut envie de traverser la rue pour aller l'embrasser. Mais il en était incapable. Il voyait bien qu'aucune consolation ne l'attendait plus chez cette femme brisée et il décida de rester caché pour la regarder vivre, comme il l'avait fait quand il était enfant.

Il se mit à l'espionner, sans trop savoir pourquoi. Il se pointait plusieurs fois par semaine devant le Coconut Inn, se dissimulait dans l'entrée d'une boutique de *dry goods* qui fermait à six heures, fumait un joint pour tromper sa solitude, buvait une bière ou deux, et il la regardait vivre. On avait fini par s'habituer à sa présence, les deux Greta elles-mêmes le saluaient de temps en temps, il croyait qu'on le prenait pour un doux hobo qui avait élu domicile en plein cœur de la *Main*. C'était presque vrai. Pour tuer le temps, il s'était acheté une guitare qu'il apprenait petit à petit à gratter en solitaire, utilisant les quelques accords qu'il avait appris pendant sa période *beatnik*, au El Cortijo, rue Clark, à la fin des années cinquante, en compagnie de Tex Lecor, la vedette maison, et de chansonniers de passage comme le fameux François Villeneuve. Quand il sentait une crise approcher, il s'éloignait pour quelques jours, restait enfermé chez sa grand-mère et subissait son enfer avant de retourner regarder son ancienne mère adoptive faire des clients.

Les années passèrent, toutes pareilles, forgées de jours tous pareils. Il continuait à gagner sa vie et celle de sa grand-mère, il fut livreur, messager, il empaqueta des livres dans une imprimerie, il devint même, le temps d'un hiver, *short order cook* dans un petit restaurant de la rue Rachel. Et, le soir venu, il regardait sa mère adoptive gagner la sienne. Il l'aimait sans jamais l'aborder et lui jouait à cœur de soirée, quand il ne faisait pas trop froid, des sérénades qu'elle n'entendait sans doute pas. Parfois, quand il avait trop bu ou que son joint avait été de trop bonne qualité, il s'immobilisait dans son entrée de magasin et il la regardait arpenter son bout de trottoir. Il l'imaginait plus jeune, il s'imaginait plus jeune, et il rêvait que le temps n'avait pas passé, qu'elle allait le ramener à sa mère au Coconut Inn après lui avoir payé un *smoked meat* chez Ben Ash. Il retrouvait son odeur de femme qui a beaucoup travaillé, son rire de soulagement après tant de clients plus quelconques les uns que les autres, et des larmes, souvent, mouillaient ses joues. Mais jamais il n'eut le courage de franchir la rue Saint-Laurent, ne serait-ce que pour la saluer sans lui dévoiler qui il était. Ou, plutôt, qui il avait été.

Une seule fois il s'était retrouvé près d'elle. À son arrivée à son poste devant la boutique de *dry goods*, un soir, il l'avait crue avec un client et était entré au Montreal Pool Room, à côté du Monument-National, pour manger un hamburger. Il ne restait qu'une place libre au comptoir, à côté de Greta qui grignotait, l'air absent, un *grill cheese* accompagné d'un Coke. Sans l'autre Greta qui, elle, devait se taper un client pour vrai. Gilbert avait d'abord hésité, puis s'était décidé à prendre le petit tabouret rond voisin de celui de Greta, courbant le dos, tête baissée. Son cœur battait à tout rompre, il avait envie de lui sauter au cou, de l'embrasser, après tout c'était pour ça qu'il était revenu sur la *Main*, non ? Mais il s'était contenté de grommeler sa commande et avait attendu, silencieux, se maudissant, les mains croisées sur l'arborite, la tête tournée vers la vitrine à travers laquelle des volutes de gras semblaient vouloir s'échapper. Quand son hamburger était arrivé, il s'était rendu compte que Greta le regardait avec grand sérieux dans le miroir qui faisait tout le mur en face du comptoir, comme si elle se demandait où elle l'avait déjà vu. Il avait serré la poignée de sa guitare posée à côté de lui et elle avait tout de suite compris, du moins c'est ce qu'il avait pensé, qu'elle avait affaire à son chanteur de sérénades qu'elle voyait de près pour la première fois. Elle lui avait souri, un petit sourire timide qui semblait en quête de quelque chose, il lui avait rendu son sourire. Le visage de Greta s'était figé pendant un court instant, comme si elle venait de voir un fantôme, il crut même voir perler une larme à son œil gauche. Mais ça n'avait pas duré. Elle avait secoué les épaules, payé sa note, dit bonjour au serveur et fait un signe de tête à Gilbert avant de sortir.

Pendant les dix-huit mois que dura l'établissement de Fine Dumas, pas une seule fois Gilbert n'osa entrer au Boudoir, trop cher pour lui. Au début, il faisait la même chose que pour le bout de trottoir : il s'était posté en face du bar, guitare en main, et étirait le cou chaque fois que la porte s'ouvrait pour essayer d'attraper un coin de costume qui aurait appartenu à Greta. Il savait que c'était enfantin, ridicule même, mais il revenait soir après soir. Comme toutes les créatures de la *Main*, il n'avait pas les moyens de débourser le prix prohibitif exigé pour aller voir Greta et les autres travestis assassiner les répertoires français et américain, mais à la longue, rassuré sur le sort de sa mère adoptive désormais à l'abri, du moins des intempéries, et convaincu que tout contact avec elle était impensable, il avait peu à peu fui la *Main* où il n'avait en fin de compte trouvé aucune consolation, bien au contraire, pour consacrer une grande partie de son temps aux amis qu'il venait de se faire à l'Exposition universelle de 1967, des musiciens qui semblaient ne pas le trouver trop mauvais guitariste et qui rêvaient de produire un spectacle qui révolutionnerait l'histoire de la chanson au Québec. C'est ainsi qu'il abandonna

Greta une deuxième fois en pensant une deuxième fois que c'était définitif.

Ce qu'il ignorait, cependant, c'est qu'elle aussi l'avait reconnu. Tout de suite. La première fois qu'il s'était pointé sur la rue Saint-Laurent après si longtemps. Et qu'elle attendait qu'il se décide à l'aborder. Elle n'aurait su dire comment ni pourquoi, sa démarche, peut-être, ses cheveux frisés, son visage qui s'était allongé sans toutefois se transformer assez pour en devenir méconnaissable, son regard, si beau, qu'il posait sur elle de la même façon qu'autrefois, son sourire si unique, mais elle avait tout de suite su que c'était lui, et si elle n'avait pas traversé la rue en courant pour aller se jeter dans ses bras, c'est qu'elle considérait que c'était à lui de le faire. C'était lui qui était parti comme un ingrat, qui avait refusé de la revoir et c'était lui qui revenait, après tout ce temps, sans doute pour lui demander pardon. Elle le lui accorderait, son pardon, et volontiers – sa disparition l'avait presque tuée et elle avait pensé à lui chaque jour depuis son départ –, mais il fallait qu'il fasse les premiers pas. C'était une question d'orgueil. Et son orgueil était plus fort que tout.

Le soir où Gilbert était venu s'asseoir à côté d'elle, au Montreal Pool Room, Greta-la-Vieille avait cru que le moment tant attendu était enfin venu, que la réconciliation allait avoir lieu, que le pardon deviendrait possible. La cérémonie allait avoir lieu ici, au milieu du graillon, à un comptoir taché et poisseux. Elle s'était vue l'embrassant sur le front, jouant dans sa chevelure abondante, heureuse à un point indescriptible de le retrouver et de lui offrir à jamais amour, compassion, chaleur. Mais elle s'était vite rendu compte que seul le hasard les avait réunis et avait dû se contenter de le regarder manger son hamburger sans intervenir. Il aurait suffi d'un simple petit geste de la part de Gilbert, une main tendue, une parole, et tout aurait été oublié. Au lieu de quoi rien ne s'était passé et tout avait continué comme avant.

Une joute muette s'était donc établie entre eux, un jeu cruel fait d'orgueil mais aussi de honte, de malaise, d'hésitation et de pudeur mal placée. Et qui avait duré des années. Quand Greta ne voyait pas Gilbert pendant un trop long laps de temps, elle imaginait le pire et croyait dur comme fer qu'elle ne le reverrait plus, qu'il l'avait une fois de plus abandonnée, et elle regrettait de lui avoir résisté. Quand il la sérénadait – elle savait que c'était pour elle qu'il jouait de la guitare –, son cœur fondait et ses soirées à arpenter le trottoir lui semblaient moins longues. De son côté, lorsque Gilbert voyait Greta partir avec un client à l'air patibulaire ou trop sournois à son goût, il s'inquiétait pour elle, chaque fois, et soupirait de soulagement lorsqu'elle revenait, intacte et pourtant un peu plus salie. Il rêvait de la sauver, bien sûr, de l'enlever des griffes de la *Main,* Errol Flynn du bas de la ville ou John Wayne des pauvres, il la voyait installée avec sa grand-mère – et même en compagnie de l'autre Greta, s'il le fallait –, il les faisait vivre, tous, il était un grand musicien, il faisait fortune avec ses compositions... Mais il se réveillait vite dans son entrée de magasin de *dry goods,* les mains trop gelées pour jouer, l'hiver, glissantes de sueur, l'été, pauvre fou circulaire et impuissant qui ne savait jamais quand une crise allait le terrasser. Quand il en sentait venir une, il se sauvait comme un voleur, allait se cacher, attendait que ça passe et reprenait son poste, pathétique soldat de l'illusoire et de la déconfiture.

Ils s'espionnaient donc à la dérobée, chacun d'eux trop engoncé dans son propre orgueil pour sentir le besoin pourtant si fort, si impératif, de l'autre : la consolation chez l'un, le besoin de pardonner chez l'autre.

Et lorsqu'ils se retrouvèrent pour vrai chez la naine qui avait décidé de les réunir et de les réconcilier, la pression fut trop forte, toutes leurs gardes tombèrent, les digues de l'orgueil s'effondrèrent et il ne resta plus, face à face, que deux êtres brisés qui avaient tricoté leur propre malheur et perdu un temps précieux pour des raisons spécieuses.

Il n'était pas trop tard pour les confidences, qui vinrent, mais il l'était pour une vraie réconciliation. Qui ne se produisit pas.

Aucune promesse n'a été faite, aucun rendez-vous ne fut pris.

Ils ne se sont pas touchés une seule fois pendant leur conversation ou, plutôt, pendant l'échange de récits auquel ils se sont livrés en ma présence, elle toujours debout à côté du vieux tourne-disque, lui écrasé dans son fauteuil, on aurait dit épuisés tous les deux. Ils monologuaient, chacun décrivait à l'autre les années qui avaient passé, le malheur, la douleur, mais je n'étais pas convaincue qu'ils entendaient ce que l'autre disait, comme s'ils n'avaient pas été prêts à s'écouter, juste à se confier. Ou se justifier.

Cette quête, dans laquelle ils s'étaient tous les deux lancés avec tant de passion il y avait si long-temps, n'était peut-être pas appelée à connaître de conclusion, après tout. Je le comprenais trop tard : inaccessible, elle restait parfaite, complète, ils pouvaient l'idéaliser, en faire le centre de leur vie, son but ultime, en rêver en se faisant croire qu'ils l'accompliraient un jour ; réalisable, elle perdait son côté mythique, donc de son importance, devenait presque anecdotique, une histoire banale vécue par des gens banals, et sans doute se trouvaient-ils déçus de n'avoir pas eu le temps de se préparer après quinze ans d'attente. Parce qu'ils n'en avaient pas eux-mêmes choisi ni l'occasion ni le moment, que je les avais frustrés de l'excitation des prépa-ratifs importants, du trac d'imaginer qu'on ne sera pas prêt à temps, qu'on va rater sa chance, que tout sera à refaire. Séparés, ils restaient des héros à leurs propres yeux, des êtres fantastiques élus pour vivre une chose unique et bouleversante ; réunis, ils perdaient tout intérêt parce qu'ils auraient désormais à jouer à contrefaire l'amitié alors qu'ils savaient très bien que trop de temps avait passé, que trop de choses s'étaient produites dans leur vie pour qu'ils puissent revenir en arrière, redevenir elle la mère adoptive, lui un simple enfant.

Leur récit terminé, ils avaient cessé de se regarder. Gilbert avait posé ses mains sur ses genoux, comme un petit garçon sage, Greta-la-Vieille s'était mise à fouiller dans son sac à la recherche d'une cigarette qu'elle avait allumée en tremblant avec un briquet de plastique. C'était ça l'accomplissement d'une quête qui avait duré des années ? Le silence qui reprenait ses droits ? Rien d'autre ?

Cette fois, j'aurais dû intervenir, je le sentais, mais la culpabilité de penser que j'avais mal agi en les réunissant me coupait tous mes moyens. J'avais été trop bien intentionnée, tout ce que j'avais réussi à faire c'était de jeter deux malheureux dans un problème nouveau auquel ils n'étaient pas préparés, pour lequel ils n'étaient peut-être pas faits. J'avais à moi toute seule précipité deux héros en bas de leur piédestal et jamais je ne pourrais me le pardonner. Je n'aurais même pas été étonnée que Gilbert se lève de son fauteuil pour me dire qu'il ne voulait plus rien savoir de moi.

C'est Greta-la-Vieille qui prit l'initiative de briser le silence.

Elle dit, sans nous regarder, comme si elle s'était parlé à elle-même :

« J'vas aller réveiller Greta. »

Et elle a quitté le salon. Il y avait quelque chose de définitif dans ce départ, comme si l'espace vide qu'elle laissait derrière elle à côté du tourne-disque était désormais impossible à combler, que personne, jamais, ne pourrait le remplir d'une quelconque présence. Quand on passerait là où elle s'était tenue ce soir-là, on disparaîtrait pendant un court moment, avalé par l'abîme qu'avait creusé son départ. Un vacuum. Un maelström. Un trou noir.

Je l'imaginais essayant de persuader Greta-la-Jeune de se lever, puis attendre en fumant que l'appartement se vide avant de ressortir de ma chambre en compagnie de celle qui jamais ne remplacerait Gilbert.

Ce dernier, quant à lui, ne semblait pas furieux, juste abattu. J'aurais préféré les injures, les reproches à ce mutisme si éloquent. Mais rien ne venait. Au bout d'un long moment, il a fini par s'extirper de sa stupeur. Il s'est appuyé sur les accoudoirs de son fauteuil, s'est levé avec grande difficulté. Un vieillard. Lui si beau, si altier quand il le voulait, il était maintenant méconnaissable. Les traits tirés, le dos voûté, il donnait l'impression de s'être rendu plus loin que l'épuisement et de vouloir aller mourir tout seul parce que le reste de l'existence ne valait pas la peine d'être vécu.

J'ai cru qu'il allait me quitter sans même me dire un mot. Qu'il allait choisir de me perdre moi aussi. Et je considérais que j'avais couru après. Je ne lui en voudrais pas, je le pleurerais comme il avait lui-même pleuré Greta. Je ferais de lui, de son corps superbe, de son odeur qui me rendait folle, de son âme à laquelle je commençais à peine à m'ouvrir, un deuil affligeant mais mérité. Et je garderais de lui le souvenir ébloui de celui qui m'avait fait découvrir l'amour.

Il a traversé le salon comme s'il avait ignoré où il était puis, juste avant de quitter l'appartement, il s'est tourné dans ma direction.

« Mêle-toi plus de ces choses-là, Céline. Jamais. Parles-en plus non plus. T'as fait assez de dégâts comme ça. »

Lorsque je me suis retournée pour aller m'asseoir sur le canapé, mes trois colocataires et la Duchesse, tassés dans l'encadrement de la porte du salon, me regardaient.

Quatrième partie

...ET SI JE T'AIME,
PRENDS GARDE À TOI !

Nous avons continué de nous voir malgré l'évidente brisure qu'avait causée mon faux pas. Nous n'en avons d'ailleurs reparlé qu'une seule fois, le lendemain du pénible mais si troublant incident. Au Sélect, devant deux *banana splits*, comme des adolescents qui ont un grave problème à régler.

Gilbert s'est montré compréhensif, il est même allé jusqu'à me remercier de mes bonnes intentions, de ma grande générosité, tout en soulignant avec une délicatesse proche de celle qu'il montrait quand nous faisions l'amour que je m'étais mêlée de ce qui ne me regardait pas et qu'il souffrirait mal que ça se reproduise. Je l'avais rassuré : j'avais eu ma leçon, je ne m'aventurerais plus jamais dans des avenues de sa vie où je ne me sentirais pas la bienvenue, je respecterais désormais ses jardins secrets, je ferais comme s'il n'existait plus quand il disparaîtrait de mon champ de vision. Il avait trouvé mes images amusantes et avait secoué la tête en disant qu'il avait enfin trouvé quelqu'un de plus dramatique que lui.

« J'ai d'autres raisons de vouloir te garder dans ma vie, Céline Poulin, tu les connais, mais celle-là, je l'avoue, est parmi les plus importantes. Ton sens du drame est plus développé que le mien, mais toi, au moins, il t'arrive de trouver des solutions à tes problèmes. »

Je lui ai fait remarquer que celle que j'avais essayé de mettre en œuvre, la veille, était loin d'être la bonne et il a daigné sourire. Un triste petit sourire de rien.

« S'il te plaît, Céline, parlons plus de ça. Jamais. Et continue à vouloir régler tes propres problèmes, pas ceux des autres... »

Je n'avais donc pas osé lui demander s'il avait l'intention de revoir Greta ou d'accepter une autre de mes invitations, je connaissais la réponse. En conséquence, je tiendrais à l'avenir ces deux parties de ma vie séparées, étanches : d'un côté mon travail, les clients, mon appartement, ses habitants, de l'autre Gilbert et ses plaisirs extrêmes. Et ses nombreux problèmes. Je ne voulais pas le perdre et je trouvais que le prix à payer pour le garder – la réserve, la discrétion –, n'était pas trop élevé. Pour le moment. Si les choses se compliquaient, cependant, à cause de sa maladie ou pour toute autre raison, je réévaluerais mes options, comme on dit, et je prendrais la bonne décision. Je ne voulais pas rester seule et j'aimais beaucoup Gilbert, mais je ne voulais pas non plus souffrir outre mesure. M'inquiéter pour lui, pour sa santé, l'aider dans ses mauvaises passes, oui, d'accord, mais devenir par amour l'esclave d'un malade, de ses crises, de ses états d'âme, très peu pour moi. J'allais, pour un temps, marcher sur la corde raide, guetter où je poserais le pied, endiguer mes émotions. Comme d'habitude, en fait. Mais de façon différente. Avec, cette fois, un amour à protéger en plus de ma petite personne.

J'avais commis une gaffe assez importante en voulant rendre service, ça avait failli me coûter une somme exorbitante, il fallait maintenant jouer la carte de la prudence.

Nos rencontres étaient toujours aussi belles, nos conversations colorées, nos nuits d'amour passion-nées et sans fin, mais il m'arrivait de surprendre dans le regard de Gilbert non pas un vrai doute, je ne crois pas qu'il doutait de mon affection pour lui, mais une sorte d'hésitation, comme si une toute petite partie de la confiance qu'il avait mise en mon jugement s'en était allée en ce néfaste soir de mai où j'avais voulu les réunir, Greta et lui, et qu'il se demandait si j'allais encore une fois, et malgré ma promesse de n'en rien faire, me mêler de ce qui ne me regardait pas et finir par commettre une gaffe irréparable. Je n'osais pas le rassurer. Je me montrais plus aimante, rôle que je n'avais aucune difficulté à jouer, j'essayais de le faire rire quand je sentais une vague de déprime s'abattre sur lui ou de le faire redescendre de ses grands chevaux quand le prenait la manie des grandeurs et qu'il se croyait plus fort que tout.

J'arrivais avec de plus en plus d'aisance à contourner ses crises, à me faire discrète quand il le fallait et présente si je sentais qu'il avait besoin de moi. Je n'avais plus peur de ces états excessifs dans lesquels le plongeait sa maladie et il avait continué, lui, de me prévenir, comme à l'aube du deuxième matin, quand il sentait tomber sur lui un déferlement irrésistible de force ou d'angoisse.

La chute fut donc d'autant plus pénible que je ne la vis pas arriver. Ou, si je la vis arriver, je ne sus pas l'interpréter assez vite pour l'éviter.

Elle se produisit en deux moments, deux incidents qui concernaient le spectacle que répétait Gilbert au théâtre de Quat'Sous.

Ça y est. Le moment est venu de se lancer dans l'escalade qui a mené à sa rupture avec Gilbert.

Pour la première fois depuis qu'elle a commencé à écrire son cahier bleu, elle hésite. Jusque-là tout s'est bien passé, tout est sorti de sa plume selon sa volonté, ça coulait de source et à une vitesse étonnante, elle a mis les personnages en situation, elle a décrit tous les événements qui menaient à ces deux fatidiques journées, elle croit avoir bien saisi le caractère de Gilbert et ses impressions à elle devant ce qu'il avait représenté à son arrivée dans sa vie. Elle a, à plusieurs reprises, ressenti ce soulagement qu'elle découvre dans l'écriture depuis deux ans, ce moment si éclairant où elle comprend la signification de ce qui s'est passé parce qu'elle a réussi à le décortiquer, à se l'expliquer à elle-même. Ou, du moins, le croit-elle. Mais un malaise qu'elle n'a jamais ressenti en écrivant vient de la saisir à la gorge et elle reste paralysée devant la page blanche.

Elle a lu des tas de choses à ce sujet, elle a entendu des écrivains, des vrais, en parler à la radio ou à la télévision avec plus ou moins de sérieux, certains en plaisantant pour en minimiser l'importance, d'autres avec une terreur audible dans la voix : la peur au ventre, le cœur qui ne bat plus avec la même régularité, la gorge sèche, et cette inquiétude si navrante devant le vide blanc du papier. Le blocage, cauchemar de l'écrivain. Ce n'est pas qu'elle ne sache pas quoi écrire, elle le sait, et de *façon précise, ce n'est donc pas l'inspiration qui lui manque, ce qu'elle ressent c'est l'inquiétude de ne pas arriver à être assez précise, de mal exprimer ce qu'elle a vécu et comment elle l'a vécu. Et surtout, oui, surtout, parce que ce serait une erreur grave, la crainte de ne pas pouvoir éviter de faire de Gilbert un monstre alors qu'il n'en est pas un, elle en est encore convaincue malgré tout ce qui s'est passé.*

Elle se lève. Elle va à la cuisine se verser un verre de lait, elle qui n'en boit jamais. Une portion de gâteau au chocolat sèche sur la tablette du haut, elle la mange sans faim, en pensant à autre chose. Elle a bu son lait trop vite, elle a une petite nausée en rinçant son verre, son assiette, sa fourchette. Elle se trouve ridicule. Elle n'a jamais eu peur de l'écriture jusqu'à maintenant, au contraire, elle y a puisé la force et le courage de continuer de faire des choix qui étaient les siens plutôt que de se laisser ballotter par les hasards de la vie. Alors, pourquoi en ce moment précis ? À cause de la délicatesse du sujet ? Elle en a abordé d'aussi difficiles sans se poser de questions. Là est peut-être le problème, d'ailleurs : au début, elle écrivait par pur besoin de s'exprimer et rien d'autre... Alors quoi ? Commencerait-elle à se prendre pour un écrivain ? Juchée sur le petit banc de plastique qu'elle a poussé devant l'évier, elle se penche au-dessus de la porcelaine ébréchée. Pendant un court instant, après s'être moquée d'elle-même quelques secondes, elle croit qu'elle va vomir, puis ça passe tout d'un coup, sa fausse nausée comme sa vraie peur. Et son rire ironique. Elle ne saurait dire pourquoi ni comment, mais tout est fini avant même qu'elle s'en rende bien compte, peut-être parce qu'elle a compris qu'elle ne doit pas se prendre trop au sérieux, que le cahier bleu doit servir les mêmes objectifs que les deux autres, sans plus. Elle se retrouve sans savoir comment elle y est revenue devant son manuscrit ouvert sur sa table de travail.

Dehors, il fait un temps épouvantable. Elle a dû fermer la fenêtre, plus tôt, pour éviter que la pluie mouille ses écrits. On annonce une semaine d'orages violents et elle se dit que ce sera parfait pour ce qu'elle a à décrire. Elle prendra tous les jours de toute cette semaine, s'il le faut, mais elle se rendra au bout de son récit.

Elle s'empare de son stylo, se demande un court instant par quoi commencer, puis plonge au cœur de son sujet en attaquant la première des deux funestes soirées. Et en oubliant qu'elle écrit.

Je savais que ce ne serait pas une soirée comme les autres.

C'était l'heure du souper, nous étions trois serveuses sur le plancher – Madeleine partirait aussitôt passé le *rush* du soir – et nous arrivions à peine à contenir nos clients qui se montraient plus dissipés et plus difficiles à satisfaire que d'habitude. Était-ce cette fin de mai si douce qui excitait les sens, qui échauffait les esprits, le printemps vert pâle qui éclatait de partout, toujours est-il qu'ils étaient dissipés, des enfants d'école la veille d'un congé, au point même que nous nous demandions toutes les trois s'ils faisaient exprès de nous énerver, par pure malice.

On aurait dit en plus qu'ils se connaissaient tous : ça se promenait de table en table, ça encombrait les allées, ça se parlait d'un bout à l'autre du restaurant, ça racontait des histoires cochonnes, ça portait des toasts absurdes, ça mangeait froid parce que ça laissait tout figer dans l'assiette. Janine avait même fini par demander à Lucien, et sans vouloir plaisanter, s'il avait mis une quelconque poudre vaudou dans le pâté chinois pour qu'ils se montrent aussi fous.

« Le vaudou, ça vient d'Haïti, non ? »

Janine montrait depuis quelque temps une étonnante intolérance envers Lucien qu'elle traitait de haut, comme s'il avait été à son service plutôt que l'assistant de Nick à la cuisine. Elle prétendait, et je savais que c'était faux, que les clients se plaignaient du goût de certains plats qu'ils jugeaient désormais trop épicés, elle répétait à qui voulait l'entendre qu'elle le trouvait lent, paresseux, je l'avais même entendue le traiter de maudit nègre entre ses dents alors qu'il avait le dos tourné. J'ai appris par la suite qu'elle avait essayé de faire entrer son frère en tant qu'assistant cuisinier, que ça n'avait pas marché parce que tout le monde adorait Lucien, même les variantes, piquantes, exotiques, qu'il avait apportées à l'ordinaire du menu du Sélect, et, surtout, que Nick n'avait pas envie d'avoir une deuxième Janine sur le dos. Elle essayait donc de se venger sur Lucien avec son manque de tact et d'intelligence habituel. Elle va finir par perdre sa job, un bon jour, à force de toujours déformer ce qui se passe au Sélect. Elle va se retrouver seule et sans doute tout mettre sur le dos des autres.

Lucien, l'échine courbée au-dessus d'une demi-douzaine de hamburgers grésillant dans leur gras, n'avait même pas pris la peine de se redresser pour lui répondre. Sa voix, sous la hotte par où la chaleur tentait en vain de s'échapper, avait pris une nouvelle résonance, profonde, une couleur plus sombre.

« Chuis venu au monde à Montréal comme toi, Janine, je connais pas ça, le vaudou… »

Elle s'était contentée de hausser les épaules.

« Ton père vient d'Haïti. Le vaudou, ça se transmet.

— Comme une maladie ?

— Exactement. Comme une maladie. Le vaudou, ça s'attrape ! En attendant, donne-moi mes *hamburgers platters*, j'ai deux clients qui crèvent de faim. Mais laisse faire la poudre magique.

— Laisse-moi te dire que si j'avais quequ'chose qui ressemblait à de la poudre magique, c'est pas dans les plats des clients que je la mettrais ! »

Elle avait lancé les hauts cris, l'index pointé dans sa direction.

« Vous avez entendu ça ? J'ai des témoins ! J'ai *deux* témoins, Céline et Nick ! Y vient de me menacer de m'empoisonner ! Si vous me trouvez un jour étendue à terre, raide comme une barre et la broue aux lèvres, cherchez pas plus loin, ça va être lui ! Avec sa poudre vaudou ! »

Nick avait mis fin à l'engueulade en criant que des dizaines de clients attendaient qu'on leur serve leurs maudits plats, de l'autre côté de la porte, poudre vaudou ou non, et que c'était plus important que nos chicanes de famille.

« Vous réglerez vos problèmes quand le *rush* sera fini ! En attendant, ravalez vos gommes et travaillez ! »

Lorsque j'étais retournée dans la salle, deux personnes parmi celles que j'avais le moins envie de voir venaient de faire leur entrée dans le restaurant. Janine avait lancé un rire méchant en me les montrant :

« Tiens, r'garde, Céline, ton *vrai* prospect vient d'arriver ! »

Celui que Janine appelle mon *vrai* prospect en prononçant le mot vrai comme s'il était en italique est un nain qui vient parfois manger au Sélect, un artiste peintre qui sent toujours la peinture à l'huile et la térébenthine et qui se fait appeler Carmen, comme si un homme pouvait s'appeler Carmen. Il est toujours flanqué de son meilleur ami, une espèce de grand flanc mou, François Villeneuve, beau comme un dieu sur le déclin qui, semble-t-il, a connu une très courte mais fulgurante carrière de chanteur-compositeur, il y a quelques années, et qui ne s'est jamais remis de sa chute aussi specta-culaire que rapide causée par l'aveu, dans plusieurs de ses chansons, de son homosexualité. On dit que son disque est une espèce de chef-d'œuvre maudit, introuvable, et que ceux qui en possèdent une copie, la Duchesse, par exemple, en prennent soin comme d'un viatique sans prix. On dit aussi à Radio-Canada où il travaille comme réalisateur de radio qu'il est impossible, arrogant, injuste et, surtout, prétentieux.

Ils sont tous les deux homosexuels et ne s'en cachent pas. Je ne veux pas dire par là qu'ils jouent les folles comme certains clients qui fréquentent le Sélect les fins de semaine et évacuent les frustrations que leur impose leur vie de dissimulation en cris aigus et en gestes efféminés, mais ils en parlent volontiers, s'en vantent autant que les travestis, ils en rient même souvent en nous racontant, en tout cas à moi, leurs étonnantes incartades, leurs béguins parfois ridicules et leurs mésaventures la plupart du temps invraisemblables et drôles.

Je n'ai rien contre les nains, je n'ai rien non plus contre les homosexuels, je cohabite d'ailleurs avec trois d'entre eux, mais un nain homosexuel n'était pas tout à fait ce dont j'avais besoin dans ma vie à ce moment-là, surtout pas depuis l'arrivée de Gilbert. J'avais beau l'expliquer à Janine, elle jouait les idiotes, elle faisait celle qui ne comprenait pas, elle haussait les épaules comme devant tout ce qui la dépasse et riait à gorge déployée en disant que nous formerions pourtant un si beau couple, Carmen et moi, prouvant une fois de plus que la méchanceté est toujours bête. Et si jamais, Dieu m'en garde, je me mettais en couple avec Carmen, je sais très bien qu'elle lui trouverait aussitôt des défauts. Elle est ainsi, Janine, elle sait toujours ce qui est mieux pour vous, mais quand vous l'atteignez, elle prétend que vous vous êtes trompé en oubliant qu'elle est souvent elle-même à l'origine de vos choix.

Les deux nouveaux arrivés étaient déjà pas mal éméchés, je le voyais de loin à leur façon de se dandiner, près de la caisse, à la recherche d'une place où s'installer. Il n'y a pas d'hôtesse au Sélect et chacun s'assoit où il veut ou, en l'occurrence, où il peut. Pas une seule table ne se trouvant libre, ils devaient donc attendre près de Françoise qui a toujours trouvé François Villeneuve de son goût et qui rougit comme une pivoine chaque fois qu'il lui tend son addition. Cette fois, il restait près d'elle plus longtemps que d'habitude, et même s'il ne faisait aucun cas d'elle, je croyais qu'elle allait défaillir d'excitation.

Aussitôt qu'il m'a aperçue, Carmen m'a fait un signe de la main et m'a abordée d'une façon cavalière que je n'ai pas appréciée :

« Fais quequ'chose, Céline, mets-en deux ou trois dehors, on meurt de faim, nous autres ! »

Il n'avait même pas l'air de plaisanter. Il faut dire que sa prétention est en proportion inverse de son talent – j'ai vu certains de ses tableaux qu'il a apportés un jour au restaurant pour me les montrer et j'ai frémi d'horreur, sans toutefois le montrer, bien sûr, je sais vivre – et qu'il ne se prend pas pour du caca d'oie.

En plus, il sentait le fond de tonneau et j'ai failli plisser le nez de dégoût.

Nous sommes tous les deux des nains, je veux bien, mais nos atomes crochus s'arrêtent là. Nous n'avons pas élevé les cochons ensemble, je ne suis ni sa sœur, ni sa blonde, ni sa servante, et je ne lui dois rien. Je ne le trouve même pas sympathique. Alors je n'avais pas du tout envie de jouer les complices avec lui. Je n'avais même pas le goût d'être polie comme toute bonne serveuse se doit de l'être avec un client, gentil ou non, galant ou goujat.

« J'y peux rien, attendez votre tour. Y a deux ou trois tables qui vont se libérer d'ici dix minutes...

— Dix minutes ! J'ai jamais attendu dix minutes pour manger au Sélect, je commencerai pas aujourd'hui !

— Ben, si t'es si pressé que ça, traverse la rue et va manger un *pepper steak* au Géracimo, y est très bon !

— C'est ici que je veux manger !

— Ben, attends !

— T'es ben bête, toi, à soir ! T'es plus polie que ça, d'habitude, avec tes clients réguliers ! »

Je me suis plantée devant lui. Mes yeux étaient à la hauteur des siens, pour une fois je n'avais pas à me tordre le cou pour parler à quelqu'un.

« Ben oui, chuis bête. Fatiguée et bête ! Avec les clients réguliers comme avec les nouveaux ! Je peux pas faire apparaître une banquette, Carmen, chuis pas une magicienne ! Et sont toutes occupées, t'es assez intelligent pour t'en rendre compte, alors ça sert à rien de me crier après ! »

Autour de nous, on s'amusait fort sans même se cacher. Deux nains qui s'engueulent, une gratification plutôt rare, étirons le cou et écoutons. Mais je n'étais pas d'humeur à endurer ce genre d'humiliation, je n'avais surtout pas l'intention de me donner en spectacle, alors je me suis éloignée avec le plus de dignité possible, le menton bien haut, la bouche pincée, mais le mal était fait, les clients avaient décidé de trouver ça drôle et continuaient de rire. Quelqu'un qui se trouvait trop éloigné pour entendre ce que nous nous étions dit, Carmen et moi, m'a même glissé pendant que je passais près de la banquette où trônaient les débris dégoûtants du gigantesque repas qu'ils avaient dévoré, ses amis obèses et lui :

« Une querelle d'amoureux ? Tu l'as remis à sa place, hein, ton chum ? »

Je lui ai répondu sans freiner mon élan, sans même le regarder.

« Ça, mon chum ? C'te petite affaire insignifiante là ? J'en voudrais pas comme guenille pour laver mon plancher ! Si tu voyais mon chum, mon petit gars, la mâchoire te tomberait dans ton restant de sauce ! »

C'était la première fois que je parlais d'un de mes semblables de cette façon et j'en ai aussitôt ressenti une profonde honte, comme si je venais de trahir ma propre race pour amuser la galerie. C'était aussi la première fois que je me vantais d'avoir un chum étonnant pour le physique que j'avais. Je suis entrée à la cuisine en furie, je me suis appuyée contre le comptoir d'acier inoxydable où s'entassait la vaisselle sale et j'ai sacré pendant une bonne minute, moi qui ne sacre jamais. J'ai sorti le répertoire québécois au grand complet, j'ai déshabillé les autels, j'ai insulté la Sainte Famille en déformant le nom de chacun de ses membres, j'ai même payé une courte visite à la langue anglaise en y puisant quelques expressions plus centrées sur la sexualité que sur la religion. Ça me faisait du bien. J'avais l'impression de cracher mon venin, de lancer ma gourme.

Nick et Lucien me regardaient, bouche bée.

« J'vas en tuer un ! Retenez-moi, ou j'en tue un ! »

Le pire était que quatre assiettes m'attendaient sur le réchaud. Il fallait que je retourne sur le plancher, que je me présente devant des gens que je venais de faire rire malgré moi, que j'aille déposer des victuailles débordantes de gras sur une table en faisant semblant que rien ne s'était passé.

« Maudit métier de cul ! »

Nick s'est penché par-dessus le comptoir, a étiré le bras pour relever une mèche de cheveux qui me barrait le front.

« C'est la première fois que je t'entends dire une chose pareille, Céline.

— Ben oui. Et je le pense pas, c'est sûr. Mais laisse-moi le dire encore une fois, ça me soulage : maudit métier de cul ! »

J'ai pris mes assiettes qui avaient commencé à refroidir – tant pis pour les clients – et j'ai quitté la cuisine en continuant de sacrer.

Et la première personne que j'ai vue, à l'autre bout du restaurant, était Gilbert en grande conversation avec François Villeneuve et Carmen. Trois vieux potes ivres qui ne se sont pas vus depuis longtemps, qui se retrouvent par hasard et fraternisent en claques dans le dos et en propos avinés et sans doute incohérents.

Il ne manquait plus que ça.

J'ai failli lancer mes assiettes par terre et me sauver en courant avec la ferme intention de ne plus jamais revenir.

En me voyant arriver avec mon chargement, Gilbert a levé les bras au ciel en criant presque :

« Bon, enfin ! Celle que j'attendais ! »

Il a donné une claque dans le dos de François Villeneuve puis s'est approché de moi, un grand sourire aux lèvres.

J'ai tout de suite su qu'il avait bu pour endiguer un début de crise – sans doute un *high* d'après la mine qu'il arborait, cette dégaine des grands jours, si trompeuse, dont j'avais appris à me méfier ces dernières semaines –, et j'ai livré en toute hâte mes quatre assiettes en espérant l'attirer ensuite à la cuisine. Nous n'avons pas le droit d'y emmener qui que ce soit, et sous aucun prétexte, mais je voulais éviter d'avoir à m'expliquer avec lui devant tout le monde. J'avais déjà assez fait rire la clientèle du Sélect sans que Gilbert Forget vienne en plus me réciter devant tout le monde une déclaration d'amour dégoulinante de sentimentalisme dictée par une attaque de folie circulaire et l'ingurgitation de quelques bières de trop.

« Gilbert, j'ai vraiment pas le temps de m'occuper de toi, mais je peux te parler deux minutes dans la cuisine… »

En passant devant la table du gars à qui j'avais répondu, plus tôt, j'ai eu envie de crier : « Tu vois comme y est beau, mon chum ? Mais c'est tout un paquet de troubles, par exemple ! » Bien sûr, je me suis retenue. Surtout que Gilbert me parlait pendant qu'il me suivait dans l'allée bruyante et encombrée :

« Ça sera pas long, ma belle Céline. J'ai juste un petit service à te demander… »

C'était la première fois qu'il se présentait au restaurant pour me demander de lui rendre un service et j'en fus tout de suite alarmée.

« Ç'aurait pas pu attendre la fin de mon *shift* ?

— Non. C'est tout de suite, enfin, presque tout de suite, que j'aurais besoin de toi…

— Pendant le coup de feu du souper !

— Après, si tu veux, vers sept heures et demie, huit heures... »

Nick a croisé les bras en nous voyant entrer.

« Céline, j't'avertis... »

Je l'ai coupé en levant le bras en signe de paix. Une discussion c'était assez pour le moment.

« Deux minutes, Nick, ça a l'air important... »

Il est retourné à son gril en maugréant quelque chose dans sa langue maternelle, le grec, dont je n'aurais pas voulu savoir la traduction.

Gilbert était de plus en plus agité, l'effet de l'alcool devait se dissiper plus vite qu'il l'avait escompté.

« Faudrait que tu viennes avec moi...

— Tu veux que je quitte ma job en plein milieu du souper !

— Non, non, pas tout de suite, j'te l'ai dit... Écoute, c'est très simple...

— Non, c'est pas simple du tout. Quitter son travail au beau milieu de son *shift*, c'est pas simple, Gilbert, c'est compliqué !

— Mais tu comprends pas...

— Non, c'est vrai, je comprends pas... et chuis pas sûre de vouloir comprendre non plus. »

Il s'est agenouillé devant moi. La détresse que j'ai alors lue dans ses yeux cernés, absolue, incontrôlable, m'a coupé le souffle. Et j'ai su au même moment que quelle que soit l'absurdité de ce qu'il allait me demander, je le ferais, ne serait-ce que pour voir disparaître cette peur panique que je devinais chez lui, le soulager, pour un temps, malgré le prix à payer, de l'insupportable enfer dans lequel le jetait sa maudite maladie. Oui, j'en étais là. Dévastée par la révélation qu'il pouvait me faire accomplir à peu près n'importe quoi, mais prête à tout affronter pour l'aider.

« J'aimerais que tu viennes avec moi à la répétition du show du Quat'Sous, ce soir... »

J'ai failli éclater de rire. D'étonnement.

« Gilbert ! Qu'est-ce que tu veux que j'aille faire là ! »

Il a posé sa main sur ma bouche avec une telle douceur que les larmes me sont montées aux yeux. Au lieu de me frapper pour que je l'écoute, d'autres l'auraient fait, il caressait ma bouche.

« S'il te plaît ! Écoute-moi ! Arrête de m'interrompre... »

Je lui ai fait comprendre que je ne l'interrompais plus, il a retiré sa main.

« Je me suis pas présenté aux dernières répétitions... J'étais... pas bien. Et je sens que chuis au bord de me faire jeter dehors... Mais je connais toutes mes partitions par cœur, y a pas de problème de ce côté-là, je te le jure, ça met pas le spectacle en danger... Je sais que tu vas trouver ça ridicule, mais... Les gars emmènent leurs blondes depuis quequ'temps aux répétitions... Pour tester le matériel, pour voir comment elles vont réagir... Toi, t'es jamais venue, même quand je t'ai invitée... Et comme y t'aiment tous beaucoup... je sais pas... Tu vois, moi aussi je trouve ça ridicule pendant que je te l'explique... Mais si t'es là, Céline, pour leur expliquer, y me semble qu'y vont t'écouter, toi... y vont te croire ! Moi, y veulent pas me croire, y pensent que chuis juste un paresseux ! Demande à quelqu'un de te remplacer, ici, juste pour un soir, et viens avec moi ! Je sais que c'est beaucoup te demander, mais c'est la dernière fois, je te le jure ! »

Des promesses d'ivrogne, j'en avais entendu pendant toute mon enfance et je savais depuis longtemps les débusquer, dépister la manipulation au moment même où elle était formulée, et j'avais appris avec l'alcoolisme de ma mère à leur opposer une totale résistance, une fin de non-recevoir définitive et non négociable. Mais là, devant la misère de Gilbert, son désarroi, son indiscutable sincérité parce que j'étais convaincue qu'il était inconscient du vrai sens, de l'énormité de ce qu'il me demandait, j'avoue que j'ai perdu tous mes moyens.

Sans rien répondre à Gilbert, je suis allée demander à Madeleine si elle pouvait me remplacer pour le reste de la soirée. Janine, qui m'a entendue, a froncé les sourcils. Elle sentait sans doute un beau gros problème se pointer à l'horizon et s'en pourléchait d'avance les babines.

Gilbert est allé rejoindre François et Carmen qui, entre-temps, s'étaient trouvé une excellente table et il a soupé en leur compagnie. Il les avait connus au El Cortijo, à la fin des années cinquante, où François Villeneuve avait chanté pendant quelques mois, et les retrouvait avec un évident plaisir. Son début de *high* le rendant loquace, il les faisait volontiers rire avec des histoires de gars soûls qui n'en finissaient plus. Ils le draguaient tous les deux de façon éhontée ; lui faisait celui qui ne se rend compte de rien. Parfois, il regardait sa montre, puis tournait les yeux dans ma direction. Vers huit heures moins le quart, la place s'étant vidée d'un seul coup, Madeleine est venue me dire que je pouvais partir.

« Es-tu sûre de ce que tu fais ?

— De ce que je fais, non, mais pourquoi je le fais, oui ! »

Janine a lancé un de ses rires cyniques qui me font, chaque fois, dresser les cheveux sur la tête tant ils contiennent de méchanceté.

« En tout cas, j'espère que ça vaut la peine ! »

François et Carmen partis après des embrassades prolongées et de vagues promesses de se revoir, Gilbert, qui avait payé l'addition en grand seigneur sans, bien sûr, en avoir les moyens, est venu me rejoindre à la table des serveuses. Aucune de mes deux compagnes de travail ne lui a adressé la parole. Là aussi il a fait comme s'il ne le voyait pas et s'est montré plutôt charmant avec elles malgré son impatience de quitter les lieux.

Juste avant de sortir du restaurant, au moment où nous passions la porte, je lui ai glissé :

« Tu m'as pourtant dit de plus jamais me mêler de ce qui me regarde pas, Gilbert… »

Il a tenu la porte, m'a fait une révérence.

« La différence, c'est que cette fois-ci c'est moi qui te le demande ! »

Il flottait autour de lui cette odeur universelle d'alcool qu'on digère, de vieille bière qui fermente, qui m'était si familière. Ça augurait mal pour la suite des événements. Je l'ai suivi en soupirant.

En remontant la rue Saint-Denis en direction de l'avenue des Pins où est situé le théâtre de Quat'Sous – et pendant que Gilbert, agité, bavard, faisait les frais de la conversation –, je pensais avec une certaine incrédulité à l'absurdité de ce que j'étais en train de faire, à mon avis l'équivalent du billet qu'une maman écrit au directeur de l'école que fréquente son fils pour excuser celui-ci d'avoir fait l'école buissonnière. J'acceptais d'être l'alibi de Gilbert, son paravent, la personne derrière laquelle il allait peut-être désormais se cacher pour se disculper de toutes ses bourdes. Mais j'étais incapable de le lui refuser. Refuser de lui rendre ce service équivaudrait à lui signifier son congé, à le rayer de ma vie, parce que je savais que je serais incapable de continuer de le voir sans l'aider. Je l'aimais aussi, j'imagine, pour ce genre précis de besoin qu'il avait de moi. Greta-la-Vieille n'avait jamais réussi à remplacer Gilbert, mais Gilbert était peut-être en train de se trouver une seconde Greta-la-Vieille…

Il m'a prise par la main pendant que nous montions la côte Sherbrooke et je retrouvais avec angoisse l'image du papa qui traîne avec lui sa petite fille. Alors que c'était tout le contraire qui se produisait.

Le théâtre de Quat'Sous est situé dans une ancienne synagogue, au coin de l'avenue des Pins et de la rue Coloniale, au cœur d'un quartier résidentiel où on ne s'attendrait pas à trouver une salle de spectacles. Ça ne ressemble pas à un théâtre, comme la Comédie-Canadienne ou le Rideau-Vert, avec une marquise de lumières qui proclame la pièce qu'on joue et des affiches collées un peu partout, c'est une simple et belle maison carrée, toute blanche, dotée d'un joli balcon de fer forgé à l'étage, juste au-dessus de l'entrée, et d'anciennes fenêtres en bois travaillé qu'on a condamnées sans toutefois les défigurer.

Une seule affiche avait été accrochée sur la devanture du théâtre, assez grande, sur laquelle était inscrit le titre du spectacle que je n'ai pas compris avant de le lire à haute voix dans ma tête : l'Osstidcho. J'ai souri. Ils avaient trouvé un titre qui exprimait bien l'exaspération qu'ils avaient ressentie à le trouver. Mais en décrivait-il bien le contenu ? J'allais peut-être pouvoir en juger d'ici quelques minutes et je commençais à ressentir une certaine excitation.

Je n'avais jamais mis les pieds au Quat'Sous et j'ai été étonnée d'avoir à descendre des marches de pierre pour en atteindre l'entrée située en demi-sous-sol, une porte massive peinte en rouge.

La répétition battait son train, on sentait les vibrations jusque sur le trottoir de l'avenue des

Pins. Si quelqu'un chantait, on n'entendait aucune voix, juste le rythme de la *base* et les martèlements fous de la batterie. Les voisins immédiats, s'il y en avait, ne seraient pas très heureux… Du théâtre, oui, c'est plutôt réservé, et discret, mais de la musique rock !

Le bruit, aussitôt la porte de la cave franchie, était déjà assourdissant. Qu'est-ce que ça devait être dans la salle ! Cette fois, je pouvais entendre une voix d'homme flotter au-dessus de la musique swingante, irrésistible, qui donnait envie de se trémousser. Il y était question d'une certaine Dolorès…

Au fond du petit hall plongé dans l'obscurité, à droite, se trouvait un escalier de bois sculpté – la salle de spectacles elle-même n'était donc pas située au sous-sol – vers lequel s'est tout de suite dirigé Gilbert.

« Vite, y m'ont pas attendu ! On devait commencer l'enchaînement à l'heure du spectacle ! Mais ça vient juste de commencer… »

J'ai grimpé les marches derrière lui aussi vite que je le pouvais et traversé en courant une espèce de corridor, parallèle à l'escalier, qui menait à la salle.

Notre irruption, en plein début de spectacle, ne fut donc pas des plus discrètes : les vieilles marches de bois et le plancher tout cabossé avaient dû annoncer notre arrivée à grand bruit.

Aussitôt qu'ils virent Gilbert, les musiciens cessèrent de jouer, Robert, le chanteur, interrompit sa chanson et un silence aussi assourdissant que la musique qui l'avait précédé tomba sur le théâtre.

Ils portaient tous des costumes blancs, mini-jupe pour les filles, pantalon bien coupé pour les gars. C'était sans doute l'une des premières fois qu'ils les essayaient parce qu'ils ne semblaient pas encore tout à fait à l'aise. Ou alors leur côté « trop propre » les dérangeait. On aurait dit qu'ils avaient tous eu un trou de mémoire en même temps, causé par notre arrivée, et ils restaient figés devant leurs micros. Les musiciens, eux, faisaient comme s'ils n'avaient pas été là et contemplaient leurs instruments d'un air absent.

Yvon fit signe à Gilbert de rester dans la salle et descendit en faisant attention de ne pas salir son costume tout neuf.

« Viens en coulisse, faudrait qu'on se parle. »

Toute parole était pourtant inutile : nous avions très bien compris, Gilbert et moi, ce qui se passerait dans les minutes qui allaient suivre et j'ai vu Gilbert se raidir, puis serrer les poings. Pitoyable tentative pour détendre l'atmosphère, pour reculer le moment funeste, il a haussé les épaules en essayant de produire un rire qui sonna plutôt comme un hoquet d'alcool :

« Faudrait pas qu'on se parle, Yvon, faudrait qu'on joue ! On commence dans pas longtemps… »

Personne, bien sûr, n'a ri. Ceux qui étaient sur la scène ont même baissé les yeux, embarrassés. Quant à moi, j'aurais souhaité rentrer dans le plancher, disparaître, ma présence ici se révélant à l'évidence inutile : aucune autre blonde ne se trouvait dans la salle. Gilbert m'avait donc menti – j'espérais que c'était la première fois –, pour m'attirer dans ce piège digne d'un adolescent de quinze ans, espoir ultime, je suppose, de sauver sa peau devant l'inévitable conclusion de cette malheureuse aventure. Solution illusoire pour un incorrigible rêveur.

Yvon fut rejoint par un jeune homme mince que j'avais aperçu à quelques reprises à la télévision, un producteur de spectacles dont je ne me souvenais que du prénom : Guy. Ils encadrèrent Gilbert en lui montrant une toute petite porte renfoncée dans le mur, sur le côté droit de la salle.

« Viens en coulisse, Paul nous attend. »

Yvon m'a regardée en me faisant un grand sourire, mais triste à pleurer.

« Bonsoir, Céline… Ça sera pas long… »

Je me suis effondrée sur un siège, au fond du parterre. J'allais donc assister, impuissante, au renvoi de mon chum, à son énième exclusion de la société, à son licenciement pur et simple du spectacle au cours duquel il aurait enfin pu prouver au monde qu'il était bon à quelque chose. J'entrevoyais des conséquences dévastatrices, des séquelles défi-nitives, sur sa santé autant que sur son orgueil et sa confiance en lui-même. Son respect de soi était déjà à un niveau très bas, on allait le plonger dans des profondeurs insondables d'où il serait impossible de le tirer. On allait faire de mon amant déjà fragile un être cassé à jamais, irréparable, pour qui, j'en avais bien peur, je ne pourrais rien désormais. En l'excluant, en le frustrant à tout jamais, on m'enle-vait le peu d'ascendant que j'avais sur lui, et j'aurais voulu hurler ma révolte devant cette injustice, les supplier de lui donner une dernière chance ; j'étais même prête à aller jusqu'à écrire le maudit billet d'absence et à le faire signer par un médecin acheté à prix d'or !

Des voix s'élevaient de la coulisse, surtout celle de Paul Buissonneau, le directeur du théâtre de Quat'Sous, reconnaissable entre toutes, tonitruante et de toute évidence exaspérée, des bribes de phrases me parvenaient, des reproches, des mots chargés de sens et définitifs que j'aurais préféré ne pas entendre : « ... maudite tête de cochon... », « ... combien de fois on t'avait... », « ... trop tard, maintenant... », « ... le 28 mai, Gilbert, c'est bientôt... », « ... peut plus se fier à toi... », « ... s'pèce de grand con ! »

Les protestations de Gilbert, s'il y en avait, ne se rendaient pas jusque dans la salle. Je l'ima-ginais, démoli, tête basse, incrédule même devant l'évidence, incapable de réagir malgré son *high*, déjà prêt à se réfugier dans le rêve ou à se laisser couler de façon définitive dans sa maladie. Avec sa garde-malade personnelle à côté de lui pour lui tenir la main. J'allais hériter une fois de plus d'une loque humaine, pareille à celle, et peut-être pire, que j'avais trouvée dans la cuisine le lendemain de notre deuxième rencontre.

Et le Gilbert qui franchit quelques minutes plus tard la petite porte de bois était en effet méconnaissable. Pâle comme un linge, courbé, vieilli, le visage fermé, il tenait sa guitare contre sa poitrine. Il ne jeta pas un seul coup d'œil en direction de la scène et passa près de moi sans me voir. Le *high* qu'il avait vécu à peine quelques minutes plus tôt s'était-il déjà transformé en déprime destructrice ?

Les trois hommes le suivaient, tête basse eux aussi, désolés, ça se lisait sur le visage, d'avoir eu à remercier un artiste. Mais ils n'avaient pas eu le choix, je le comprenais hélas très bien. Gilbert avait été prévenu à plusieurs reprises et le spectacle commençait dans quelques jours, ils ne pouvaient pas courir le risque qu'il ne se présente pas à une ou des représentations.

Juste avant de sortir de la salle, cependant, Gilbert a retrouvé un semblant de courage. Il s'est tourné vers la scène, a relevé la tête en posant sa guitare sur son épaule et a déclaré avec une grande assurance, la dernière dont il ferait preuve pour un bon bout de temps :

« Un bon jour, vous entendrez parler de moi ! »

L'orgueil était sauf, mais pas l'honneur.

La descente de l'escalier de bois a été plus lente mais tout aussi bruyante.

Aussitôt revenue dans le hall, j'ai entendu la musique qui reprenait. « Dolorès, ô toi, ma douloureuse… » Gilbert avait déjà été oublié. *The show must go on*. Semble-t-il.

La première chose que Gilbert a faite en sortant du théâtre a été de démolir sa guitare sur la clôture de fer forgé qui longe le trottoir de l'avenue des Pins. À peine quelques secondes de violence, trois coups assénés avec une force peu commune sur les piquets de métal peints en noir qui luisaient dans la nuit, et la guitare n'existait plus. Son rêve. Il n'en restait que des morceaux de bois sans forme. Le cou de l'instrument, brisé, était encore rattaché au corps éventré par les quelques cordes qui avaient résisté. On aurait dit les débris d'un mobile raté. Gilbert a regardé ce qu'il venait de faire comme s'il n'avait pas eu conscience des secondes qui venaient de s'écouler. Un passant, de l'autre côté de la rue, semblait sur le point d'intervenir si les choses s'envenimaient. Je lui fis signe de rester où il était, que tout était sous contrôle.

Gilbert s'est passé une main dans le visage.

« Y fallait que je le fasse, Céline. Sinon, c'est à moi que je l'aurais fait. »

J'ai parlé avant d'avoir réfléchi :

« Ou à moi. »

Il a alors jeté sur moi un regard que je n'oublierai jamais, mélange d'amour, de vénération et de supplication. D'étonnement, aussi, que j'aie pu proférer une énormité semblable.

« Non. Jamais. Jamais je te frapperais, Céline. Jamais. Je te l'ai déjà dit ! Si je me retenais pas, je démolirais le théâtre de Quat'Sous au complet, je m'en sens la force, je les tuerais tous un par un même si je sais qu'y ont eu raison de faire c'qu'y ont fait... mais toi... toi, je te toucherais jamais. »

Il a élevé la voix au-dessus de la musique – du rythme plutôt, puisque nous n'entendions aucune voix et ne pouvions reconnaître aucune mélodie –, qui provenait du théâtre. Il a brandi le poing comme on le voit faire aux Noirs américains de plus en plus souvent, à la télévision, mais ce n'était pas un geste de ralliement qu'il esquissait, c'était une malédiction qu'il lançait, un anathème irréversible et définitif. Maudit lui-même, il maudissait les autres pour ne pas être le seul à sombrer :

« Y me reste pus rien ! Êtes-vous content ? Rien ! À part Céline Poulin, serveuse au Sélect et qui me fait la grâce de m'aimer même si je le mérite pas, du moins je l'espère, y me reste plus rien ! Vous étiez ma dernière chance ! Vous me laissez tout seul avec ma folie circulaire, bande d'égoïstes ! Ben, vous pouvez vous le mettre où je pense, votre Osstidcho ! Avec le boss d'Yvon et la Dolorès de Robert ! Et j'espère que vous allez payer pour ce que vous venez de faire ! Même si vous avez eu raison de le faire ! Même si j'ai tort sur toute la ligne ! Votre grand rêve pourrait très bien se retrouver dans le trou, vous autres aussi ! Vous allez peut-être m'envier, le lendemain de votre première, de pas avoir fait un fou de moi devant un parterre d'invités ! Et votre humiliation va être pire que la mienne parce qu'a' va être publique ! »

Il est tombé à genoux à côté de la clôture, tenant serrés contre lui les lambeaux de sa guitare.

« J'pense même pas ce que je dis. Mais y faut que je le dise ! »

Je suis allée me placer derrière lui, j'ai mis mes bras autour de son cou. Nous étions de la même hauteur, comme lorsqu'il se baissait pour me parler, mais, cette fois, c'est moi qui le rassurais.

« Dis tout ce que t'as à dire, Gilbert. Laisse-toi aller. Chuis là. Si tu vas trop loin, je m'arrangerai pour te retenir… Je vais m'asseoir dans les marches du théâtre et je vais te surveiller… »

Et c'est ce que j'ai fait.

Ce qui s'est passé pendant le quart d'heure qui a suivi est l'une des choses les plus belles et pourtant les plus déconcertantes que j'aie vues dans ma vie. Une scène poignante livrée non pas par un acteur payé pour gagner sa croûte mais par un pauvre hère anéanti par les circonstances qu'il avait lui-même provoquées et qui essayait d'exorciser son mal en imprécations de toutes sortes, en reproches envers sa propre personne autant qu'envers les autres, en sanglots qu'il ne retenait pas et qu'il laissait jaillir de lui à gros bouillons. Il arpentait de long en large le trottoir de l'avenue des Pins comme un tigre furieux qu'on a enfermé dans sa cage, il vociférait, il marmonnait, tenant toujours à bout de bras ou sur son cœur les vestiges de sa guitare, les restes de son rêve, il riait, il pleurait, il passait sans tran- sition d'une exaltation proche de l'extase aux noirs abîmes de la prostration. Les quelques promeneurs qui s'adonnaient à passer le prenaient pour un fou dangereux. Je les apaisais et les convainquais du geste de continuer leur chemin sans s'occuper de nous. Mais peut-être l'était-il, en fin de compte. Fou. Peut-être l'a-t-il été, en effet, pendant ce quart d'heure où il a laissé sortir de lui toute sa hargne et toute sa douleur. Sans retenue.

Et pendant tout ce temps-là, la musique conti- nuait comme si de rien n'était. L'entendaient-ils ? Sans doute pas. Ils le croyaient reparti chez lui en compagnie de sa naine, j'imagine. Leur avait-il parlé de sa maladie, avait-il essayé de leur expliquer son cas si particulier ? Peu importait. Qu'ils connaissent son état ou non, ils avaient un spectacle à donner et rien ne devait en gêner le bon déroulement.

Épuisé, échevelé, suant, il a fini par venir s'asseoir à côté de moi dans les marches de pierre.

« Ça devait pas être beau à voir…

— Au contraire, c'était magnifique ! »

Il a appuyé sa tête sur mon épaule – il s'était installé deux marches plus bas – et il s'est aussitôt endormi. Moi aussi, je crois bien, parce que je n'ai aucun souvenir des minutes, ou des heures, qui ont suivi.

Le retour chez lui a été affreux. Un indescriptible abattement s'était emparé de lui et j'avais l'impression de marcher à côté d'un zombie. Comme si son sommeil l'avait vidé de toute sa substance, de toute sa résistance. Il ne protestait plus, il ne sacrait plus, il ne semblait même pas se rendre compte où nous étions et ce que nous y faisions. Cette fois encore, c'était moi qui l'avais pris par la main et qui le guidais à travers les rues de Montréal. Je ne voulais pas prendre de taxi parce que je croyais que la marche lui ferait du bien et je l'ai bien vite regretté. Et quand je me suis enfin décidée à en héler un, il n'y en avait plus, bien sûr. Alors nous avons descendu la rue Saint-Denis, vide et morte à cette heure, moi le traînant comme un boulet, lui me suivant comme un petit garçon docile.

Il a été très malade. Pendant quelques jours je l'ai soigné, surveillé, consolé du mieux que je pouvais. Je faisais sans cesse la navette entre l'appartement de la place Jacques-Cartier et celui de la rue Sainte-Rose, inquiète de l'état de Gilbert, quittant son chevet pour me rendre au travail ou pour aller changer de vêtements, le reste du temps penchée sur son lit ou lui préparant des repas légers qu'il repoussait de la main ou l'obligeant à se lever pour faire quelques pas pendant que je rafraîchissais son lit. Il a fait de la fièvre, il a eu la peau glacée comme celle d'un mort, je crois même qu'il a déliré à quelques reprises. Il a refusé de voir un docteur, prétextant que ce n'était qu'une crise un peu plus grave que les autres et que ça allait passer. Il s'excusait sans cesse de l'état dans lequel il se trouvait, d'avoir à me l'imposer, mais jamais il ne me disait de le laisser seul ou d'aller me reposer.

Sans oser le lui dire, je trouvais cependant sa réaction un peu excessive. Non pas que je considérais que ce qui lui arrivait n'était pas grave, un rêve qui se brise l'est toujours, mais il ne luttait pas, j'avais même l'impression qu'il ne savait pas comment, qu'il se laissait glisser dans la dépression parce qu'on ne lui avait rien montré d'autre ou que c'était plus facile que d'essayer de lui résister, bref, qu'il restait amorphe là où il aurait fallu combattre. Et, c'était fatal, je me sentais en même temps coupable de le juger. En effet, qui étais-je pour juger du malheur des autres ou de leurs réactions ? Ce que j'avais vécu, même mes pires humiliations, n'était rien à côté de cette affreuse maladie qui semblait couper tous les moyens de ceux sur lesquels elle se jetait, quelle que soit la gravité ou la futilité des événements déclencheurs. J'étais une batailleuse, ça m'avait à plusieurs reprises sauvé la vie ; lui, non. Je ne pouvais quand même pas lui en vouloir !

Et, pourtant, je lui en voulais. Un peu. J'aurais aimé qu'il se secoue, qu'il continue à les envoyer tous chier comme il l'avait fait devant le théâtre plutôt que de se plaindre en longues litanies larmoyantes de ce qu'ils lui avaient fait, qu'il se relève, belliqueux et prêt à se venger, qu'il aille s'acheter une autre guitare, la tête haute, et qu'il se jette dans le travail pour leur prouver qu'il en était capable et qu'il était un musicien de talent. Moi, c'est ce que j'aurais fait. Là était le problème, d'ailleurs. Cette importante et incontournable différence entre nous. Cet énorme fossé impossible à combler. Nous étions plus que différents l'un de l'autre, nous étions des contraires qui s'étaient attirés, soit, mais qui se retrouvaient dans une impasse. Moi, en tout cas. L'image de la gardienne d'enfant me venait souvent à l'esprit. Je me voyais obligée de m'occuper de ce grand adolescent attardé pendant les mois qui venaient, voire les années si notre relation durait, le laissant en toute conscience à son irresponsabilité, à son insouciance, pendant que j'endossais l'habit de l'enthousiasme forcé et de l'ennuyant bon sens, et ça me décourageait.

Il m'arrivait de le regarder dormir et de me dire que le temps était peut-être venu de le laisser à ses problèmes et à sa maladie si je voulais sauver ma peau. Sinon, je courrais le risque de sombrer avec lui. Je me retrouvais une fois de plus devant un double choix dont dépendait un grand pan de mon existence. J'ai failli le faire à plusieurs reprises, écrire un mot rapide sur un bout de papier, me dérober en douce en lui demandant de ne plus me contacter, courir m'enfermer dans ma chambre ou me lancer dans le travail pour essayer de l'oublier. Mais, en fin de compte, ce ne serait pas plus satisfaisant que de m'occuper de lui : entre rester engoncée dans mon égoïsme, aussi salvateur soit-il, et me lancer dans un dévouement sans borne dont je ne connaissais pas l'issue, le choix n'était pas si difficile. Parce que Gilbert avait besoin de moi, quelqu'un avait besoin de moi, et que je ne savais pas ce qu'il deviendrait si jamais je l'abandonnais à son sort. Ça suffisait pour me convaincre de continuer.

Et le fait que je l'aimais.

J'ai d'abord refusé de l'accompagner à la première de l'Osstidcho. Je lui ai même répété à plusieurs reprises que je trouvais que c'était une mauvaise idée pour lui de s'y rendre. C'était très gentil à eux de l'inviter, ça prouvait qu'ils ne lui en voulaient pas, mais je craignais que d'assister au spectacle, le soir de la grande première en plus, rouvre ses blessures trop récentes pour être tout à fait guéries et le replonge dans la déprime dont il avait eu tant de difficulté à se sortir. Mais il disait qu'il allait mieux, qu'il se sentait d'attaque, qu'il était persuadé que de voir l'Osstidcho l'aiderait à faire son deuil de toute cette histoire, à en accepter la conclusion, à cautériser la blessure de façon définitive. Il avait vécu le spectacle de l'intérieur, il voulait voir ce que ça donnait de la salle, sans regrets ni remords. Pour ensuite tourner la tête dans une autre direction.

J'avoue qu'il s'est montré convaincant. Et moi naïve. Ou alors, ce qui est bien possible, j'ai joué la naïveté parce que je voulais trop qu'il aille mieux et que j'espérais qu'il mette un terme à tout ça pour pouvoir passer à autre chose. Tourner la tête dans une autre direction, comme il le disait si bien lui-même. Je rejette l'idée que j'ai été imbécile de me laisser prendre encore une fois ; c'est par pur désir de mettre un point final à cet épisode déplorable que j'ai fini par accepter, pas par manque de jugement. Cette soirée terminée, du moins c'est ce que je croyais, nous pourrions enfin penser à l'avenir plutôt que de nous concentrer sur un passé récent qui faisait mal. Et si je le regrette aujourd'hui, c'est plus à cause de l'incident malheureux qui s'est produit ce soir-là que de ma décision elle-même. Parce que s'il avait été dans son état normal, Gilbert aurait peut-être pu en effet régler tout ça une fois pour toutes. Il serait sans doute encore présent dans ma vie et je ne serais pas enfermée chez moi en train d'écrire mon cahier bleu pour lécher mes plaies.

On parlait beaucoup du spectacle dans les journaux. À la télévision aussi, mais j'étais trop occupée pour la regarder et je me contentais de lire les interviews, nombreuses et détaillées, dans le *Journal de Montréal* ou le *Montréal-matin*. Que je cachais avec soin, d'ailleurs, pour que Gilbert ne les voie pas. S'il les trouvait, il ne m'en parlait pas.

Il m'arrivait souvent de penser à eux. Ils allaient créer un spectacle qu'ils avaient pensé, inventé, fabriqué de toutes pièces, monté avec les moyens du bord sous l'égide d'un des théâtres les plus originaux de la ville ; ils étaient à la fois arrogants et sympathiques, fendants dans leur prétention et touchants dans leur sincérité ; et, à l'évidence, aussi effrayés qu'ils prétendaient être sûrs d'eux-mêmes. Je ne peux pas dire que je les enviais, je n'avais jamais senti en moi la fibre de la création avant de commencer, et pour des raisons qui n'étaient pas du tout artistiques, la rédaction de mes cahiers, mais, une fois de plus, je ne pouvais m'empêcher de penser aux méandres et rouages du destin. Deux ans plus tôt j'avais moi-même failli faire partie d'un spectacle que j'avais quitté, avant que les répétitions commencent, pour des raisons personnelles, l'année précédente j'avais travaillé dans un bordel où, chaque soir, se donnait un « récital » organisé par des travestis, et voilà que mon chum se faisait mettre à la porte à quelques jours de la première repré-sentation d'un show d'un genre nouveau. Étais-je destinée à frôler sans cesse ce milieu sans jamais en faire partie, à rester la serveuse sympathique dont les clients étaient appelés à un avenir fascinant sinon glorieux ? Les avenues qui se présentaient à moi avec une étonnante régularité mèneraient-elles toutes et toujours au Sélect, à ses *hamburger platters* et son pâté chinois revu et corrigé par un assistant cuisinier haïtien ? Est-ce que je me trouvais moi aussi prisonnière d'une sorte de folie circulaire, un cercle vicieux qui, quoi que je fasse, me ramènerait à tout jamais au même endroit, un tablier autour de la taille et une coiffe amidonnée sur la tête ? Il m'arrivait d'être déprimée ; il m'arrivait aussi de penser que j'étais chanceuse que le sort m'ait épargné les souffrances que traversait Gilbert et qui guettaient peut-être tous les artistes.

S'ils venaient dévorer un club sandwich ou un BLT après leurs répétitions, ils me demandaient des nouvelles de Gilbert et je le leur en donnais, sans trop m'étendre sur les détails, cependant, pour ne pas les culpabiliser outre mesure. Je restais toutefois polie et froide. Ils avaient blessé quelqu'un que j'aimais, je comprenais leurs motifs, mais je voulais qu'il soit bien clair que je resterais de son côté à lui. Ils l'acceptaient sans discuter, retournaient vite à leurs conversations à bâtons rompus où il était de plus en plus question d'inquiétude et d'angoisse. La première approchait et je n'osais pas leur avouer que j'y assisterais en compagnie de Gilbert.

Le grand soir arrivé, j'avoue que je me trouvais pas mal belle. La veille, je m'étais rendue rue Sainte-Catherine Ouest dans le but de me dénicher une tenue décente à porter et j'étais tombée sur un magnifique T-shirt de soie rose, de longueur normale pour toute autre femme mais qui me faisait, à moi, une fort intéressante robe. Avec une ceinture noire, des bas de nylon et un large chemisier, noir lui aussi, que je garde pour les grandes occasions, ça me faisait une tenue plus que convenable et j'étais assez fière de ce que j'apercevais dans mon miroir. Aucun bijou – trop gros, trop pesants sur ma petite personne, ils me déguisent et je n'en porte plus depuis la fermeture du Boudoir –, un soupçon de ce rouge à lèvres grenat qui me va si bien, une simple poudre, un peu de rimmel, et le tour serait joué.

Lorsque Gilbert s'est présenté à l'appartement de la place Jacques-Cartier, survolté et un bouquet de fleurs à la main, j'aurais dû me méfier. Mais j'étais contente de m'exhiber dans mes nouveaux atours et je le trouvais superbe dans son jean tout neuf, une veste que je ne lui connaissais pas, sa chemise blanche et sa cravate étroite. Gilbert Forget en chemise blanche et cravate était jusque-là une vision que j'aurais crue impensable et je n'ai pas pu m'empêcher de lancer un petit cri de surprise lorsque j'ai ouvert la porte. Et un petit rire à la vue des fleurs.

« Gilbert, c'est pas ma fête ! »

Il s'est contenté de me tendre les fleurs avec ce fameux sourire dévastateur qui me faisait fondre le cœur. Après un moment, il a ajouté :

« Avec toi, c'est tous les jours fête. »

La réplique avait pris un certain temps avant de lui venir et j'en fus étonnée : Gilbert montrait d'habitude un sens de la repartie plus prompt et, surtout, plus mordant. Cette lenteur inhabituelle chez lui, ajoutée à son évidente nervosité – un nerveux lent ? –, aurait dû me mettre la puce à l'oreille, mais je suppose que j'avais pour une fois mis de côté tout sens critique pour me concentrer sur la soirée qui nous attendait, dont je ne savais pas ce qu'elle nous réservait au juste et que j'espérais réussie. J'ignore pourquoi – c'est faux, je sais que ça s'appelle le déni et j'y étais passée maître à l'époque où j'essayais d'excuser toutes les inconduites de ma mère – j'ai choisi de focaliser mon attention sur les fleurs plutôt que sur sa personne. Se concentrer sur un détail négligeable plutôt que sur la chose importante est une spécialité de ceux qui ne veulent pas voir. Et qu'ils payent parfois assez cher.

« Une, ça aurait suffi. Mais tout un bouquet… »

Il m'a embrassée dans le cou.

« C'est pour te remercier.

— Me remercier ? Pourquoi me remercier ?

— Pour tout. D'être encore là malgré tout. De m'endurer malgré tout. »

Il sentait aussi un nouveau parfum, un peu trop prononcé, sucré, presque écœurant, au lieu de l'éternel patchouli que je lui avais toujours connu. Ça ne lui allait pas du tout, ça fleurait plus l'Américain en goguette que le Gilbert Forget que j'aimais, mais je n'allais tout de même pas lui gâcher sa soirée en le lui faisant remarquer dès le début. Je lui dirais plus tard, ou demain, de s'en débarrasser. En attendant, il semblait impatient de partir.

J'ai pris le temps de mettre les fleurs dans un vase. J'ignorais bien sûr que la première chose que je ferais en rentrant, plus tard, serait de le jeter sur le plancher et d'en piétiner le contenu. Mais en éteignant la lumière, j'ai eu comme un pressentiment. Pendant une seconde ou deux, j'ai eu envie de tout annuler, de renvoyer Gilbert, de prétexter un mal de tête subit et d'aller me réfugier dans mon lit, à l'abri... À l'abri de quoi? En mettant la clé dans la serrure, j'étais convaincue de me diriger vers une catastrophe. Si j'avais su que c'était vrai, est-ce que ça aurait changé quelque chose?

Gilbert m'attendait devant la maison, impatient et agité.

Je ne suis plus habituée à sortir le soir depuis des années. Quand je vais au cinéma, c'est l'après-midi, la plupart du temps à la première séance. J'aime m'installer avec mon sac de chips et mon Coke dans le Loew's, le Saint-Denis ou le Palace vide, me perdre dans cette immense boîte à images plongée dans le noir, m'immiscer dans la vie des autres – le plus souvent des étrangers, des Français ou des Américains, quelquefois des Italiens, et jamais des nains –, qu'on me présente réglée d'avance, améliorée, facile à comprendre, colorée et vite oubliée. Je souffre avec eux pendant deux heures ou bien je ris comme une folle à leurs aventures invraisemblables, puis je rentre chez moi repue. Le soir, je travaille. Les jours de congé, je m'occupe de moi-même. Et de mes trois colocataires.

Je me sentais donc toute drôle en me dirigeant en compagnie de Gilbert vers le théâtre de Quat'Sous. Une vraie sortie. Au vrai théâtre. Avec un vrai chum à mon bras. Ce n'était pas l'après-midi, je n'étais pas toute seule et, pour une fois, je me rendais au théâtre plutôt qu'au cinéma.

J'aurais dû être heureuse. J'étais inquiète.

Le ciel, vers ce qu'on appelle le nord, à Montréal, mais qui en fait en est l'ouest, l'île se tenant de guingois dans le fleuve Saint-Laurent, avait pris cette couleur rose presque violente des après couchers de soleil du mois de mai. Il passerait au violet avant que nous arrivions au Quat'Sous, puis disparaîtrait, oublié jusqu'au matin comme tous les ciels de grandes villes. Jamais d'étoiles, par conséquent, sauf dans les rues très sombres ; la lune, parfois, quand elle est à son plein ou sur le point de l'être. Il faisait doux, presque chaud, les gens que nous croisions manifestaient une bonne humeur certaine, je sentais moins de moquerie ou d'ironie dans leurs yeux. Ou alors, ma paranoïa habituelle étant concentrée ailleurs, je ne les voyais pas.

Je surveillais Gilbert, j'avais peur qu'il s'en aperçoive et en soit blessé. Au lieu d'apprécier le moment présent, j'analysais chacun de ses gestes, tout ce qu'il me disait, en essayant de les interpréter, de voir s'il était trop excité ou s'il ne montrait pas plutôt un début d'abattement ou de déprime, je cherchais encore un sens au bouquet de fleurs, à la conversation bizarre que nous avions eue avant de quitter mon appartement, je faisais tout, en fait, pour vérifier s'il montrait ou non les signes d'un début de crise.

Disert et, je dois l'avouer, plus calme depuis que nous avions emprunté la rue Saint-Denis vers le nord, il redevenait peu à peu mon Gilbert à moi, prévenant et drôle. Il semblait tout à coup heureux d'être là, il parlait des couleurs du ciel et de la tranquillité de la rue Saint-Denis à cette heure, et j'ai décidé d'essayer de faire comme lui. En passant devant le Sélect, j'ai envoyé la main à Madeleine et Janine qui m'ont fait de grands gestes d'appréciation. Sur mon habillement, bien sûr, non sur ma compagnie qu'elles n'estimaient toujours pas digne de moi. Me sentant encore plus belle, je me suis redressée avec fierté sur mes talons déjà hauts et je me suis accrochée au bras de mon chum. Par pure bravade, mais aussi parce que j'en avais envie. C'était la première fois que j'en prenais l'initiative moi-même et Gilbert a posé sa main sur la mienne en signe de reconnaissance. Qui sait, la soirée se déroulerait peut-être mieux que je ne l'avais prévu.

Une petite queue s'était formée devant le théâtre, l'escalier de pierre qui menait au sous-sol était encombré de gens excités et chics qui parlaient fort et riaient pour rien. Gilbert a alors montré son premier signe d'impatience.

«Je déteste faire la queue... J'ai jamais pu supporter ça...

— Ça va aller vite, Gilbert, y a pas tant de monde que ça...

— Ça fait rien, j'haïs ça pareil... »

Il avait mis les mains dans ses poches et agitait sa monnaie, chose que je ne peux pas supporter parce que ça me rappelle trop les hommes de ma famille, oncles ou cousins, qui, pour se donner de l'importance, brassaient leur petit change en proférant sans honte des imbécillités sans nom.

Mais je ne lui en ai pas fait la remarque de peur de le froisser en le comparant à un quelconque mononcle. Ce n'était ni le moment ni le lieu.

Par chance, le Quat'Sous étant un tout petit théâtre, nous n'avons pas eu longtemps à attendre et, après quelques minutes d'agitation et de marmonnements, Gilbert a pu récupérer nos billets.

Le hall était plein à craquer, il faisait chaud, ça sentait fort le parfum cher, et j'ai pris une longue respiration avant de m'y jeter. Ma tête se trouvait à la hauteur des fessiers de la plupart des invités et tout ce que je voyais, c'étaient des pantalons bien coupés, des jeans neufs et griffés et des dos de robes élégantes. Mais là non plus Gilbert n'avait pas l'intention de prendre sa place dans le rang et il m'a tirée vers l'avant en me prenant par la main.

« Viens, on va aller se mettre en avant... »

Il jouait des coudes en lançant des « excusez-moi, pardon, pardon... » sous les protestations de ceux qui faisaient la queue depuis un bon moment au pied de l'escalier de bois qui menait à la salle.

Un cordon rouge bloquait le chemin. La salle n'était pas encore ouverte. De plus en plus nerveux, Gilbert a essayé de convaincre l'ouvreuse de nous laisser passer, j'ai même cru qu'il se servait de moi comme si j'avais été un enfant qu'il fallait asseoir tout de suite, mais elle a refusé en disant que le théâtre n'était pas tout à fait prêt à nous recevoir, que le *preset* n'était pas terminé.

Et c'est là que j'ai vu à quel point Gilbert, qui s'était mis à sautiller sur place, tel un petit garçon aux prises avec une pressante envie de pipi, était perturbé. Jusque-là, j'avais espéré que tout irait bien, j'imagine, je m'étais caché ce qui devait pourtant être une évidence, mais je commençais à redouter la crise qui menaçait d'éclater depuis qu'il s'était présenté chez moi. Il était trop tard pour rebrousser chemin, une centaine de personnes me poussaient dans le dos, excitées et bruyantes, le billet à la main, et j'aurais eu toutes les misères du monde, avec mon petit gabarit, à m'ouvrir un chemin vers la sortie.

« J'ai assez hâte de voir ça ! J'ai assez hâte de voir ça ! »

Gilbert commençait à expliquer à l'ouvreuse, en parlant un peu trop fort pour que tout le monde l'entende dans le petit hall du théâtre, qu'il avait failli faire partie du spectacle en tant que guitariste de métier, mais que sa santé l'en avait empêché, lorsque quelqu'un, en haut des marches, a prévenu la jeune fille que la salle était enfin prête à recevoir les spectateurs.

Aussitôt le cordon rouge retiré, Gilbert s'est jeté dans l'escalier sans prendre la peine de finir sa phrase. Un animal qu'on libère de sa cage.

« Suis-moi, Céline, je veux qu'on soit les premiers installés à nos places… »

Je l'ai déjà expliqué, j'ai toujours eu des problèmes avec les marches d'escalier qui ne sont à peu près jamais adaptées à mes besoins, je n'arrivais donc pas à le suivre. Me tenant à la rampe de bois de la main droite, je grimpais chaque degré le plus vite possible, mais les gens me dépassaient, quelques-uns riaient, même, croyant que nous faisions partie du show : le spectateur impatient qui fait un fou de lui et la naine qui l'accompagne et qui essaie de garder une certaine dignité dans les circonstances. S'ils avaient su ce que je vivais – ce que vivait Gilbert aussi, sans doute –, ils auraient moins ri et m'auraient laissé passer. Je suppose que c'était plus facile pour eux de croire que ce dont ils étaient témoins n'était pas sérieux : c'était un soir de première et, c'était compréhensible, ils n'avaient pas envie d'assister à un drame de couple ou à une crise de folie circulaire.

Mon billet déchiré, en haut des marches, je me suis précipitée dans la salle.

Gilbert se tenait debout dans l'allée de gauche, les bras en croix, pendant que les autres spectateurs cherchaient leurs sièges. Ils commençaient cependant à le regarder d'une drôle de façon. Ils n'étaient plus du tout sûrs de comprendre ce qui se passait.

« Regarde ça, Céline, si c'est beau ! Regarde ça comme c'est beau ! »

Des femmes avaient posé leur main sur l'avant-bras de leurs compagnons qui faisaient ce qu'ils pouvaient pour se faire rassurants.

Je suis venue me placer derrière Gilbert et j'ai tiré avec le plus de délicatesse possible sur le bas de sa veste neuve.

« Si tu te sens pas bien, Gilbert, on pourrait y aller… »

La chose à ne pas faire.

Il s'est tourné, de toute évidence étonné de ce que je venais de lui dire.

« Comment ça, si je me sens pas bien ! Au contraire, Céline, je me sens bien ! Plus en forme que jamais ! Et capable de tout ! »

Avant même que je m'en rende compte, il avait enjambé l'espace qui le séparait de la scène, grimpé le petit escalier qui y menait et il se tenait debout au beau milieu des instruments de musique, les bras toujours en croix.

« C'est ici, ma place, Céline ! Ici ! Sur la scène ! Pas assis sur mon cul avec ceux qui se contentent de regarder, mais debout devant tout le monde avec ma guitare dans les mains ! C'est ici que je veux passer la soirée ! Et toutes celles qui viennent ! »

Ma tête dépassant à peine le plancher de la scène, il s'est accroupi pour me parler.

« Comprends-tu, mon amour ? »

J'ai levé la main, j'ai caressé son visage. Le pire était que je comprenais très bien. Sa grande souffrance devant tant d'injustice.

« Oui, je comprends. Mais pense à eux autres. C'est leur première. Gâche-leur pas leur première, Gilbert. Allons-nous-en ! »

Il s'est relevé.

« Y m'entendent même pas ! »

Il a donné quelques coups de pied sur le plancher.

« La coulisse est en dessous de la scène ! Y doivent juste penser que c'est le public qui est bruyant ! De toute façon, y se sacrent de moi ! Y sont trop concentrés sur le spectacle qu'y ont à faire pour se préoccuper d'un pauvre petit guitariste minable qu'y ont mis à la porte parce qu'y était pas fiable ! »

Et j'ai vu dans ses yeux qu'il n'avait plus sa raison. Tout ce qu'il dirait et tout ce qu'il ferait tant que durerait sa crise serait irrationnel, sans doute inconscient et surtout incontrôlable. Je ne savais plus quoi faire pour qu'il descende de la scène. La salle se remplissait peu à peu et quelques personnes avaient commencé à protester. Mais pas trop fort, au cas où cette scène, à la fois pénible et loufoque, faisait partie du spectacle et qu'on était en train de se payer leur tête. Un faux mélodrame en attendant le véritable Osstidcho. Une petite provocation avant la grande. On était déséquilibré, on ne savait pas sur quel pied danser et on aimait ça.

Un jeune homme, plutôt bâti, s'est approché de moi pendant que je commençais à monter le petit escalier pour aller chercher Gilbert.

« Avez-vous besoin d'aide, mademoiselle ? Voulez-vous qu'on aille le descendre de là ? »

Gilbert l'avait entendu. Il s'est plié en deux, m'a soulevée en me pressant contre son cœur.

« J'pensais que tu me comprendrais, Céline ! »

Puis il s'est mis à m'agiter comme une poupée de guenille.

« J'pensais que tu me comprendrais ! Que t'étais la seule à pouvoir me comprendre ! »

Il me secouait de plus en plus fort, j'avais de la difficulté à respirer, j'entendais à peine le brouhaha qui montait de la salle.

Le jeune homme grimpait sur la scène à son tour pour me venir en aide lorsque je me suis mise à saigner du nez. Une fontaine de sang a giclé de mes narines, tachant ma robe et le costume neuf de Gilbert. Et tout ce qui me venait à l'esprit était que pour une fois que Gilbert portait une chemise blanche, elle était en train de se couvrir de taches de sang indélébiles. Je n'arrivais pas à crier, cependant, trop abasourdie pour réagir à ce qui se produisait.

Aussitôt qu'il a vu le sang, Gilbert a figé comme si quelqu'un venait de lui tirer une balle en plein front. L'horreur que je lisais dans ses yeux était indescriptible.

« Je voulais pas te faire de mal ! Pardonne-moi ! Je voulais pas te faire de mal ! »

Il m'a serrée contre lui. J'ai saigné dans son cou, sur son col de chemise.

« Tu me serres trop fort, Gilbert… Tu m'étouffes… »

Il m'a déposée sur la scène, de toute évidence effrayé par ce qu'il venait de faire.

« Excuse-moi, Céline ! Mon Dieu, excuse-moi ! »

Il a ensuite sauté dans la salle et s'est frayé un chemin en jouant encore une fois des coudes. Il a renversé le jeune homme qui était venu à mon secours et quelques dames chic qui lançaient de petits cris d'oiseaux effarouchés. Des gens riaient, d'autres protestaient, tout le monde était debout.

Ceux qui se trouvaient au balcon se penchaient sur la rambarde, ceux qui étaient derrière étiraient le cou.

J'avais sorti un kleenex de mon sac à main et je m'essuyais le nez. C'était la première fois de ma vie que je saignais du nez, ça ne m'était jamais arrivé, même enfant. Et il fallait que ça se produise en public, sur une scène, devant des gens qui ne comprenaient pas ce qui se passait. C'est bête, j'ai pensé à ma mère qui prétendait que si on se mettait une clef dans le cou, le saignement arrêtait tout de suite et j'ai failli en demander une… Le calme revenait dans la salle, mais les spectateurs continuaient de me regarder, toujours aussi indécis devant ce qui venait de se passer sous leurs yeux. Du vrai sang ? Du sang de théâtre ? Un couple légitime, aussi mal assorti soit-il, qui se défaisait sous leurs yeux, ou bien d'excellents acteurs payés pour faire passer le temps en attendant que commence le show ?

Pour les rassurer, j'ai fait une sorte de petite révérence qui pouvait passer pour un salut et quelques personnes ont applaudi.

Je suis ensuite descendue de la scène comme je le pouvais en repoussant tous ceux qui voulaient m'aider.

« C'est pas grave, c'est pas grave, laissez-moi passer… »

Était-elle toujours dans son rôle ? Avait-elle saigné pour vrai et essayait-elle de sauver la face ? Ils ne le sauraient jamais. Quant à moi, j'espérais juste que les artisans du spectacle qui allait débuter d'un moment à l'autre ne s'étaient rendu compte de rien. Un incident comme celui-là, j'en étais convaincue, ne pouvait en rien aider le trac qui devait les étouffer. À peine deux minutes s'étaient écoulées depuis notre entrée dans la salle et je priais pour que tout ça, la crise de folie de Gilbert, mon saignement de nez, leur ait été épargné.

Descendre un escalier à contre-courant n'est pas une chose évidente, surtout quand on est naine, qu'on saigne du nez et que la foule qu'on croise est excitée par un événement qui se prépare. C'était à mon tour de me servir de mes coudes et j'ai dû tacher de sang quelques mains et quelques robes en déboulant les marches.

Gilbert m'attendait sur le trottoir devant le théâtre, ou, plutôt, il s'était écrasé sur la marche du haut du vieil escalier de pierre et sanglotait dans ses mains. Il savait, bien sûr, que je finirais par sortir, mais je ne suis pas convaincue que c'était moi qu'il attendait. Il avait manqué de forces en sortant de la salle et s'était écroulé là en attendant que quelqu'un, moi ou un autre, vienne le ramasser. Quelques spectateurs, qui avaient sans doute peur d'être en retard, le dépassaient en fronçant les sourcils. Ils devaient se demander qui était cet hystérique qui pleurait, comme ça, à la porte du théâtre de Quat'Sous, juste avant le début du spectacle. Quelqu'un qu'on avait retourné parce qu'il n'avait pas réservé sa place ? Non, quand même... Un soûlon qui passait par là par hasard et qui s'était réfugié dans les marches pour cuver son vin ? Mais il était tout propre et ne sentait pas la boisson... Ils n'avaient pas le temps de voir les taches rouges dans son cou, ou alors il faisait trop noir, et ils le contournaient en pestant parce qu'il les ralentissait.

Je me suis plantée devant lui, j'ai posé mes mains sur ses genoux. Il s'est essuyé les yeux, a relevé la tête, m'a regardée. Il était plus que désolé, il était dévasté. J'aurais voulu être à l'autre bout du monde ou bien dans ses bras à lui, pas si loin, rue Sainte-Rose, en train de faire des choses qu'on dit défendues parce qu'elles sont trop bonnes, mais j'étais là, devant le théâtre de Quat'Sous, et je n'avais plus le choix : la scène qui s'amorçait était incontournable et il fallait qu'elle se déroule ici, en ce moment même, cérémonie improvisée qu'on n'a pas eu le temps de préparer mais qui est devenue nécessaire et dans laquelle on se lance comme dans une eau froide, noire, menaçante et peut-être mortelle. Je lui ai parlé avec grande douceur mais aussi grande fermeté. Folie circulaire ou non, crise grave ou légère, il fallait que je parle maintenant, sinon j'attendrais, encore, je temporiserais, je refoulerais ce que j'avais à dire et ça resterait à jamais bloqué dans ma gorge. Et, une fois de plus, j'en sortirais perdante. Il fallait donc que je pense d'abord à moi, à mon avantage, à mon salut.

« J'ai beaucoup de patience, Gilbert. Chuis capable d'en prendre. Et longtemps. J'y suis habituée. Mais y faut que tu comprennes qu'y a une chose que j'accepterai jamais. La violence. Non, dis rien, je sais ce que tu vas dire. T'as pas voulu être violent, tu voulais pas me faire de mal, je sais tout ça… Mais si t'as perdu le contrôle une fois, Gilbert, tu peux le perdre n'importe quand et je refuse, tu m'entends, je refuse de jouer les victimes consentantes et compréhensives. Trop de femmes ont enduré ça avant moi. J'aime mieux souffrir d'une solitude que je me suis imposée à moi-même que d'une violence à deux dont je serais l'unique cible ! »

C'était mon tour de faire une scène, longue, passionnée, presque lyrique, devant le théâtre de Quat'Sous, et pendant qu'à l'intérieur le spectacle commençait – ce qui nous parvenait était sans forme mais très rythmé et fort joyeux –, j'ai enfin pu exprimer tous mes doutes, tous mes questionnements, toutes mes hésitations, je me suis libérée d'un seul bloc, comme il l'avait fait lui-même quelques jours plus tôt, de ce que j'avais trop longtemps retenu et qui m'étouffait. Il lui arrivait de m'interrompre pour protester, pour me jurer une fois de plus son amour ou me rassurer sur un point précis, mais je lui demandais de se taire, de me laisser aller jusqu'au bout de ce que j'avais à dire, ainsi que je l'avais fait, moi, en ce même endroit, le soir où il avait été remercié de ses services. C'était moi qui pleurais, à présent. Parce que je savais mon geste définitif, l'issue de ce monologue inévitable et que ça me tuait autant que lui.

Il le sentait lui aussi parce qu'il s'est mis à ponctuer tout ce que je lui disais d'une seule réplique qu'il répétait presque sans cesse et de plus en plus fort :

« Tu vas me laisser ! Tu vas me laisser ! Céline ! S'il te plaît, fais pas ça ! Laisse-moi pas tout seul ! »

J'ai pris mon temps, pas par méchanceté mais parce que je voulais que tout soit très clair, mes reproches et mes blâmes, mes inquiétudes et mes désarrois autant que cette décision sans appel et tout à fait improvisée que je prenais au fur et à mesure que je l'exprimais, peut-être même pour m'expliquer à moi-même ce que je faisais pendant que je le faisais. Une demi-heure plus tôt, il n'était pas question de rupture entre Gilbert et moi, et voilà que j'étais en train de rompre avec le premier grand amour de ma vie sans m'y être préparée et, surtout, sans en ressentir le moindre désir.

J'ai pleuré autant que lui, je crois même que j'ai essayé de le consoler avec des caresses et des baisers nés plus du désespoir d'avoir à le quitter que du besoin de le toucher.

« Je vais monter les marches, Gilbert, je vais aller me chercher un taxi et je vais disparaître de ta vie… Je veux plus te voir. Pour le moment. Je t'aime, mais je veux plus te voir. Y faut que je sauve ma peau, tu comprends ? Si tu m'aimes comme tu dis que tu m'aimes, laisse-moi partir… Plus tard, on verra… peut-être. »

La dernière image que je garde de lui est celle d'un homme écrasé dans un escalier de pierre et que je vois de dos. Et le dernier son est un poignard plongé dans mon cœur :

« Toi aussi, tu m'abandonnes ! Comme les autres ! »

Manipulation ou désespoir ? Comment le savoir ?

La rupture fut-elle trop brusque ?

C'est bien possible.

Il n'y a pas de nuit où je ne pense à lui, à la douleur que je lui ai infligée, à l'extrême sévérité de cette décision si vite prise, de cette sentence si vite exécutée. Mais c'est moins la sentence que je regrette que d'avoir eu à l'imposer à quelqu'un que j'aimais tant. Et que j'aime encore, je ne peux pas le cacher.

Est-ce que les premières grandes amours font toujours aussi mal ?

Je sais que je l'ai beaucoup fait souffrir, Gilbert. Je sais aussi que moi-même j'ai beaucoup souffert. Que je souffre encore. C'est très difficile de prétendre qu'on n'a plus de cœur quand c'est tout ce qu'il nous reste. Et je suis encore aujourd'hui déchirée entre deux choix, comme toujours : il vient de me téléphoner, la raison me dictait de rester froide devant ses sanglots alors que toute ma personne, mon âme autant que mon corps, ne désirait qu'une chose, pardonner. En fait, j'ai pardonné depuis un bon bout de temps, mais je refuse de toutes mes forces d'oublier. Ça aussi me vient de ma mère : pardonner, oui ; oublier, jamais.

Je ne dois pas oublier ce dont il serait capable malgré son grand amour pour moi, mon grand amour pour lui. Mes trois colocataires et la Duchesse avaient raison, le premier soir, Gilbert est d'autant plus dangereux qu'il est adorable. Sa maladie, cette

folie au nom si beau, si trompeur, le rend vulnérable et touchant mais il faut s'en méfier. C'est du
moins ce que je dois me rappeler chaque fois qu'il
me téléphone, chaque fois qu'il sonne à ma porte,
bouquet de fleurs à la main, chaque fois que je
reçois une lettre débordante de sentiments, de
promesses et de bonnes résolutions. Et chaque fois
que mon imagination me mène vers son corps, son
odeur, son humour et sa gentillesse. Mais ça me
demande de plus en plus d'efforts. Parce qu'au lieu
de l'éloigner de moi, comme je l'aurais espéré, le
temps a tendance à gommer les défauts de Gilbert,
à les banaliser, et j'ai peur qu'il finisse par les faire
disparaître tout à fait pour m'imposer de lui un
souvenir flatteur et me plonger dans les méandres
du regret et de la culpabilité, piège que je voudrais
à tout prix éviter.

En tout cas, jusqu'à ce que la douleur se soit
calmée.

Si Gilbert avait été détestable, ma vie s'en serait
trouvée moins compliquée.

Mon récit est terminé, je ferme mon cahier bleu
sans intention ni goût d'en commencer un autre.
Peut-être un jour, si jamais la vie me ramène dans
des avenues intéressantes, étonnantes et, surtout,
dignes d'être racontées, aurai-je envie de retrouver
cette joie d'écrire, qui sait... Pour le moment, je
suis revenue à mon point de départ, le Sélect, les
clients, les serveuses, les *hamburger platters*, le
petit quotidien confortable qui ne fait du mal qu'à
longue échéance, et je compte bien m'y tenir le
plus longtemps possible.

Elle n'ose pas écrire le mot fin. Elle ne l'a pas ins-
crit à la fin de ses deux autres cahiers et elle a
l'impression que si elle le faisait, là, maintenant,
au bas de la dernière page de celui-ci, elle poserait
un geste trop définitif, elle prendrait une décision
sans appel qu'elle se sent encore incapable d'as-
sumer. L'écriture lui a beaucoup apporté depuis
deux ans, le soulagement d'abord, puis la fierté de
découvrir comment ça se faisait et à quel point ça
pouvait être gratifiant – ah ! la joie de trouver le mot
juste, la bonne formulation, la tournure de phrase
originale, le plaisir de faire parler les autres, essayer
de transcrire leur langage en en préservant toute
la saveur ! –, mais elle se doute que la vie qu'elle a
choisi de s'imposer à l'avenir, pour se protéger, pour
éviter de dépendre de ce qu'elle appelle les iniquités
du destin qui l'ont trop ballottée, bousculée, ces
dernières années, ne sera pas sujet à confidences
ou à longues explications et, tout en se sentant
soulagée, elle ne peut empêcher un pincement de
regret à l'idée de ne plus jamais se retrouver penchée
sur la page blanche, inquiète de ne pas arriver à
s'exprimer avec clarté ou troublée par ce qu'elle a
à décrire. Par quoi remplacera-t-elle ces heures de
pure joie et de grande inquiétude ? Par une trop
grande sollicitude auprès de ses trois colocataires
qui pourraient très bien abuser d'elle sans même
s'en apercevoir ? Waitress au Sélect et waitress à
l'appartement de la place Jacques-Cartier ?

Est-ce bien là ce qu'elle pense d'elle-même après tout ce qu'elle a vécu, tout ce qu'elle a appris ? Bien sûr que non. Elle se sait capable, elle se connaît des forces dont elle ignorait autrefois l'existence, mais pour le moment elle sent le besoin de prendre un long repos, de se tenir éloignée des rencontres hasardeuses, des coups de tête intempestifs, des choix discutables.

Pour guérir de Gilbert Forget ?

Pour guérir de Gilbert Forget.

Maintenant qu'elle s'accepte enfin digne de l'amour de quelqu'un d'autre, elle se retrouve à devoir l'oublier, le rayer de sa vie, sans même entrevoir une quelconque intention de regarder ailleurs, de partir à la recherche d'un quelconque prince charmant. Pour ne pas risquer de souffrir encore une fois. Pour le moment, c'est Gilbert ou c'est rien.

Elle referme le cahier bleu, y pose les lèvres. Ça sent le papier, l'encre, le bois verni de sa table de travail, aussi.

Dehors, il fait nuit noire. Elle a entendu rentrer ces trois colocs, plus tôt ; des souliers à talons hauts ont été lancés n'importe comment dans le salon, des rires avinés ont explosé, deux ou trois vacheries qu'elle n'a pas pu saisir ont été lancées comme bouquet final à une soirée pareille aux autres, faite d'épuisante drague et de décevantes baises.

Juste avant la barre du jour, au moment où on désespère de voir la nuit jamais finir, tout est plus sombre, l'angoisse plus aiguë, les regrets plus cuisants. Si elle ne se retenait pas, elle composerait le numéro de téléphone de Gilbert et dans moins d'une demi-heure se retrouverait dans ses bras…

Mon Dieu, la douceur de tout ça ! Le bonheur !

Elle pousse le cahier bleu à côté des deux autres. Elle est passée du noir de l'ignorance au rouge de la découverte puis au bleu de l'accomplissement. Mais au-dessus de l'accomplissement rôdait une maladie circulaire, l'inévitable écueil que jette le destin sur toute réussite, et c'est cette même maladie qu'elle doit combattre ou accepter si elle veut conduire son accomplissement jusqu'à son achèvement.

Mais pas maintenant. Pas tout de suite. Elle est trop épuisée.

Plus tard, si jamais elle n'arrive pas à se débarrasser de l'idée, de l'envie de Gilbert, qui sait, elle pourra peut-être...

Non. Pas d'espoirs. Pas de promesses. Il faut être forte.

Et c'est vrai que c'est tout ce qu'il lui reste : sa force et son cœur.

Dans ce cahier bleu, j'ai inventé un narrateur, homme ou femme, peu importe, qui me regardait écrire, un deuxième écrivain, le vrai celui-là, qui guidait ma main quand je manquais de courage et mettait de l'ordre dans mes idées quand mes hésitations se faisaient trop importantes. Je le sentais sans cesse penché sur mon épaule, suivant mon écriture, la guidant, me prodiguant des conseils lorsque ça allait mal ou me faisant des compliments si je réussissais à bien exprimer le fond de ma pensée. Et se permettant de temps en temps des commentaires. Ce n'était pas moi qui écrivais, c'était lui, même si le texte était rédigé à la première personne. Et par moi.

J'espérais qu'imaginer ce cahier composé par quelqu'un d'autre qui me le dictait me permettrait un certain éloignement, me fournirait une objectivité que je n'aurais pas pu atteindre autrement. Je me suis traitée comme un personnage de roman qui écrit sous la dictée de quelqu'un d'autre, et maintenant que mon cahier bleu est terminé, j'aimerais que l'autre, le véritable auteur du roman, parce que ce serait alors un roman, prenne mon destin en main, assume la relève d'une façon définitive et me suggère, ou, plutôt, me prédise, comment tout ça, mon existence, sa signification, s'il y en a une, va se terminer. Ce qu'il adviendra de Gilbert et de moi. Et si je me remettrai un jour à l'écriture que j'aime tant. Moi, je l'ignore. Pas lui (ou elle). Il

313

pourrait décider de bien finir, comme du contraire ; suggérer une lueur d'espoir autant que la déses-pérante fin d'un roman noir ; il pourrait me rejeter – c'est ça, au fond, que je voudrais ! – dans les bras de Gilbert, trouver une cure à la folie circulaire, un remède miracle, une panacée, et me rendre mon bonheur. Me rendre mon bonheur. C'est la seule chose que je demande.

Ç'est à ça que devrait servir le narrateur d'un roman, non ? Trouver une fin. Équitable.

Je suis à la recherche d'une fin équitable.

Key West, 19 décembre 2004 – 4 mai 2005

Les belles-sœurs, Leméac, 1972

Demain matin, Montréal m'attend, Leméac, 1972; 1995

Hosanna suivi de *La Duchesse de Langeais*, Leméac, 1973; 1984

Bonjour, là, bonjour, Leméac, 1974

Les héros de mon enfance, Leméac, 1976

Sainte Carmen de la Main suivi de *Surprise! Surprise!*, Leméac, 1976

Damnée Manon, sacrée Sandra, Leméac, 1977

L'impromptu d'Outremont, Leméac, 1980

Les anciennes odeurs, Leméac, 1981

Albertine en cinq temps, Leméac, 1984

Le vrai monde?, Leméac, 1987

Nelligan, Leméac, 1990

La maison suspendue, Leméac, 1990

Le train, Leméac, 1990

Théâtre I, Leméac/Actes Sud-Papiers, 1991

Marcel poursuivi par les chiens, Leméac, 1992

En circuit fermé, Leméac, 1994

Messe solennelle pour une pleine lune d'été, Leméac, 1996

Encore une fois, si vous permettez, Leméac, 1998

L'état des lieux, Leméac, 2002

Le passé antérieur, Leméac, 2003

Le cœur découvert – scénario, Leméac, 2003

Impératif présent, Leméac, 2003

OUVRAGE RÉALISÉ
PAR LUC JACQUES, TYPOGRAPHE
ACHEVÉ D'IMPRIMER
EN OCTOBRE 2005
SUR LES PRESSES
DES IMPRIMERIES TRANSCONTINENTAL
POUR LE COMPTE DE
LEMÉAC ÉDITEUR
MONTRÉAL

DÉPÔT LÉGAL
1re ÉDITION : OCTOBRE 2005
(ÉD. 01 / IMP. 01)